领导者人力资本和社会资本对团队绩效和员工绩效的影响机制研究

RESEARCH ON THE INFLUENCING MECHANISM OF
LEADER HUMAN CAPITAL AND SOCIAL CAPITAL ON TEAM PERFORMANCE AND
EMPLOYEE PERFORMANCE

刘丽芳◎著

经济管理出版社
ECONOMY & MANAGEMENT PUBLISHING HOUSE

图书在版编目（CIP）数据

领导者人力资本和社会资本对团队绩效和员工绩效的影响机制研究/刘丽芳著 . —北京：经济管理出版社，2023.9
ISBN 978-7-5096-9288-2

Ⅰ.①领⋯　Ⅱ.①刘⋯　Ⅲ.①企业领导—人力资本—影响—企业绩效—研究 ②企业领导—社会资本—影响—企业绩效—研究　Ⅳ.①F272.5

中国国家版本馆 CIP 数据核字（2023）第 179399 号

组稿编辑：丁慧敏
责任编辑：董杉珊
责任印制：许　艳
责任校对：王淑卿

出版发行：经济管理出版社
　　　　　（北京市海淀区北蜂窝 8 号中雅大厦 A 座 11 层　100038）
网　　　址：www.E-mp.com.cn
电　　　话：（010）51915602
印　　　刷：唐山昊达印刷有限公司
经　　　销：新华书店
开　　　本：720mm×1000mm/16
印　　　张：12.75
字　　　数：258 千字
版　　　次：2023 年 9 月第 1 版　　2023 年 9 月第 1 次印刷
书　　　号：ISBN 978-7-5096-9288-2
定　　　价：98.00 元

前　言

在管理学的研究中，资源对绩效的影响一直是学者们的研究兴趣所在。研究表明，资源是一把"双刃剑"：有些资源提高了绩效，而有些资源可能削减了绩效。因此，已有研究更多地处于深度挖掘资源对绩效作用机制及其作用边界条件的阶段。过去三十年，学界对绩效的理解日益精确，涉及不同层面绩效的研究日益丰富（陈春花，2016）。一方面，员工的个体绩效整合之后形成团队绩效，团队绩效再整合形成组织绩效，组织绩效最终为组织带来成功；另一方面，组织成功反映出团队成就，而团队成就又反映出员工成功，员工成功进而表现为员工绩效。

员工绩效作为组织的输出变量，是组织绩效的关键，同时也是衡量领导有效性的重要指标之一，因此受到学者和企业管理者的长期关注。对于员工绩效的研究，学者们从不同视角提出了关于个体特征的模型，但大多研究是从员工个体层面来探讨影响其自身绩效的因素，未见从团队层面来探讨员工绩效的跨层影响因素；少数研究探讨组织环境因素，如 Cardy 和 Dobbins（1994）的个体、环境员工绩效模型，但未进行实证检验。随着研究的深入，员工绩效影响因素模型必然呈现跨层研究趋势（张京，2013）。在此背景下，本书从团队层面探讨了员工绩效的影响因素及其影响机制。

在知识经济时代，团队管理作为一种重要管理方法，被用于完成各种复杂任务，应对难以预见的内外部环境变化（Cohen & Bailey，1997）。许多组织通过将更多的责任授予团队并对其进行有效设计和管理来提升组织绩效（Katzenbach & Smith，1993；王辉，2008）。然而，团队并不总是产生协同效应，在企业实践中经常会出现集中优质资源的团队其绩效却不佳的现象。在这一背景下，团队绩效的影响因素及其影响机制的研究成为东西方学者共同的关注（刘冰等，2011）。因此，团队绩效的影响因素及其形成机制成为本书重点研究的问题。

本书综合考虑员工和团队绩效，通过构建跨层模型探讨绩效在员工层面和团队层面的共同影响因素。本书在对这一共同影响因素进行探讨的过程中发现，团队层面领导者的资源会对员工和团队绩效有重要的影响。实际上，现有文献（Bass，1985；Keller，1992）已提出，领导者的领导方式对提高个体绩效有很大作用。对于任何组织而言，领导者都是组织成功的关键因素之一（Bennis & Nanus，1985）。目前，团队层面的领导研究集中在变革型领导在团队层面的运用上（Schaubroeck et al.，2007；Kearney et al.，2009）。Srivastava 等（2006）研究了授权型领导对团队绩效的影响。随着研究的深入，学者们发现资源作为团队层面的重要因素，是解释团队绩效的重要变量，因此挖掘团队层面领导者因素对于绩效的影响就显得极为重要。本书从资源视角挖掘团队层面领导者人力资本和社会资本对员工绩效和团队绩效的影响。

本书以资源保存理论为基础，构建了领导者人力资本和社会资本对团队绩效和员工绩效作用的多层次模型，旨在深度挖掘领导者人力资本和社会资本在组织不同层面的作用，以进一步揭示团队层面的领导者人力资本和社会资本分别对员工绩效和团队绩效的不同影响机制。另外，在知识经济时代，在以团队为基本单元的工作方式下，工作投入也都发生在团队背景下，这就意味着必须选择恰当的团队来实现组织目标，因此，本书从组织情境视角考察了团队结构对团队层面的领导者人力资本和社会资本对团队层面的团队绩效和个体层面的员工绩效有效发挥作用的权变作用。

具体而言，本书的主要内容包含以下几个方面：一是以资源保存理论为基础，探讨领导者人力资本和社会资本对团队层面的团队绩效和个体层面的员工绩效的正向影响；二是基于资源保存理论和工作投入模型，探讨领导者人力资本和社会资本在团队绩效和员工绩效之间的不同中介影响机制，即领导者人力资本和社会资本通过团队知识整合能力作用于团队绩效、通过员工工作投入作用于员工绩效；三是将团队结构作为团队层面的组织情境，探讨其在领导者人力资本和社会资本与团队绩效和员工绩效之间的调节作用。

在研究方法上，本书首先对相关文献进行系统梳理与分析，确定并选取了概念模型中各变量的操作性定义以及测量量表。本书以国内 20 家企业的独立工作团队为研究样本，采用问卷调查法对工作团队的领导及团队成员进行了调查。通过两个阶段的调查，获得了小样本预调研和正式样本的多来源数据。在正式样本收集过程中，本书获得有效工作团队样本 186 份，其中工作团队领导 186 人、团队成员 749 人。本书使用 SPSS 22.0 及 HLM6.08 统计软件对正式量表进行了信度检验；对团队成员评价的各变量进行区分效度检验、共同方法偏差检验，并对团队知识整合能力和团队结构两个变量进行数据聚合检验；对人口统计特征变量进行方差分析以及变量间的相关性分析。在此基础上，本书用 HLM6.08 统计软件对团队层面的领导者人力资本和社会资本对个体层面的员工绩效进行跨层检验；

用 Mplus 统计软件对有调节的中介效应整体模型进行了检验；使用 Monte Carlo 方法对跨层次中介效应进行了检验。

依据实证分析结果，本书获得如下研究结论：①领导者人力资本和社会资本对团队绩效和员工绩效具有显著正向影响。②团队知识整合能力在领导者人力资本和社会资本与团队绩效之间的中介作用成立。③员工工作投入在领导者人力资本与员工绩效之间的中介作用成立，而员工工作投入在领导者社会资本与员工绩效之间的中介作用不成立。④团队结构在领导者人力资本和社会资本与团队知识整合能力之间的调节效应显著，团队结构在领导者人力资本与员工绩效之间的跨层调节效应显著。

本书的意义体现在，理论方面：①扩充了人力资本和社会资本的研究层次；②丰富了资源保存理论的应用研究；③揭示了领导者人力资本和社会资本发挥作用的边界条件。实践方面：①从资源视角探讨了团队领导者人力资本和社会资本对团队绩效和员工绩效的影响，为企业的绩效管理提供了理论依据及实证支持；②通过整合团队绩效和员工绩效过程研究，有助于领导者对工作团队进行有效管理；③为企业变革组织结构、选择合适的团队结构、增强对资源有效转化为绩效的管理实践提供实证支持依据。

本书的创新点如下：

第一，基于团队领导者视角，探讨人力资本和社会资本对员工绩效及团队绩效的影响，为绩效研究提供新的理论视角。从人力资本和社会资本的相关文献来看，现有研究主要聚焦于个体层面的领导者人力资本和社会资本分别对组织及员工的实施效果，且研究主要集中在个体或组织的同一层面上，缺乏团队层面以及跨层影响。跨层研究能更加系统和全面地理解领导者人力资本和社会资本的作用机制。本书探讨了领导者人力资本和社会资本对不同层面绩效的跨层影响，以解释团队层面的领导者人力资本和社会资本是如何影响团队层面的团队绩效和个体层面的员工绩效。

第二，基于资源保存理论视角，从个体和团队两个层面揭示领导者人力资本和社会资本对团队绩效和员工绩效作用的内在机制。本书对资源与绩效的关系提出了两种不同的路径机制，从资源保存理论的视角解释了领导者如何同时激励每个员工和整个团队、分别通过什么路径激励，充分挖掘中介变量，更系统地解释领导者人力资本和社会资本对团队绩效和员工绩效的不同影响机制。本书在领导者人力资本和社会资本与团队绩效的关系中，基于资源保存理论纳入了团队知识整合能力作为中介变量，在研究领导者人力资本和社会资本与员工绩效的跨层关系中，纳入了员工工作投入这一中介变量，并进行实证检验，以丰富组织中不同层面绩效形成的作用机制研究。

　　第三，分析了领导者人力资本和社会资本作用的边界条件，揭示了团队结构是领导者人力资本和社会资本发挥作用的情境因素。以往的研究大多肯定了个体层面的人力资本和社会资本对个体绩效和组织绩效的积极影响，以及组织层面的企业家人力资本和社会资本对组织绩效的影响。但对于领导者人力资本和社会资本以什么样的方式在何种条件下有效提升绩效这一重要理论问题，探讨尚有不足。在知识经济时代，普遍以团队为基本单元的工作方式下，员工工作投入也都发生在团队背景下，这就意味着团队或个体必须选择恰当的团队结构环境来实现组织目标。鉴于此，本书从团队结构视角考察了领导者人力资本和社会资本对团队绩效和员工绩效的跨层影响效果。简言之，有机式团队结构为促进团队层面的团队知识整合能力和个体层面的员工工作投入有效发挥提供了组织情境。因此，本书进一步澄清了领导者人力资本和社会资本在组织情境下的有效性问题。

目　录

1　绪论

1.1　研究背景

　　每一个组织的创始人和企业管理的实践者都希望找到基业长青的密码,都希望自己创办或者掌管的企业能演化和发展为百年老店,而残酷的现实是,这样的企业实在不多,30年前跻身于《财富》10强的企业,如今已有三分之一被淘汰出局。企业发展演变的过程中荆棘密布、困难重重,历史上有很多富可敌国的富豪,现在已经看不到他们后人的踪影;很多曾经红极一时的企业,短短几年之后便辉煌不在,连"活"下去都成为难事。经历岁月考验的企业是如何应对世界发生的复杂变化而基业长青的?又是什么因素使这些企业有别于其他企业?从过去到现在,再到可以预期的未来,这些问题一直困扰着企业管理的实践者和研究者,甚至有增无减。

　　绩效,是一切管理活动的关键变量。组织怎么获得绩效实现目标,是管理中无论理论研究还是企业实践一直以来都要讨论的核心话题。很多企业都在变化和调整,如海尔的"小微模式"、华为的"财富分享计划"和"权力分享计划"、云南白药的"混改计划",企业所有的调整和变革,目的都是获得绩效。绩效是组织期望的结果,是组织为实现其目标而展现在不同层面上的有效输出。一切的企业管理实践工作,最终的目的就是达到理想的绩效、获得竞争优势、支撑组织持续发展。

　　当今互联网时代是一个英雄辈出、个体价值崛起的时代,但更重要的是团队的智慧才可以帮助个人摆脱局限性、才能帮助组织驾驭不确定性。知识经济的到来摧毁了传统意义上可持续竞争优势的资源基础,直接导致组织获得竞争优势依赖的基础转向了知识,因此要求组织具备整合、创造知识的能力来迎接知识经济带来的挑战。团队就是组织为了更好地适应环境的不确定性和任务的复杂性而广泛采用的工作单元。调查表明，在财富 1000 强的公司中，68%的企业采用团队化的工作设计（Lawler, Mohrman & Ledford, 1995）。在这些公司中，绝大多数公司采用项目团队，将近87%的公司都采用功能团队，有47%的公司现在还在采用固定的工作团队，作为完成工作的方法（徐芳，2003）。正如德鲁克曾指出的，"知识经济时代有效的工作单位是团队，而不是个人"。

团队作为知识经济时代企业绩效产出的基本单位，对提升企业组织绩效和竞争优势起着关键作用。此外，员工在一个集合智慧的团队中工作，个人价值会被放大，这样员工也会取得绩效，并使团队绩效和组织绩效变得更好。因此，如何对团队及其成员进行有效管理，进而提高团队绩效和放大员工绩效，也就变得重要和迫切。然而，目前在团队研究中有一个重要的疑惑，为什么有些团队在有效使用团队资源方面是失败的（Gardner, Gino & Staats, 2012）？为什么不同的团队在将成员知识和专业技能转化为绩效方面的能力不同？什么样的因素有助于形成这种能力，且与绩效相关？人力资源管理实践应该从哪些方面入手才更加精准有效？面对这些疑问，实践需要新理论来指导如何对团队及其成员进行有效管理，如何有效提高团队绩效，帮助组织成功。这成为本书研究的重点问题。

资源是绩效的重要来源。在管理学的研究中，资源对绩效的影响一直是学者们的研究兴趣所在，而现有研究表明，资源是一把"双刃剑"：有些资源提高了绩效，而有些资源可能削减了绩效；在企业实践中，也常常出现集中优质资源的企业其绩效却不佳的现象。资源一直是企业竞争的要素，而企业实践和管理学研究均表明：资源并不总是形成绩效，那些过去依赖来形成绩效的资源正在失去价值，给企业带来绩效的资源一直是管理实践者和研究者不停寻找的变量。正如英国管理史学家斯图尔特所说："管理上没有最终答案，只有永恒的追问。"新技术不断涌现，何种资源才是企业基业长青的关键要素？世界的不确定性和复杂性日增，世界变得越来越不可预测，哪一个变量才是企业持续增长的源泉？寻找有效影响绩效的因素一直困惑着管理者。知识经济时代团队工作方式下，何种资源才是团队绩效及其成员个体绩效的真正来源？这也成了本书研究的重点问题。

对于任何组织而言，领导者是组织成功的关键因素之一。在诸多影响团队绩效的因素中，团队领导者无疑是重要因素之一。在团队工作模式下，工作团队的领导者是连接组织高层和基层员工的纽带，能够帮助团队及其成员融入工作情境中。一方面，工作团队在现代组织中随处可见，其团队领导者位于管理金字塔的基层，在团队绩效的表现上负有重要责任并占据特殊地位；另一方面，高绩效团队又是以高效的团队领导管理为前提的（曹仰锋、吴春波和宋继文，2011）。一定意义上说，未来企业就是团队的联合体，而这个联合体的核心是团队的领导者，现实中的各个组织之间生产率高低差异的原因往往就在于其领导。领导的职能，也在于帮助团队和员工获得绩效，促进组织成功。团队管理者对团队负责，完成绩效指标，这个指标，不是自己的指标，而是团队的目标和指标。带领团队完成绩效目标，也是团队领导者能力的基本体现。因此，团队领导者在团队中承担着协同管理的角色，整合团队成员共同工作，使团队成员在协同工作上有所突破，各成员通过协同工作获得的绩效更高。

知识经济时代，组织的竞争优势从物质资本向人力资本和社会资本转换。人力资本体现了个体受教育程度及工作经验所获得的知识存量，而社会资本为知识分享和交换提供灵活通道，由此，人力资本和社会资本构成了组织的两大无形资本，对企业绩效产生举足轻重的影响。通过对现有文献梳理，组织层面的企业家通过自身的人力资本和社会资本对绩效的影响已经得到共识。国内外学者的实证研究也已经证明个体的人力资本、社会资本分别对与绩效相关变量有显著正向影响（Dokko，2004；谢雅萍，2008；柯江林等，2010；Seemann & Hüppi，2001；Acquaah，2007；Yangmin & Albert，2008）。尤其在中国情境和团队工作背景下，领导者掌控着团队的核心资源及其分配权利，其所代表的人力资本和社会资本成为团队及其成员可获得的重要工作资源。但现有的研究主要聚焦于雇员、创业者、企业家，几乎没有针对团队层面领导者的研究。

处于管理金字塔基层的团队领导者，对团队及其成员的影响更为直接和具体，其自身的人力资本和社会资本，是不是对团队绩效和员工绩效的影响更为直接和深刻？在企业实践中，技术能手和业务骨干，往往更容易被提拔为领导，实际上大多团队领导也都是从这里起步的。因此，团队领导者通常是人力资本较为丰富的个体，不仅自身能够创造和实现价值，且有能力去帮助团队成员实现绩效，因而成为决定其自身工作绩效、团队成果的关键因素；另外，团队领导者通常也具有较为丰富的关系网络，能为团队成员提供集体共有的资本，即社会资本（Bourdieu，1986），社会资本拉近了团队成员的情感距离，增加了信任，进一步提高了资源的获取质量与资源配置效率，从而使成员绩效和团队绩效最大化。

我们在媒体上经常看到，阿里巴巴调整结构，腾讯调整结构，京东调整结构，大部分是动态调整的。我们身处的时代有两大主题：互联网化和全球化。全球化和互联网技术下企业所面对的不确定性，我们要用什么样的组织结构去应付它？人力资源专家埃里克森（Tammy Erickson）通过研究发现，当团队里的每个成员既能严格遵照企业的规定各司其职，又能自由决定如何完成日常的工作时，团队的表现就会是最佳的，这其实代表了一种有机式团队结构。正如生物学家达尔文所讲："在剧烈变化环境中，能够生存下来的不是那些最强壮的，也不是那些最聪明的，而是那些最灵活的，懂得适时变化的生物。"时至今日，我国大部分企业的基本组织是结构化的，而这种结构实际上是机械式结构。面对未来更为动态的环境，企业的人力资源管理实践是否需要变革组织结构？向更为适应动态复杂环境的有机式团队结构变革，其理论依据是什么？

综上所述，本书认为需要从研究层面、作用机制及边界条件等方面丰富领导者人力资本和社会资本的研究。资源是绩效的主要源头，但目前关于不同资源获取路径对绩效的影响及其差异性仍被学者们所忽略。团队层面的领导资源能够被成员所共享，因而针对人力资本和社会资本研究的另一条思路就是在团队层面探讨领导者人力资本和社会资本与团队绩效和员工绩效的关系与影响。鉴于此，本书基于资源保存理论，提出领导者人力资本和社会资本对团队绩效和员工绩效影响的多层面概念模型，旨在深入讨论领导者人力资本、领导者社会资本、团队知识整合能力、员工工作投入、团队绩效、员工绩效、团队结构这七个变量之间的关系，拟解决如下问题：团队层面的领导者人力资本和社会资本是否对团队绩效产生影响？团队层面的领导者人力资本和社会资本是否对员工绩效存在跨层影响？团队知识整合能力是否在领导者人力资本和社会资本与团队绩效之间存在中介作用？工作投入是否在领导者人力资本和社会资本与员工绩效之间存在中介作用？团队结构是否在领导者人力资本和社会资本与团队绩效和员工绩效之间发挥边界条件作用？本书的研究，可帮助学者更深入地理解各种资源转化为绩效的复杂方式，为企业人力资源管理实践提供理论依据。

1.2　研究意义

本书以团队层面的领导者人力资本和社会资本为视角，在资源保存理论基础上，构建跨层中介调节模型，剖析团队领导者人力资本和社会资本对团队绩效和员工绩效的不同影响机制，从资源增值的路径分析对以往的研究进行补充和拓展。

1.2.1　理论意义

（1）丰富人力资本和社会资本的研究层面

人力资本与绩效的关系、社会资本与绩效的关系问题是国内外学者研究的焦点，并从各方面得到了理论分析和实证检验。在以团队为基础的扁平化知识型组织机构中，团队绩效取决于团队成员智力与资源的整合，知识型员工通常拥有较高的人力资本存量，他们之间知识分享和交换需要社会资本提供通道，因此人力资本和社会资本是影响团队绩效的两个关键因素。目前，关于人力资本的研究主要是个体人力资本对个体工作绩效（生产力与创新绩效）的影响（Dokko，2004），以及企业家人力资本对企业绩效的影响（谢雅萍，2008）；而社会资本的研究则主要是围绕企业家社会资本与组织绩效的关系进行实证研究，并认为以企业领导者的社会关系为代表的社会资本能够对企业绩效产生正向影响（See-mann & Hüppi，2001；Acquaah，2007；Kim & Cannella，2008）。团队领导者处于管理金字塔的基层，在团队绩效的表现上负有重要责任也占有特殊地位，目前从团队领导者角度研究绩效的文献比较少，本书基于资源保存理论，构建了跨层次模型，考察领导者人力资本和社会资本与绩效在团队层面和个体层面的跨层作用机制，这将领导者人力资本和社会资本的研究框架从单一的组织、个体层面，拓展到团队和员工的跨层次研究，研究团队领导者人力资本和社会资本与团队绩效和员工绩效之间关系的跨层次效应，并提供了理论及实证上的一致性。本书不仅拓展了现有的研究范围，而且为理解组织不同层次资源的增值路径提供了多层次的视角。从理论和方法上，本书为团队和员工的绩效来源提供新的视角和有益的探索。

（2）拓展资源保存理论应用研究

从资源管理的视角来看，资源总是稀缺的，且资源还具有可变性和流动性。同时，以往的研究也发现，资源是一柄"双刃剑"：有些资源提高了绩效，而有些资源可能削减了绩效（Gardner，Gino & Staats，2012）。因此，以往研究理论并不能很好地解释目前关于不同资源对绩效影响的差异性。

资源保存理论以资源为出发点，以往多用于员工压力研究（Halbesleben & Bowler，2007），以及增强工作资源的调节效应。Hobfoll（2002）指出员工用于工作投入的基础资源包括关系资源和个体资源，而在目前的研究中，过于强调个体资源，相对忽视关系资源。Hakanen 等（2008）研究发现，领导支持作为员工可获得的关系资源对工作投入有正向影响；反过来，员工的工作投入能够增强员工的关系资源（Hakanen et al.，2008）。根据机构效率理论（COR 理论），团队领导者提供的工作资源支持是团队成员可获得的有价值的社会资源，促进了员工的工作投入，由此获得员工绩效，增进团队绩效。因此，本书基于资源保存理论，通过资源与绩效之间中介变量的关系整合研究，以期更为全面地阐释不同资源获取路径对不同层面绩效的影响及其差异性，为绩效理论研究做出一定的贡献，拓展和丰富了资源保存理论的应用研究。

（3）揭示领导者人力资本和社会资本发挥作用的边界条件

资源保存理论解释和支持了领导者资本对团队绩效和员工绩效形成的机理及影响作用。但是资源并不总是形成绩效，因此对于领导者资本以什么样的方式、在什么样的条件下有效提升绩效这一重要理论问题，探讨尚有不足；此外还有对于何种类型的资源促进了团队知识整合和员工工作投入、在哪种情境下团队整合知识和工作投入方面的效率更好或者更糟。以往的研究主要从任务不确定性及领导风格这些情景因素，对资源类型及团队结构如何影响团队知识整合能力和员工工作投入这一机制做了探索。而现在越来越多的团队处在动荡的、不可预测的工作环境中（Kozlowski et al.，1999），可以说所有的团队都面临着不确定性，而不确定性已经成为一种常态。21 世纪，以往在稳定环境中比较有效的机械式团队，可能不适合动态环境下知识资源更有效地转化为绩效。具体来说，在机械式结构中，体现出较多的集权思想，成员解决问题的自主性也相应较低，不利于知识共享和资源转化；在有机式团队结构中，更为扁平化的结构和更为多元化的关系网络使团队成员有持续的互动和信息交换，有利于团队在知识与资源上进行共享。因此，本书以企业中团队领导者及其成员作为研究对象，考察不同团队结构对团队层面的领导者人力资本和社会资本对团队绩效和员工绩效的跨层调节效应，进一步澄清团队领导者资本发挥作用的有效性条件，具有一定的理论意义。

1.2.2 实践意义

在企业的绩效管理实践中，一条行之有效的操作路径是，将组织绩效分解到团队绩效，最终由员工绩效汇聚成团队绩效，进而达到企业目标。可是在理论研究中，却少有针对绩效的跨层研究。本书界定了团队层面的领导者人力资本和社会资本，进而研究团队领导者的人力资本和社会资本影响员工绩效和团队绩效的不同路径。本书的研究结果对于企业实践中的人力资源管理、培育和提升团队领导者的人力资本和社会资本有重要的意义，为企业系统地进行团队绩效和员工绩效管理提供科学依据。

（1）从资源视角探讨了领导者资本对绩效的影响，为中国企业的绩效管理提供了实证支持依据

基于知识资源的现代企业，其生存和发展更依赖于团队，那么，从理论上探求如何通过团队绩效来达成组织目标、赢得竞争力有重要的实践价值。本书认为，整合分散资源不能简单地通过良好的沟通来解决，当团队领导者具有较高水平的人力资本和社会资本时，更有利于团队开发一个可靠的、系统的、有效的、协作的沟通过程，就有可能通过知识整合能力来促进绩效提升。这就要求组织在选拔和考量团队领导者的时候，应该以其人力资本水平和社会资本水平为基准，引导高资本（人力资本和社会资本）水平人员作为团队领导者，以期提升团队知识整合能力和员工工作投入，获得团队层面和个体层面的高绩效。通过领导者人力资本和社会资本对团队绩效和员工绩效影响作用的讨论，为企业管理者优化人力资源管理提供参考。

（2）通过整合团队绩效和员工绩效过程研究，有助于领导者对工作团队进行有效管理

本书深入探讨了团队知识整合能力对团队绩效的影响，以及工作投入对员工绩效的影响，对领导者如何有效激励工作团队及其成员具有现实意义。正如 Kozlowski 等（1999）所提出的，当团队承担复杂、快速变化的工作时，必须整合成员的知识到相互调整的工作进程，以获得成功（Thompson，1967；Van de Ven，1986）。团队中持续的知识整合能力有助于绩效的形成（Eisenhardt & Martin，2000；Teece et al.，1997；Zoilo & Winter，2002）。有效的知识整合提高了团队效率，它确保正确的信息在正确的时间，在正确的团队成员之间来回流动，以便他们能够持续解决遇到的问题（Argote，1999；Argote & Ingram，2000）。已有研究发现，团队知识整合能力是团队绩效的关键转化路径（Gardner，Gino & Staats，2012），只有当团队成员的分散知识能够得到系统整合以匹配团队任务时，团队才会产生高绩效。因此，本书通过整合团队绩效和个体绩效过程研究，进一步探索团队知识整合能力对团队绩效的影响，有助于领导者更加有效地管理工作团队，依靠团队来产生和保持高绩效，赢得组织竞争优势。

（3）变革组织结构，增强团队领导者资源对团队绩效和员工绩效的影响

借鉴资源保存理论，本书认为领导者自身的人力资本水平和社会资本水平不仅通过团队知识整合能力影响团队绩效，而且通过员工工作投入影响员工绩效。我国绝大多数企业的知识整合能力较低，这与组织结构落后密切相关（曾奇，2004；张光磊、刘善仕和申红艳，2011），而企业中的工作团队作为一种普遍存在的微观组织形式，是企业进行知识整合的主要载体（张光磊、刘善仕和彭娟，2012）。在不同的团队结构情境下，组织中的变量关系会发生不同程度的强弱变化，这也进一步说明，团队结构是一个不容忽视的情境因素。因此，本书认为团队结构会是领导者人力资本和社会资本影响团队知识整合能力及员工工作投入的一个重要情境因素，研究成果为企业管理者积极变革组织结构来增强工作团队的知识整合能力和团队成员的工作投入提供了一定的现实依据和实证支持。

1.3 研究内容与方法

1.3.1 研究内容

通过以上分析，基于资源保存理论，本书对团队领导者人力资本、领导者社

会资本、团队知识整合能力、员工工作投入、团队结构、团队绩效和员工绩效等领域的文献，以组织中任务团队为研究对象，探讨领导者人力资本和社会资本、团队知识整合能力、员工工作投入、团队结构、团队绩效和员工绩效之间的关系。

第一，本书将团队领导者人力资本和社会资本作为前因变量，团队绩效和员工绩效表现作为结果变量。通过文献综述可知，大量实证研究已经证明人力资本、社会资本均对绩效变量有显著正向影响（Dokko，2004；谢雅萍，2008；柯江林等，2010；Seemann & Hüppi，2001；Acquaah，2007；Yangmin & Albert，2008）。但这些研究主要聚焦于雇员、创业者、企业家，几乎没有针对团队领导者群体的实证研究。我们认为：一方面，工作团队在现代组织中随处可见，其团队领导者位于管理金字塔的基层，在团队绩效的表现上负有重要责任和占有特殊地位，有必要区分上述研究群体并做进一步研究；另一方面，高绩效团队又是以高效的团队领导管理为前提（曹仰锋、吴春波和宋继文，2011），而高效的团队领导管理必须综合考量团队领导者的人力资本（如专业知识、工作经验、管理技能）和社会资本（如权力地位、关系网络和信息交流）。因此，团队领导者人力资本和社会资本就会对团队绩效表现产生重要影响。同样地，我们也意识到，作为团队领导者，他们仍承担基本的管理职能，需要激发团队成员的工作积极性，持续激励员工，使其努力投入工作，获得良好的绩效表现（王宝荣、陈学旺和樊丹，2014），这就说明领导者人力资本和社会资本因素很可能对个体层面的员工绩效产生重要影响。综上可知，本书研究工作团队领导者人力资本和社会资本与团队绩效和员工绩效的跨层关系也就显得很有必要了。

第二，本书将团队知识整合能力作为团队层面研究的中介变量，将员工工作投入作为个体层面研究的中介变量。在现有研究中，特别是在探讨资源转化为绩效的有效性问题上，团队知识整合能力常常被视为一个重要的中介变量（Gardner，Gino & Staats，2012），承担着资源向绩效转化的"桥梁"作用，如知识整合机制在顾客参与对新产品绩效的影响中起到中介作用。团队领导者社会资本可以促进团队成员知识共享，准确识别并获取需要的知识，提升知识利用与再生能力，有助于团队知识整合能力的形成；而团队知识整合能力的形成恰恰可以帮助解决知识传递的无序性、知识吸收困难等团队问题（Zahra，Ireland & Hitt，2000）。团队领导者的人力资源整合能力又可以进一步提升知识整合效率，避免重要信息和复杂性较高的知识在整合过程中被遗漏，为团队输出更高的绩效成果。在个体层面的研究中，围绕 JD-R 模型的大量研究已经表明，衡量个体绩效的重要指标就是工作投入，而影响工作投入的前因变量有工作要求、工作资源、个体资源三大类。领导者资本既包含工作资源中自主权、社会支持等社会资本因素，又包含个体资源中乐观、韧性等人力资本因素，是团队领导者有效激励下属的一种无形资源。领导者人力资本和社会资本水平的高低状况，对其团队成员的工作投入有不同影响，因此也会对其员工绩效产生不一样的影响。

第三，本书将团队结构作为调节变量，划分出机械式团队结构和有机式团队结构两种团队情境。考虑到团队知识整合能力和工作投入都是发生在团队背景下，这就意味着团队或个体必须选择恰当的团队结构来实现组织目标。机械式团队结构代表着一种抑制性环境，而有机式团队结构则代表了一种促进性环境（杨付和张丽华，2012），它们能够对知识信息的转化产生截然不同的作用（张晗和徐二明，2008；Patrashkova-Volzdoska et al.，2003）。换言之，团队知识整合能力的形成可能是由领导者资本和与之相匹配的团队结构共同作用的结果。但目前在这方面的研究十分稀少，所以在团队层面的研究中就成为本书研究团队知识整合能力形成的一个不可忽视的情境因素。

此外，个体—情景互动理论的观点认为，个体行为是个体内在特质和其所处情境共同作用的结果。据此，本书推断在机械式结构中，团队成员需要更多地遵从传统惯例和正式的规则、程序，这将在很大程度上削弱团队领导者对团队成员的有效激励和领导，造成领导者资本与员工工作投入正相关关系的降低；在有机式结构中，团队氛围更加促使成员们提出新的想法，鼓励领导者和团队成员多交流，这会使团队内的员工更专注于团队工作，更容易实现自身的工作目标。同样地，员工工作投入的水平高低可能是由领导者资本和与其相匹配的团队结构共同作用的结果。

基于以上分析，本书提出将团队领导者人力资本和社会资本作为前因变量；团队知识整合能力作为团队层面的中介变量，员工工作投入作为个体层面的中介变量；团队绩效作为团队层面的结果变量，员工绩效作为个体层面的结果变量；团队结构作为团队层面的调节变量，构建了一个关于团队层面领导者人力资本和社会资本作用于团队绩效和员工绩效的跨层次调节中介效应模型。

1.3.2　研究方法

（1）文献研究法

本书的研究建立在以往研究成果的基础上，因此文献研究法是本书的出发点。通过搜索并阅读大量国内外顶级管理学、心理学期刊，如 *Academy of Management Journal*、*Journal of Business Ethics*、*Journal of Applied Physics*、*Journal of Organizational Behavior*、《管理世界》、《心理学报》、《南开管理评论》等发表的相关文献，本书对资源保存理论进行梳理和归纳，并在此基础上对人力资本、社会资本、团队知识整合能力、员工工作投入、团队结构、团队绩效、员工绩效等现有研究成果进行了系统性的梳理和综合分析，回顾并综述了各个变量的概念界定、结构维度及现有实证研究成果等。通过认真、细致地阅读前人研究成果，对其进行归纳总结，深度挖掘现有研究的不足之处或有待完善的空间，以发现本书可能获得的研究价值，从而确定本书的选题——领导者人力资本和社会资本对团队绩效和员工绩效的影响机制研究。

（2）实证研究法

为了验证本书提出的理论模型和研究假设，本书采用实证研究方法。首先，对本书理论模型中的各个变量进行操作化定义，并依据该定义选择合适的测量工具，所有变量的测量均来自原始英文量表，翻译后经中文专业人士阅读矫正，在不改变其本意的基础上调整以符合中文阅读习惯，并以此设计成本书所需的调查问卷；其次，通过小样本预测试检验各初始量表的信度与效度，完成对领导者人力资本和社会资本量表的修订；再次，收集正式样本数据，采用 SPSS 22.0 软件和 LISREL 8.72 软件对正式量表进行区分效度检验、共同方法偏差分析检验、数据聚合检验，为实证分析做准备；最后，采用 SPSS 22.0 软件对人口统计特征变量进行方差分析，确定控制变量，分析变量间的相关性，对本书假设进行初步检验。基于此，本书采用 HLM 跨层分析方法及 Mplus 统计软件，对本书的主效应、跨层中介效应及有调节的中介效应进行检验，根据检验结果得出本书的结论。

1.4　技术路线与内容结构

1.4.1　技术路线

本书遵循"理论基础与文献回顾—量表选择与本土化验证—理论模型构建及问卷设计—问卷设计与分析—实证研究—结论分析、管理建议及未来研究展望"的科学研究路径，本书的技术线路如图 1-1 所示。

1.4.2　内容结构

如前文所述，本书基于资源保存理论，构建了领导者人力资本和社会资本到团队绩效和员工绩效的影响路径。第一，验证分析了团队领导者人力资本和社会资本对团队绩效和员工绩效的影响效应；第二，验证分析了团队层面团队知识整合能力的中介效应，以及个体层面员工工作投入的中介效应；第三，检验分析了团队结构（机械式和有机式）的调节作用；第四，检验分析了有调节的中介作用。基于以上研究内容，全文共分为六章，结构安排如下：

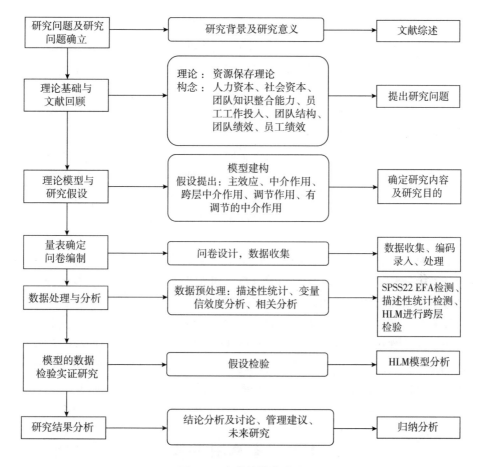

图 1-1　本书的技术路线

　　第 1 章，绪论。该章是对本书总体的概述。首先，从研究背景入手，提出了拟研究的问题，阐明了研究的理论意义和现实意义；其次，概括了研究的主要内容；再次，对本书拟采用的研究方法、技术路线和内容结构做出说明；最后，探讨了本书可能的创新点，分析了本书的不足，并提出未来可能的研究点。

　　第 2 章，理论基础与文献综述。该章对资源保存理论作了详细介绍，并对本书的构念进行了文献梳理与综述，重点是厘清人力资本、社会资本、团队知识整合能力、员工工作投入、团队绩效、员工绩效以及团队结构等构念，对已有研究进行梳理及分析评价。

　　第 3 章，理论模型与研究假设。首先，该章以资源保存理论为基础，在文献分析的基础上，寻找变量之间的关系，构建本书的理论模型。其次，根据本书的目的，提出假设并进行理论推演，分别为：团队层面领导者人力资本对团队绩效作用；领导者社会资本对团队绩效的作用；团队知识整合能力在领导者人力资本与团队绩效之间的中介效应；团队知识整合能力在领导者社会资本与团队绩效之间的中介效应；工作投入在领导者人力资本与员工绩效之间的中介效应；工作投入在领导者社会资本与员工绩效之间的中介效应；团队结构在领导者人力资本和社会资本与团队知识整合能力之间的调节作用；团队结构在模型中的跨层调节作用及有调节的中介作用。

第4章，研究设计。该章首先确定了研究中变量的量表选择，其次编制调查问卷，最后确定数据收集程序。具体如下：根据研究目的选择确定各操作变量的量表；详细交代本书数据调研程序；说明本书所使用的统计工具；对变量数据进行描述性分析及相关性检验；检验变量的信效度；问卷数据收集、录入并进行整理分析。

第5章，数据分析与假设检验。该章最主要是进行模型的假设检验，在此之前对问卷中所涉及的变量进行了相关分析，对人口统计特征进行了方差分析；在此基础上，对模型中提出的假设进行了数据检验。

第6章，研究结论与展望。首先，对实证研究得出的结论进行讨论分析，回到之前的理论推演中进行解释；其次，阐述研究的理论贡献，为后续的研究提供一定的基础；再次，探讨本书对企业管理实践的建议，彰显管理研究的生命力，服务于管理实践；最后，指出本书的局限性，展望未来更深入的研究。

1.5　主要创新点

第一，基于团队领导者视角，探讨人力资本和社会资本对员工绩效及团队绩效的影响，为绩效提升提供理论视角。

从人力资本和社会资本的相关文献来看，现有研究主要聚焦于个体层面的领导者人力资本和社会资本分别对组织及员工的影响，且研究主要集中在个体或组织的同一层次上，缺乏团队层面以及跨层影响研究。跨层研究能更加系统和全面地理解领导者人力资本和社会资本的作用机制。本书探讨了领导者人力资本和社会资本对不同层面绩效的跨层影响，以解释团队层面的领导者人力资本和社会资本是如何影响团队层面的团队绩效和个体层面的员工绩效的。研究结果发现，团队层面的领导者人力资本和社会资本对团队层面的团队绩效和个体层面的员工绩效均有显著的预测作用。

第二，基于资源保存理论视角，从个体和团队两个层面揭示领导者人力资本和社会资本对团队绩效和员工绩效作用的内在机制。

本书对资源与绩效的关系提出了团队层面和个体层面的不同中介机制，从资源保存理论的视角解释了领导者如何同时激励每个员工和整个团队，以及分别通过什么路径激励；并挖掘中介变量，更系统地解释领导者人力资本和社会资本对团队绩效和员工绩效的影响。本书在领导者人力资本和社会资本与团队绩效的关系中，基于资源保存理论纳入了团队知识整合能力作为中介变量；在研究领导者人力资本和社会资本与员工绩效的跨层关系中，纳入了员工工作投入这一中介变量；同时进行实证研究，以丰富组织中不同层次绩效形成的作用机制研究。本书的实证结果表明，领导者人力资本和社会资本通过团队知识整合能力这一中介作用影响团队绩效；领导者人力资本通过工作投入这一中介作用影响员工绩效；工作投入在领导者社会资本对工作投入的影响中无中介作用。研究结果表明，社会资本只能以"非市场化"的方式影响团队的沟通交流，进而影响到团队知识整合能力，而对正式化的工作投入内部技术潜力构建则无能为力。

第三，分析了领导者人力资本和社会资本作用的边界条件，揭示了团队结构是领导者人力资本和社会资本发挥作用的情境因素。

以往的研究大多肯定了个体层面的人力资本和社会资本对个体绩效和组织绩效的积极影响，以及组织层面的企业家人力资本和社会资本对组织绩效的影响。但对于领导者资本以什么样的方式，在什么样的条件下有效提升绩效这一重要理论问题，探讨尚有不足，例如：为什么一些群体比其他群体更有效（Hackman & Katz, 2010; Ilgen et al., 2005）；为什么有些团队在转化成员的知识和技能为绩效方面比其他团队做得好，尤其是对于那些复杂的、长期的任务；何种类型的资源促进了知识整合；在哪种情境下团队整合知识方面的效率更好或者更糟；以往的研究从任务不确定性这一情景因素，对资源类型及结构如何发展团队知识整合能力这一机制做了探索。知识经济时代以团队为基本单元的工作方式下，工作投入也都是发生在团队背景下的，这就意味着团队或个体必须选择恰当的团队结构来实现组织目标。鉴于此，本书从团队结构视角考察了领导者人力资本和社会资本对团队绩效和员工绩效的跨层影响效果。简言之，有机式团队结构为促进团队层面的团队知识整合能力和个体层面的工作投入有效性的发挥提供了组织情境。因此，本书进一步澄清了领导者人力资本和社会资本在组织情境下的有效性问题。

2 理论基础与文献综述

本书以团队层面的领导者人力资本和社会资本为自变量，以团队绩效和员工绩效为结果变量，运用多层理论模型，研究领导者人力资本和社会资本对团队绩效和员工绩效的跨层影响机制。本书主要以资源保存理论为基础，涉及工作要求–资源模型。

2.1 相关理论基础

2.1.1 资源保存理论

资源保存理论（Conservation of Resources Theory，COR）是源自压力理论的发展而提出的一个理论视角，是压力研究的一个分支，最早由 Hobfoll（1989）提出，用于解释压力的产生，以及它与资源的供应与需求之间存在的关系。理论的核心观点在于"个体致力于保持、保护和建立资源"（Hobfoll，1989），如社会支持、个性特征、时间和精力等。资源是有价值的，因为它们不仅具有提供人们实现重要和有意义目标的工具价值，同时也带有具有象征意义的价值以确定个体的身份。人类从根本上寻求创造一种资源性的环境，避免可能导致他们失去价值来源的情况，因为后者会造成心理上的不适或压力（Hobfoll，1989，2001a，2016b）。资源保存理论认为，人们渴望获取资源、保护资源、构建资源，为了生存，人们想要将这些资源保存起来（Hobfoll，2016）。资源的流失或存在流失的风险对人们来说都会构成威胁（Hobfoll，1989）。

资源保存理论提出两个螺旋效应——丧失螺旋（Loss Spiral）和增值螺旋（Gain Spiral）。缺乏资源的个体不仅更容易遭遇资源流失，而且在资源流失后产生的压力会进一步增加资源流失的风险，进而使资源不断流失，形成丧失螺旋。

与之相反，具有丰富资源的个体不但能够获得更多的资源，而且新获取的资源还能带来获取更多资源的可能性，从而产生资源的聚集效应，形成增值螺旋。在资源保存理论中，资源被定义为"对象、个人特征、条件或能量价值（Hobfoll，1989），如物质、社会、个人、能量资源（Hobfoll，1989，2001a，2001b），具体可以分为物质性资源、条件性资源、人格特质、能源性资源（能帮助个体获得其他三类资源的资源）。Hobfoll（2002）指出，员工可用于工作支持的资源包括两部分：个体资源和关系资源。其中，关系资源是员工在工作团队及组织中可获得的资源，能够降低员工压力，激发员工工作投入，促进个体绩效。在企业情境中，员工的关系资源中的组织支持包括领导支持、同事支持及组织文化支持，会促进员工对团队的信任、增强组织归属感，从而降低压力和焦虑，使员工将更多能量投入工作中。

根据资源保存理论，资源可能位于组织层面，能够提供给组织员工工作支持，刺激个人成长、学习和发展（Demerouti et al.，2001；Kalshoven & Boon，2012）。那么，来自组织系统的支持，如团队领导者，其拥有的人力资本和社会资本，通过代表其个体的经验和关系等资源支持和关注员工，这些资源可以被看作一种组织资源（Wheeler，Halbesleben & Shanine，2013）。在组织中，那些拥有较高教育程度、工作经验较为丰富的成员，更容易被提拔为团队领导者。根据人力资本理论，人力资本丰富的人力资源才是一切生产资源中最重要的资源（Schultz，1961）。而团队领导者作为人力资本更加丰富的个体，更有能力保持工作的热情，也更有能力帮助团队成员。与人力资本不同的是，社会资本指的是行为人之间的关系以及这种关系而带来的信息、资源、机会和控制（Burt，1992；Coleman，1988）。领导者社会资本是一种无形资源，团队可以借助这种资源获得物质的、信息的和情感的帮助，动用外部资源弥补内部资源的不足。在中国情境和团队工作背景下，领导者掌控着团队的核心资源及其分配权利，其人力资本和社会资本，是团队及成员的重要资源，因此是组织绩效产出的重要资源。

此外，资源保存理论（Hobfoll，1989，2001a，2001b）已经被用来解释工作参与的前因和后果（Salanova et al.，2005）。根据资源保存理论，本书研究了个体层面的工作投入在领导者资本与员工绩效之间的中介作用，同时研究了团队层面的知识整合能力在领导者资本和团队绩效之间的中介作用。

首先，在个体层面，工作投入被定义为一种积极的、有成就感的、与工作相关的幸福状态，以高水平的能量为特征（Bakker & Leiter，2010），被认为是倦怠的积极反面（Maslach & Leiter，1997；Schaufeli & Bakker，2001，2004）。资源保存理论认为，员工在失去资源时，会感受到压力，或者减少工作投入，因此他们有强烈的动机去投资以获得更多的资源或者防止资源流失（Hobfoll，1989，

2001a，2001b；Wheeler et al.，2013）。员工通过囤积过剩资源来管理他们的资源（Hobfoll，2001a，2001b），因此他们投资以获得更多资源。资源的良性循环对他们的工作投入有积极的影响，形成资源的增值螺旋。相反，资源的匮乏会导致恶性循环，从而导致更多的资源流失，从而减少工作投入，形成资源丧失螺旋。根据资源保存理论，本书推断团队领导者人力资本和社会资本，通过提供员工资源支持，来让员工获得资源累积增值，促进员工工作投入，在员工个体层面形成资源的增值螺旋，获得员工绩效。

其次，在团队层面，团队知识整合能力被定义为团队交流的可靠模式，这种交流对于理解复杂问题能产生共同的贡献（Gardner，Gino & Staats，2012），也就是说，促进知识整合能力可使团队把成员的知识资源转化为高绩效。因此，基于资源保存理论，组织可以通过可靠的方式来整合知识资源以产生超额绩效，甚至在面临不确定环境时，这些资源可用于构建或者转移能力创造价值（Barney，1991；Nelson & Winter，1982；Sirmon，Hitt & Ireland，2007）。尽管资源和能力构建一直被认为是组织层面的现象，但核心仍是那些负责执行活动的个体（Argote & Ingram，2000；Helfat & Peteraf，2003），这些个体嵌套在群体（团队或者部门中）。因此，本书把资源的概念从组织层面推演至团队层面，正如一个组织需要战略化地利用他的资源，一个团队必须将成员的经验和专业知识转化为项目成果。有研究显示，成员的经验资源已经被证明可以提高团队的整体绩效（Espinosa et al.，2007；Goodman & Leyden，1991；Reagans，Argote & Brooks，2005；Staats，Valentine & Edmondson，2011）。与此一致，本书推断，领导者作为团队成员中人力资本和社会资本更为丰富的个体，其更有能力有效整合团队成员资源，将资源转化为有价值的能力，即团队知识整合能力，在团队层面形成资源的增值螺旋，获得团队绩效。

综上所述，本书推导，团队层面的领导者作为团队中人力资本和社会资本均更为丰富的个体，更有能力帮助团队及其成员获得绩效，而资源保存理论可以用来解释这一资源增值效应。人力资本和社会资本的概念可应用于多个层面，以往有关人力资本和社会资本的研究还未从团队层面探讨领导者的人力资本和社会资本的效能，以深度挖掘领导的潜能。因此，本书基于资源保存理论的增值螺旋效应，分别提出了团队层面和个体层面的两条资源增值路径，构建了本书的跨层理论研究模型。

2.1.2 工作要求−资源模型

本书借鉴了工作要求−资源（JD−R）模型，以及 Demerouti 等（2001）的观点，认为工作要求（Job Demands）需要投入个体的资源以满足工作要求的内容。

员工在工作中，经常会产生体力、情感、精神方面的压力；而工作资源（Job Resources）是组织提供给员工用以完成角色任务的各种工作资源，如培训指导、持续反馈、信任支持等。持续的工作资源支持会满足员工工作需求，缓解员工压力，使员工将更多精力投入工作中，进而提升员工绩效。此外，Demerouti 还借鉴 Xanthopoulou 等（2009）的研究成果，将表现个体特征的一些个体资源（Personal Resources）纳入模型中，并整合形成如图 2-1 所示的理论模型。Xanthopoulou 等（2009）还指出，工作要求-资源模型中工作资源只是基本类别，其所包含的内容所依据的是实际工作内容。

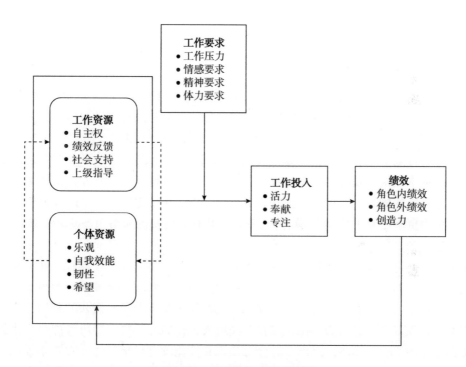

图 2-1　工作要求-资源模型

资料来源：根据 Bakker 和 Leiter（2009）翻译所得。

　　该理论模型主要有以下内容：首先，工作资源可能来自个体特质，也可能来自团队和组织支持；其次，工作资源会影响工作投入；再次，组织和团队中可用于支持员工工作的资源，其内容不仅限于该模型中的基本类型，还可以是其他一切可以缓解员工压力、支持员工完成任务的资源；又次，当组织赋能员工以提高其工作投入时，会正向影响员工绩效；最后，前一阶段的员工绩效会影响下一阶段员工的工作投入，形成良性循环。

　　根据资源保存理论，结合 JD-R 模型中所归纳的工作资源，本书推断，团队领导者人力资本和社会资本是团队成员可获得的最直接、最重要的工作支持资源，是团队成员可获得的重要组织支持，因此增加团队成员的工作投入，能够帮助个体形成资源增值螺旋。本书借鉴了工作要求-资源模型，拓展和具体化模型中的资源内容，构建本书的理论模型，并进行实证检验。

2.2　人力资本研究综述

2.2.1　人力资本的起源与概念

　　最早在柏拉图的经典著作《理想国》中，就已经萌发了人力资本的思想，作者将其描述为教育和练习的价值。除此之外，书中并没有明确指出人力是重要的资本这一思想。随后，经济学家亚当·斯密在 "劳动创造价值" 这一思想基础之上，肯定了人力是重要的资本要素。直到 1960 年，Schultz 第一次系统地提出人力资本理论，并对人力资本的形成方式与途径进行了定量研究，他认为人力资本是个体的体力、知识、技能等因素之和（Schultz，1961）。根据人力资本理论，人力资本丰富的人力资源才是一切组织中最重要的资源（Schultz，1961），这一思想为之后的大量研究奠定了概念基础。与此同时，Becker（1964）把人力资本的研究进一步拓展到微观领域，将其定义为个体通过对学校教育、在职培训或其他经历的投入而获得的知识与技能。他指出，人们需要通过区分两组概念来进一步认识人力资本。首先，要区分人力资本投入与人力资本投入的产出：人力资本投入强调个体经历的存在，如教育经历或工作经历，这些经历可能会带来知识和技能的增长和提高，但也可能会对知识和技能没有影响；而人力资本投入的产出则强调获取到知识和技能。其次，要区分与工作任务相关的人力资本和与工作任务无关的人力资本，而区分的标准就在于人力资本投入及其产出是否和特定的工作任务相关。后续他进一步研究指出，人力资本是指员工用以追求目标导向的活动和绩效所拥有并可以调用的资历、知识、技能和经验（Becker，1993）。

　　一直以来，人力资本（Human Capital）都被视为促成企业成功的关键资源（Florin et al.，2003；Pfeffer，1994；Sexton & Bowman，1985）。而且，随着工作情境中知识密集型活动的持续增多，越来越多的研究者相信，人力资本将在未来发挥更大的作用（Bosma et al.，2004；Honig，2001；Pennings et al.，1998；Sonnentag & Frese，2002）。综观国外的相关研究，我们发现，人力资本这一概念在 Reuber 和 Fischer（1994）、Chandler 和 Hanks（1998）、Davidsson 和 Honig（2003）、Rauch 等（2005）、Sohn 等（2006）等的研究中得到不断完善和发展，不同定义的背后其实都遵循着 Becker（1964）的人力资本概念。回顾国内文献，我们发现人力资本的研究以黄群慧（2000）、程承坪（2001）、付维宁（2003）等最具代表性。黄群慧（2000）认为，人力资本应该加入产权这一思想，即个体所获得的知识与技能是通过选择机制、激励约束机制共同作用的结果。程承坪（2001）则认为，人力资本是一系列能带来未来收益的价值存量，不仅包括知识、技能，还包括人的能动性和声誉；并进一步把人力资本划分为效率性、动力性和交易性三种类型。基于前面两位学者的思想，付维宁（2003）对人力资本涵盖的价值存量进行了补充，将个体的能力和努力水平纳入其中。此外，有的学者认为人力资本的概念里不应包括个人的努力，否则就会混淆人力资本的发挥与人力资本的概念（顾建中和黄攸立，2001）；有的学者则围绕着对人的投入是不是投资，以及由此形成的价值是不是资本等问题展开了人力资本的概念讨论（侯风云，2000；兰玉杰和陈晓剑，2003）。可见，国内学者对于人力资本的概念并没有一个统一的说法，但大致都认同 Becker（1993）提到的资历、知识、技能和经验等要素。

2.2.2 人力资本的维度与测量

通过文献回顾，我们发现，出于不同的研究目的，人力资本的衡量指标略有差异：有的学者用教育经历、技能训练、工作经历、创业经历、雇主经验、父母背景、个人的知识与技能等变量来测算人力资本（Chandler & Hanks，1998；Davidsson & Honig，2003；Rauch et al.，2005）；大部分学者用受教育程度、职业培训、工作经验、学习能力、创新能力、组织任期等测量人力资本（Becker，1975；Forbes & Piercy，1991；Malos & Campion，1995；Tharenou，1997；Ng et al.，2005）。现有研究更加强调了人力资本不仅仅包括智力资本，它还是一个多维结构，在工作场所中，有关人力资本的研究将与工作相关的技能、创造力和资源整合能力确定为人力资本的几个维度。分析发现，这些指标存在部分重叠内容，按照柯江林等（2010）的说法，这些通用的指标大致可以划分为两类：一是客观衡量指标，如学历、工作年限等；二是主观衡量指标，如收集被试知识、技能等评价性信息。在本书的研究框架下，我们将继续采用主、客观结合的方式，通过问卷中的人口统计信息及收集被试知识、技能、能力等来衡量团队领导者的人力资本。本书采用 Reed 等（2006）开发的量表，该量表已公开发表并被国内外的研究所引用，确保了量表的信效度。

2.2.3 人力资本的实施效果

人力资本的实施效果主要包括企业/职业成功和工作绩效。具体而言，人力资本可以使其拥有者增强发现并捕捉商业机遇的能力，并且帮助其拥有者获得其他可利用的金融资源和实物资源，从而实现知识与技能的积累，最终促成企业成功（Chandler & Hanks，1994；Shane & Venkatraman，2000；Baum et al.，2001；Brush et al.，2001；Westhead et al.，2005；Cassar，2006；Frese et al.，2007）。国内学者周文霞、谢宝国、辛迅、白光林、苗仁涛在2015年运用元分析技术，同样验证到上述结论。但是我们也发现，针对人力资本与企业/职业成功之间的关系强度问题，不同的研究也得到了不同的结论。有些研究认为，二者的关系适度甚至是高度相关［r>0.40（Duchesneau & Gartner，1990）；r>0.20（Frese et al.，2007）］，而有些研究却认为二者的关系强度较弱［r<0.06（Davidsson & Honig，2003）；r<0.10（Gimeno et al.，1997）］。对于这种研究差异的一个有力的解释就是由于选择了不同的调节变量。这为我们的后续研究提供了一点借鉴。不仅如此，人力资本水平较高的下属会被视为有价值的员工，因为他们能很好地完成自己的工作（Humphrey，Morgeson & Mannor，2009），他们受到重视，是因为他们能够在没有主管指导或监督的情况下独立执行更广泛的任务（Graen & Scandura，1987；Morgeson et al.，2005），因而更容易获得职业成功，并最终促成组织成功。

此外，相关研究表明人力资本与工作绩效正向相关。根据人力资本理论（Becker，1993），人力资本较高的员工有更好的认知能力，这一能力使他们在解决问题、完成任务等方面有更高的生产力和效率。根据这一逻辑，人力资本对任务完成的积极影响可能不仅包括与工作有关的任务，也包括与非工作无关的任务。人力资本不仅可以使雇员在执行与工作有关的任务方面取得成效，而且在社会或非工作环境中为主管执行任务方面也会取得成效。Dokko（2004）在其博士论文中研究了个体人力资本对个体工作绩效（生产力与创新绩效）的影响，结果表明，个体所具备的人力资本水平越高，最终带来的绩效表现就越好。另外，在谢雅萍（2008）针对295家上市公司总经理的实证研究中，企业家人力资本被划分为教育型、实践型和激励型三类，这三类企业家人力资本均显示和企业绩效积极正相关。柯江林等（2010）通过对221名组织雇员的实证研究，则得出人力资本对任务绩效和周边绩效有显著正向影响的结论。Ren等（2017）通过对中国企业127名主管和372名下属的实证研究中也发现，人力资本水平较高的下属可以使主管的工作更容易，可以帮助主管提高其在组织中的地位，因此促进了主管的工作绩效。

2.2.4 领导者人力资本

领导者人力资本是组织创造竞争优势的重要资源（Castanias & Helfat，1991），这意味着人力资本存量较高的领导者对组织绩效有积极影响。人力资本的概念也应包含个体、团队及组织层面，目前关于人力资本概念的研究多见于个体层面和组织层面企业家人力资本的研究。无论是个体层面的人力资本，还是对于企业家人力资本的研究，学者们都主要围绕受教育程度和工作经验两方面研究，并以此来衡量人力资本存量的高低。

本书聚焦于小型团队领导者，探讨其自身人力资本如何影响所直接领导的团队绩效和员工绩效。领导者人力资本作为组织绩效的一种重要资源（Becker，1994；Wright & McMahan，2011），将组织层面的资源下沉到团队层面，因此团队领导者人力资本同样是团队绩效和团队成员的重要影响因素。已有研究将领导者人力资本聚焦在团队领导者群体，探讨了团队领导者人力资本对绩效的影响（Harris & McMahan，2015）。团队领导者位于管理金字塔的基层，是任务团队的负责人，其特征是直接参与工作任务的计划、执行和监督控制，直接和间接管理的下属人数较少。任务团队在现代组织中随处可见，小型团队领导者人数众多，对组织发展具有重要影响（王荣宝等，2014）。知识经济时代，"人"成为第一大生产要素，团队领导者自身受教育程度和工作经验所代表的人力资本水平，不仅使他们自身能够创造价值，而且还会影响团队成员人力资本价值的发挥效果，因而成为团队绩效及其个体绩效的关键影响因素。

在知识经济时代普遍采用团队工作模式下，本书所研究的领导者人力资本是将人力资本的所属群体聚焦于团队领导者身上，探讨身处组织特殊地位的团队领导者们如何将自身资源转化为团队及其下属成员的绩效产出。因此，我们将领导者人力资本定义为领导者通过自身一系列的投入和经历（如教育学习、技能培训、工作经历、创业经历等）而收获的知识、技能、能力，是具备未来收益潜能的无形资源，组织中团队领导者自身的受教育程度和工作经验等是团队及其成员绩效的关键影响因素。

2.2.5 评析

本书通过系统地梳理人力资本相关研究，认为人力资本作为影响绩效的关键因素已经得到证实。可是，随着知识经济时代的来临，研究者们认为，人力资本将在未来发挥更大的作用（Bosma et al.，2004；Honig，2001；Pennings et al.，1998；Sonnentag & Frese，2002）。因此，现有针对人力资本对组织成功和绩效的影响及作用机制的研究还远远不够，有待深入探索，具体还可以从以下几个方面深入和扩展：

（1）在构念与维度上，探索领导者人力资本在中国企业情境中的有效性

虽然人力资本这一概念提出得较早，但早期关于人力资本结构维度的讨论大多停留在理论层面，并未开发相应量表，因此延缓了实证研究的进程。在学者们对人力资本结构维度和测量工具的探索开发过程中，出于不同的研究目的，人力资本的衡量指标略有差异：有的学者用教育经历、技能训练、工作经历、创业经历、雇主经验、父母背景、个人的知识与技能等变量来测量人力资本；有的学者则用年龄、受教育程度、工作经验与培训、工作任期、组织任期、认知能力、周工作时数、工作知识与技能、情绪智力、学习能力、创新能力等测量人力资本（Wanberg et al. , 1996；Becker, 1975；Forbes & Piercy, 1991；Tharenou, 1997；Ng et al. , 2005；Wong & Law, 2002；Malos & Campion, 1995）。直到2006年，Reed、Lubatkin 和 Srninvasan 开发了人力资本的量表并公开发表，该量表得到学术界的广泛认同，被国内外研究所引用，并在此基础上对人力资本的结构维度进行探索与验证。但是，这些研究并未将中国本土文化因素包含在内，因此，需要继续深入研究人力资本构念及测量在中国企业中的适用性。本书针对中国情境下的企业，验证人力资本构念及测量在中国企业的适用性。

（2）拓展人力资本研究层次及作用机制

在研究层次上，现有研究主要关注的是个体层面的人力资本对个人职业成功和员工绩效的实施效果，以及组织层面的企业家人力资本对组织绩效和组织成功的实施效果，还未有针对团队层面的领导者人力资本对团队绩效和个体绩效的跨层影响的研究。相对于一般团队成员，团队领导者通常拥有更多的工作经验，享有更多的培训教育机会，因此成为人力资本更为丰富的个体，对团队绩效和员工绩效有更直接和深入的影响。在作用机制上，以往研究更多的是人力资本的直接实施效果，鲜有对其他中介作用机制的研究。团队领导者人力资本如何作用于其领导的团队绩效？其效果如何？团队领导者的人力资本又如何作用于其所领导团队的员工绩效？其作用于组织不同层面绩效的机制是不是有所不同？这些问题尚需继续深入探索，因此，在研究层面和作用机制上，对人力资本的研究有待深入，尤其是团队层面的领导者人力资本。本书考察团队层面人力资本对组织中团队绩效和员工绩效的不同作用机制。

（3）考察团队结构对领导者人力资本有效性的权变作用

针对领导者人力资本何时发生作用，有学者认为组织情境是关键边界条件（陈晓萍等，2012），尤其是所领导团队的情景。人力资本的概念源于西方企业，需要在不同的文化的组织中验证（张文军和凌文辁，2011）。现有实证研究发现，人力资本对企业成功的影响效果之所以不同，是由于其选择了不同的调节变量，

这些研究对研究领导者人力资本有效性的边界条件起到了借鉴的作用。在当今企业变革转型的过程中，将团队结构作为边界条件，探讨领导者人力资本通过团队知识整合能力和员工工作投入对团队绩效和员工绩效的影响效果，有更强的现实意义。我国绝大多数的企业知识整合能力较弱，这与组织结构落后密切相关（曾奇，2004；张光磊、刘善仕和申红艳，2011）。而企业中的工作团队作为一种普遍存在的微观组织形式，是企业进行知识整合的主要载体（张光磊、刘善仕和彭娟，2012），因此团队领导者人力资本的研究需要考察团队结构的影响，本书考察了团队结构对人力资本作用的边界条件。

（4）拓展团队层面的领导者人力资本对团队绩效的影响研究

随着近年来市场环境和技术变化的加速发展，团队模式成为组织乃至企业成功的最好形式之一（刘冰等，2011）。然而，现有研究更多地验证了领导因素中的领导风格对团队绩效有显著影响（Howell & Hall-Merenda，1999；Howell，Neufeld & Avolio，2005；杨建君、刘刃和马婷，2009），包容型领导风格能够通过员工自我效能感的中介作用间接、正向地影响团队绩效（方阳春，2014），变革型领导对团队绩效具有显著的促进作用（陈春花、苏涛和王杏珊，2016）；并没有研究从团队领导者人力资本因素来考察其对团队绩效的影响。本书弥补了这一缺憾。

2.3　社会资本研究综述

2.3.1　社会资本的起源与概念

"社会资本"（Social Capital）这一概念源自亚当·斯密的《国富论》，在其中，社会资本被描述为市场交换中的道德与规范约束。而社会资本这一概念的正式提出，是由法国社会学家皮埃尔·布尔迪厄（Pierre Bourdieu）于1986年完成的。随后，经过Coleman（1988，1990）等的研究，社会资本的概念才得到进一步完善。经过文献整理与归纳分析，我们认为社会资本大致存在三种概念属性，分别是资源型社会资本、结构型社会资本以及政治导向型社会资本，如表2-1所示。

综上所述，受不同学科领域和研究视角的影响，社会资本的概念在学术界尚未得到统一。人们对社会资本概念的争议聚焦在个体之间或组织之间在关系和交流上的本质与强度。但是，各家研究思想的背后都包含了共同的内容：社会资本的概念讨论不能脱离网络与资源进行。网络是基于信任和规范而形成的，它能为人们带来更好的团队交流、更高效的合作行为，创造更加有利的资源接触条件（Adler & Kwon，2002；Leana & Buren，1999；Nahapiet & Ghoshal，1998；Hansen，1999）。

表 2-1　社会资本概念总结

概念属性	学者代表	社会资本概念	研究视角
资源型	Bourdieu（1986） Portes（1998） Baker（1990） Burt（1993） 林南（2005）	个体通过与他人的关系来得到一些重要资源，如信息、观点、创意、支持等	社会网络及其所属成员之间的关系
结构型	Coleman（1988，1990）	由社会结构各要素组成的，且有利于结构内部的个体实现自身利益的社会结构资源	是否具有生产性的结构资源
政治导向型	Putnam（1995，2000）	一种类似于道德的经济资源，利用网络规范和社会信任的特性，促进团队协调运作，提高社会效率	社会团体的参与程度

资料来源：本书作者整理。

2.3.2　社会资本的维度与测量

在现有文献中，关于社会资本的维度讨论和测量存在多种方法。大致可以划分为四种：①社会网络分析法，用个体拥有社会网络节点的规模、质量来衡量，例如周文霞等（2015）利用网络规模、网络质量对个体的社会资本进行测量；②社会资本结构划分方法，即依照结构型社会资本的概念进行维度划分，例如，Moran（2005）将高层管理者社会资本划分为结构维度和关系维度；③社会关系性质划分方法，例如，张方华（2004）从纵向、横向、外部社会关系资本三个方面来测量企业的社会资本；④替代法，例如，Larson 和 Luthans（2006）用社会包容来测量社会资本。主要测量方法如表 2-2 所示。

表 2-2　社会资本测量方法总结

方法导向	主要观点	学者	年份	测量维度/层次
社会网络分析法	个体社会关系网络中节点的数量、质量及所在网络的地位可以衡量其社会资本	李路路	1995	两个维度：领导者本人所选择的关系人、与领导者往来最密切的关系人
		张其仔	2004	三个维度：网络的类型、密度、规模
		周文霞、谢宝国、辛迅、白光林、苗仁涛	2015	四个维度：网络规模、网络质量、与关系人的关系质量以及接触的社会资本

续表

方法导向	主要观点	学者	年份	测量维度/层次
社会资本结构划分法	维度划分遵循结构型社会资本的概念	Moran	2005	两个维度：结构维度、关系维度
		吕淑丽	2008	三个维度：结构维度、关系维度、认知维度
		钱海燕	2009	
		Jansen，Cao & Simsek	2012	两个维度：结合型社会资本、桥接型社会资本
社会关系性质划分方法	根据研究层次对社会关系的性质进行区分	张方华	2004	纵向关系资本（顾客、供应商）横向关系资本（竞争对手）社会关系资本（大学、政府）
		卜长莉	2008	微观（先天具有的社会关系）中观（后天建立的协调合作关系）宏观（制度与文化）
替代法	用近似概念测量社会资本	Larso & Luthans	2006	社会包容

资料来源：本书作者整理。

　　虽然学术界尚未形成针对团队层面的领导者社会资本的成熟量表。但是，我们发现一个与团队领导者社会资本类似的概念——企业家社会资本，已然存在一套成熟的测量量表，即基于社会网络分析方法，将企业家社会资本划分为社会网络规模、网络关系强度、网络异质性三个维度来测量（Collins & Clark，2003；Peng & Luo，2000；Acquaah，2007；耿新和张体勤，2010；吴俊杰和戴勇，2013）。的确，领导者和企业家是两个不同的概念，但不可否认的是，工作团队是企业组织的一种微观形式，研究企业组织中企业家社会资本与研究工作团队中领导者社会资本应该有共通的地方。本书采用 Reed 等（2006）公开发表量表，该量表已被国内外文献所广泛使用，共有 6 个题项。为了真实准确地测量到领导者自身的社会资本水平，借鉴已有研究测量部门领导辱虐管理行为对量表题项的处理方法，修改题项中的他评语句为自评语句。与此相同，该量表已被 Ren 等（2017）经过同样的处理方式，将组织层面的测量推演至个体层面，用于测量组织中员工个体的社会资本水平，经测试达到了较好的信效度。本书中的团队领导者社会资本是比员工个体层面更接近组织层面的团队层面测量，因此本书采用了相同的量表改编处理方式。

2.3.3　社会资本的实施效果

通过文献整理，我们发现对于领导者或企业家的社会资本影响效果的研究，更多基于三类结果变量，分别是创业机会识别、领导者影响力和企业绩效。首先，以 Finkelstein 和 Hambrick（1996）为代表的学者们认为，除了市场与技术外，社会交往中发现的机遇是创业机会的主要来源。其次，Agrawal 和 Knoeber（2001）以福布斯榜单中的 264 家制造类企业为样本，证实具有政治导向型社会资本的领导者对于组织的影响力更大。最后，研究同样发现，企业家社会资本组织持续获得竞争优势的一种重要途径，是考量企业绩效的一个不可忽视的因素（Seemann & Hüppi，2001）。例如，Acquaah（2007）对非洲加纳企业的研究表明，企业家社会资本对企业绩效有影响，并且，由于企业战略选择的不同会使得企业领导者社会关系网络与企业绩效之间的关系发生变化。Yangmin 和 Albert（2008）对韩国 1991 家上市公司的领导者社会网络特征进行了考察，发现董事会外部社会资本对企业绩效有正向影响。Li 和 Zhang（2007）通过对中国高科技行业的创业领导者进行的调查表明，领导者的政治网络和专业经历都会对创业企业的绩效有改进作用。Ren、Yang 和 Wood（2017）通过对中国企业 127 名主管和 372 名下属的实证研究发现，社会资本较高的下属可以使主管的工作更容易，可以帮助主管提高其在组织中的地位，因此促进了主管的工作绩效。

2.3.4　领导者社会资本

本书聚焦的是团队层面的领导者社会资本。关于领导者社会资本这一概念往往被人们忽视，成为领导关系中一个亟待研究的方面（Daniel & David，1999）。社会资本指的是行为人之间的关系以及伴随这种关系而来的信息、资源、机会和控制（Burt，1992；Coleman，1988）。社会资本是依赖于关系而存在的，如果行为人发出撤销关系的信息或行为，那么社会资本就会消失。考虑到组织的领导者需要通过他人的协助完成工作，所以我们来研究领导者的社会资本就显得至关重要。而且，在缺失社会资本的条件下，人力资本和金融资本所发挥的作用会大打折扣。

当然，我们需要明确的是"社会资本"这一概念可应用于多个层面，不仅存在于个体层面，还出现在组织层面、企业层面和国家层面的相关研究中。在现有的文献中，涉及个体社会资本的研究很多，但针对领导者群体的社会资本研究相对较少。国外学者对于企业家社会资本的研究可以带来一些启示，如 Westlund 和 Bolton（2003）将其定义为企业家的社会关系所形成的关系网络，能帮助企业家解决实际问题，实现技术创新，即能支持企业家着眼于获得资源与利益。国内学者近年来对"领导者社会资本"这一概念进行了一些探索性研究，王迪、王迎军、秦剑和何一清（2015）立足于企业高层领导者群体，认为"高层领导者的社会资本是一种无形资源，可以为企业带来现实利益或潜在利益的社会关系网络。企业通过这种资源可以获得物质的、信息的和感情的帮助，从而提升企业绩效和实现企业目标"。

未来企业所能提供的是针对客户的差异化解决方案，而团队是在复杂竞争环境中最能提供差异化解决方案的。从某种意义上来说，未来的企业就是团队的联合体，联合体的核心就是团队领导者。因此，通过分析整理社会资本的概念，将本书团队层面的领导者社会资本定义为领导者的社会关系形成的关系网络，解决团队实际问题、实现团队绩效，团队成员通过这种资源可以获得物质的、信息的和情感的帮助，从而提升个人绩效和团队绩效，实现组织目标。

2.3.5 评析

本书通过系统地梳理相关研究成果发现，社会资本这一概念是近年来社会学、经济学及管理学领域的热门研究话题之一。大量研究发现，企业家社会资本是组织获得持续竞争优势的重要途径，是考量企业绩效的一个不可忽视的因素（Seemann & Hüppi，2001）。"社会资本"这一概念可应用于多个层面，个体和组织层面都有相关研究，但是在现有的文献中，涉及个体社会资本的研究很多，而针对团队领导者群体的社会资本研究相对较少。因此，社会资本对组织成功和绩效的影响及作用机制，现有研究远远不够，还可以从以下几个方面继续深入探索：

（1）在研究层次与作用机制上，拓展社会资本相关实证研究

在研究层面上，在现有的文献中，涉及个体社会资本和组织层面企业家社会资本的研究很多，但针对团队层面领导者群体社会资本的研究相对较少，还未有针对团队层面的领导者社会资本对团队绩效和个体绩效跨层影响的研究。领导者需要通过协调他人来完成工作，本书认为从团队层面挖掘领导者社会资本的实施效果有助于丰富社会资本的研究层次。在作用机制上，以往研究主要是社会资本的直接实施效果，小部分研究其他中介作用机制。团队领导者社会资本如何影响团队绩效？效果如何？团队领导者社会资本通过何种机制作用于其直接领导的员工绩效？效果如何？这些问题尚需继续深入探索。在社会资本的研究层面和作用机制上，还有待丰富研究层次和深度挖掘作用机制。因此，本书考察团队层面领导者社会资本对团队绩效和员工绩效的不同作用机制。

（2）考察团队结构对领导者社会资本有效性的权变作用

有关领导者社会资本何时发生作用，学者们认为组织情境是影响其有效性的

关键边界条件（陈晓萍等，2012）。大量的研究表明，企业家社会资本是企业在新经济中得以保持持续竞争优势的一种重要途径，是考量企业绩效的一个不可忽视的因素（Seemann & Hüppi，2001）。例如，Acquaah（2007）对非洲加纳企业的研究表明，企业家社会资本会对企业绩效产生影响，并且，由于企业战略选择的不同，企业家社会资本与企业绩效之间的作用强弱不一致。这些对研究领导者社会资本的作用条件有借鉴意义。在企业转型和团队工作模式下，在团队层面探讨团队结构对领导者社会资本作用的有效性，有很强的现实意义。我国绝大多数企业的知识整合能力较低，这与组织结构落后密切相关（曾奇，2004；张光磊、刘善仕和申红艳，2011）。而企业中的工作团队作为一种普遍存在的微观组织形式，是企业进行知识整合的主要载体（张光磊、刘善仕和彭娟，2012）。因此，本书考察了团队结构对领导者社会资本作用的权变影响。

（3）在实施效果上，丰富领导者社会资本对团队绩效的影响研究

随着近年来市场环境和技术的加速发展，团队模式成为组织/企业生存的最好组织形式（刘冰、谢凤涛和孟庆春，2011）。团队领导者作为影响团队绩效的关键因素之一，现有研究验证了领导因素中的领导风格对团队绩效有显著影响；包容型领导风格能够通过员工自我效能感的中介作用间接正向影响团队绩效；变革型领导对团队绩效具有显著的促进作用。本书考察了领导者社会资本对团队绩效的影响。

2.4 团队知识整合能力研究综述

2.4.1 团队知识整合能力的起源与概念

团队知识整合能力（Teams' Knowledge Integration Capability），也有国内学者译为"团队知识集成能力"，实质上指的是同一个概念。通过文献梳理，我们发现 Henderson 和 Clark（1990）最早提出知识整合的概念，但他们的定义是从产品生产的角度出发，因而带有一定的局限性。随后，Boer 等（1999）做出进一步修正，将知识整合能力定义为系统化、互动协调和社会化能力的综合。其中，系统化指经一些路径系统转化新知识；互动协调指的是经由互动、沟通、教育训练等管理手段转化新知识；社会化指的是经由价值信念、准则、默契转化新知识。上述文献均强调组分知识向结构知识的转化，即企业知识结构底层的知识向顶层的知识转化。另外，我们也发现，还有的学者从知识组合性的角度论述了知识整

合的概念（Nahapiet & Ghoshal，1998）。但究其核心本质，他们都是强调对离散知识进行组合，这也正是后来大多数国外实证研究采用知识交换与组合来测量知识整合的原因之一。

国内学者大多遵循 Radim（1990）的观点，从内部与外部两个方向来定义知识整合能力。例如，王娟茹和杨瑾（2005）强调知识整合能力是获取外部知识的动态能力；而陈静（2010）曾强调知识整合能力是向内整合的一种组织能力。随后，以潘文安（2012）、吴俊杰和戴勇（2013）、王磊（2014，2016）、李翠霞（2016）为代表的学者同样把知识整合能力界定为内外部整合能力的统一体，即组织或团队有效识别、利用和提升内外部不同知识的能力，同时也是组织或团队通过彼此交流互动、不断产生新知识的能力。这也成为本书对团队知识整合能力的概念定义。主要定义总结如表 2-3 所示。

表 2-3　知识整合能力定义总结

作者及年份	定义
Henderson 和 Clark（1990）	知识整合能力就是将知识资源转化为生产力的能力
Radim（1990）	知识整合能力是内部知识整合能力和外部知识整合能力的统一体
Nahapiet 和 Ghoshal（1998）	知识整合能力就是知识组合、排列、传递、转化的过程
Boer 等（1999）	知识整合能力是系统化、互动协调和社会化三种能力的综合
王娟茹和杨瑾（2005）	知识整合能力是整合组织内外部知识的动态能力
陈静（2010）	知识整合能力是向内整合知识的一种组织能力
潘文安（2012） 吴俊杰和戴勇（2013） 王磊（2014，2016） 李翠霞（2016）	将知识整合能力界定为内外部知识整合能力的统一体，即组织或团队有效识别、利用和提升内外部不同知识的能力，同时也是组织或团队通过彼此交流互动、不断产生新知识的能力

资料来源：本书整理。

综上所述，本书沿袭国内研究的方向，采用内部与外部知识整合能力相结合的概念，即团队知识整合能力就是团队领导者及其成员对团队内外部知识进行有效识别、彼此互动、产生新知识的能力。

2.4.2　团队知识整合能力的维度与测量

到目前为止，国内学者在知识整合能力的量表使用问题上仍未达成统一意见。但总体上并未偏离内部知识整合能力、外部知识整合能力两大维度的划分，只是在量表选择上各不相同，最具代表性的是潘文安（2012）和王磊等（2016）

的量表。具体如下:

陈静(2010)在其质性研究中,基于过程视角,通过知识识别、贡献、融合、利用四个能力维度来解释知识整合能力的形成机理。张小娣、赵嵩正和王娟茹(2011)专门进行了企业知识整合能力的测量研究,依然从知识整合能力的概念出发,将其划分为内部和外部两大维度。其中,从知识内化能力、综合化能力、外化能力、社会化能力四个指标来度量企业内部知识整合能力,该内部量表参照了韩维贺和季绍波(2006)的研究成果;另外,外部知识整合能力分别从知识识别、获取、利用三个指标来度量,该外部量表参照了 Kraaijenbrink 和 Wijnhoven(2007)的研究。潘文安(2012)则综合 Clark 和 Iansiti(1994)、Grant(1997)、Zander 和 Kogut(1995)、Lee 和 Yang 等(2000)的观点,用 12 个题项来测量内部知识整合能力,用 15 个题项来测量外部知识整合能力。由于这一量表具有较好的信效度,后来又被吴俊杰和戴勇(2013)等众多学者采用。王磊和李翠霞(2016)在其研究中,依然采用知识整合能力的二维度概念。其中,团队内部知识整合能力参考了 Mitchell(2006)的量表;团队外部知识整合能力参考了 Boer 等(1999)的量表。他们开发设计的量表也具有了较好的信效度,在国内研究中也被广泛使用。本书采用了 Gardner 和 Gino(2012)最新公开发表的量表,共有 10 个题项。

2.4.3 团队知识整合能力的影响因素

目前针对团队知识整合能力前因变量的研究主要集中于情境因素、行为因素和资源因素三类,具体分析如下:

情境因素主要包括企业层面的情境因素、团队层面的情境因素以及个体层面的情境因素。在企业层面的一项质性研究中发现,企业文化是知识整合能力形成的关键因素(Marcus & Masahisa, 2011);企业的关系强度对知识整合能力有显著正向影响也得到了验证(潘文安, 2012)。在团队层面中,张可军、廖建桥和张鹏程(2008)进行的质性研究表明,团队信任水平及合作水平、共享愿景、领导风格、宽容的氛围等团队层面环境,是影响团队知识整合能力形成的关键因素。具体说来,变革型领导风格对知识整合能力具有显著正向影响(Girdauskiene & Savanevičienė, 2012;王磊和李翠霞, 2016);团队的开放式创新环境,有利于形成较强的团队知识整合能力,对团队知识整合能力具有显著的正向影响(Martin & Georg, 2010;王磊和李翠霞, 2016);团队网络结构中的信息关联性和网络实效性对知识整合能力的形成也具有显著积极影响(Kratzer, Leenders & Van Engelen, 2010);除此之外,团队任务特征、团队领导特征、团队过程特征以及团队任务的创新性对团队知识整合能力都具有显著的正向影响(王磊, 2014;王磊和李翠霞，2016）。在个体层面的情境因素中，贡献知识的动机、意愿，感知的机会，团队成员的特征（异质性），对团队的承诺及感知团队对自己的承诺，对合作者及目标的认同等个体层面环境，都是影响团队知识整合能力形成的关键因素（张可军、廖建桥和张鹏程，2008）。特别地，吴俊杰和戴勇（2013）在对科技创新企业的 200 名企业家和高层领导的实证研究中发现，组织层面的社会资本显著影响团队知识整合能力。

行为因素主要聚焦于组织学习和知识吸收两大变量。其中，Maria、José 和 Juan（2012）通过对 181 家西班牙中型生产企业的研究发现，组织学习显著正向影响组织知识整合能力。Dutch、Lorraine 和 William（2012）针对 77 家不同行业供应链企业的研究发现，组织的吸收能力越强，组织的知识整合能力效果就越明显。

资源因素，又可被划分为关系资源、经验资源和结构资源三大类。Gardner 和 Gino（2012）针对全球四大审计公司中两个最大部门 104 个团队及其所属 722 名员工的样本进行研究分析发现，关系资源对团队知识整合能力具有显著正向影响；经验资源对团队知识整合能力具有显著负向影响；结构资源的关系资源分布对团队知识整合能力具有显著正向影响，结构资源的经验资源分布对团队知识整合能力具有显著负向影响。

2.4.4 团队知识整合能力的实施效果

通过文献梳理与归纳，本书发现团队知识整合能力的结果变量存在以下四个方面的相关研究：

（1）知识整合能力与创新相关变量

Cohen 和 Levinthal（1990）、Hislop（2003）以及 Badii 和 Sharif（2003）在他们的研究中都验证了知识整合能力对组织创新能力的形成具有决定性的影响，组织的创新流程与组织内外部知识整合能力密切相关。国内学者吴俊杰和戴勇（2013）在其研究中指出，知识整合能力与技术创新绩效具有显著的正相关关系。后来，王磊（2014，2016）、李翠霞（2016）又进一步验证了团队知识整合能力对团队创造力有显著正向影响。

（2）知识整合能力与产品开发

Becker 和 Zirpoli（2003）基于资源视角研究新产品开发中的知识整合能力，分析了知识整合能力对新产品开发的支持作用。Yang（2005）认为知识整合能力对高新企业绩效有显著正向影响作用，同时和企业的竞争力有着密切的联系。国内学者潘文安（2012）也得到了类似的结论，他发现加强知识整合能力建设是企业利用伙伴关系提升供应链协同性知识转移效率的关键。

（3）知识整合能力与项目管理

项目管理方面的研究，主要强调实现知识的共享，提高知识的利用率。研究表明，团队层面的知识整合能力对个人专业发展的影响（Tiwana，2001）为团队建设提供了有益指导。

（4）知识整合能力与决策

先后有 Huang 等（2001）、Metaxiotis（2003）、Nicolas（2004）、Hall 等（2005）指出，知识整合能力与决策过程高度相关。充分识别和理解决策过程中不同阶段知识整合的不同模式，有助于更好地决策和更有效地整合知识。并且，他们的研究成果在 AI 技术、知识管理系统（LOKMS）中得到了广泛应用。

综上所述，团队知识整合能力的影响因素及实施效果如图 2-2 所示。

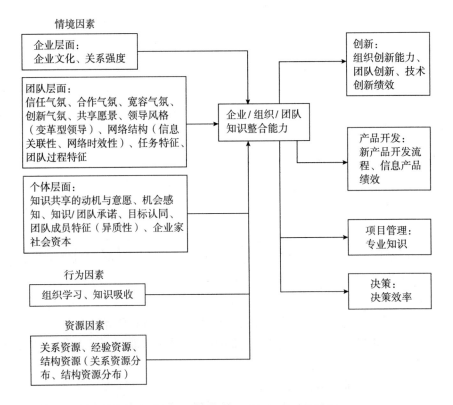

图 2-2　团队知识整合能力影响因素和实施效果

资料来源：根据相关文献整理所得。

2.4.5 评析

在以往的文献研究中，关于团队如何使用以知识为基础的资源来实现高绩效不是一个新问题，而且，团队研究中对于识别和转移成员知识的文献资料很丰富，但是对于如何系统化地整合成员的知识资源并动态响应变化的环境因素的研究较少。这些研究结果也强调了两个需要进一步证实的问题。首先，即使克服了知识共享的困难，团队利用成员知识解决问题或做出更好决策的能力各不相同（Hackman & Katz，2010）。其次，尽管关于信息是否分享（Bunderson & Sutcliffe，2002；Drach-Zahavy & Somech，2001）以及在多大程度上是否被获得并汇集成共同的产出（Stasser et al.，1989；Stasser & Titus，1985，1987）已经有很多研究，也有研究从团队资源的数量和结构上解释了为什么有一些团队比另一些团队更有效率（Gardner & Gino，2012；Hackman & Katz，2010；Ilgen，Hollenbeck，Johnson & Jimdt，2005），但是团队将知识整合和转化为解决复杂问题的新颖解决方案的能力，现有研究是远远不够的，未来研究可以从以下两个方面进行深入探索：

（1）丰富团队知识整合能力的前因变量研究

从现有研究看，团队知识整合能力的影响因素很多，涉及个体、团队、组织层面众多影响因素，也有学者从团队层面探讨了领导者社会资本对团队知识整合能力的影响。但是这些研究比较分散，且现有实证研究涉及的影响因素对团队知识整合能力解释不一致，有正向影响也有负向影响，因此对于影响知识整合能力的前因变量有待深入研究。资源是一柄"双刃剑"：有些资源提高了绩效，而有些资源可能削减了绩效（Gardner，Gino & Staats，2012）。研究表明，关系资源及其结构都有助于开发团队的知识整合能力，而经验资源及其结构都减损了这种能力的开发。那么，什么资源有助于形成团队知识整合能力，且与绩效相关？团队领导可能在知识整合过程中扮演重要的角色。团队中人力资本和社会资本更为丰富的领导者能够给员工提供更多的智力支持和工作资源支持，可能是知识整合能力的重要前因变量，这也是本书重点研究的问题。

（2）在作用机制和边界条件上，扩充团队知识整合能力的实证研究

从相关文献可以看出，团队中持续的知识整合能力有助于绩效的形成（Eisenhardt & Martin，2000；Teece et al.，1997；Zollo & Winter，2002）。有了知识整合能力，团队成员通过持续鼓励的、有建设性的对话方式来协同工作，使团队中有价值的资源能够被有效地用于团队绩效，从而使成员能了解彼此的想法、提高团队绩效（Bunderson & Sutcliffe，2002；Hoegl & Cemuenden，2001）。而且，以往研究也发现，一些团队将成员的知识资源转化为高绩效，而另一些团队却没有开发出这种能力，仍保留了一些未开发的资源。因此，未来的研究有必要探索团

队知识整合能力是如何发挥作用的，以及在什么情境下，什么样的团队有助于提升团队知识整合能力。

2.5　工作投入研究综述

2.5.1　工作投入的起源与概念

Lodahl 和 Kejner（1965）最早提出工作投入（Work Engagement）是有效预测个体与组织绩效的指标，他们将工作投入定义为个体因认同自己的工作而努力工作的一种状态。最早对工作投入的描述与工作满意、工作认同有很大的相似性，并没有通过实证分析将他们各自的维度提取并区分开来。随着研究的深入，越来越多的学者对工作投入这一概念进行了界定，主要有以下三大类别：

一是以 Kahn（1990）的个体—自我型工作投入。他通过两个行业分别 16 名成员的深度访谈，提取后对比总结分别提出个体投入及个体不投入的定义。他将个体投入定义为员工在组织中对于自我工作角色的认可、融入；另外，他将个体不投入定义为员工从工作角色中抽离的状态。但是，他的研究仅仅停留在描述阶段，并未开发相应的量表并进行后续实证研究。

二是 Maslach 和 Leiter（1997）的个体—工作环境匹配型工作投入。他们考察了员工与其所在组织环境六个方面的匹配程度，将工作投入定义为员工在工作中充满活力、投入身心、拥有职业效能感的工作状态，是职业倦怠的反面。其中，充满活力是员工在工作中精力充沛的一种状态；身心投入是指员工全身心地投入工作，高效完成工作任务；而职业效能感则是员工在工作中所获得的胜任感和成就感（Maslach，Schaufeli & Leiter，2001）。他们的研究更为全面地反映了员工工作中的心理状态，但是仍然没有对工作投入与工作倦怠加以区分和说明，因此工作投入的概念仍需要继续深化和清晰。

三是以 Schaufeli 和 Bakker（2004）的资源型工作投入。他们在前期基础上进行了实证检验，指出工作投入以活力、奉献和专注为特征，是独立于工作倦怠之外的，并认为工作投入是一种与工作相关的积极心理状态（Schaufeli & Bakker，2004）。其中活力是员工工作中富有生机的心理状态；奉献是员工热情而全身心投入于工作中；专注就是聚精会神于自己的工作。这一定义更加清晰。此外，他们还开发了工作投入量表（Utrecht Work Engagement Scale，UWES），并在此基础上提出了工作要求-资源理论模型（JD-R Model）。这一模型得到了学术界的广泛认可和关注，因此，本书采用了这一模型中工作投入的概念。

2.5.2 工作投入的维度与测量

Schaufeli 和 Bakker（2004）开发的工作投入量表，其简化版包含九个条目，分为活力、奉献、专注三个维度，被学者们广泛应用，具有较好的信效度（Schaufeli, Bakker & Salanova, 2006）。该量表经张轶文和甘怡群（2005）翻译后成为中文量表，被中国企业广泛应用。因此，本书采用了 UWES 中文量表，共九个题项。

2.5.3 工作投入的前因变量

现有研究中，工作投入的前因变量有人口统计学变量，另外还有与有个体特征相关的，也有与工作特征相关的。人口统计学特征方面，研究表明男性较女性有更高的工作投入（Watkins, Tipton, Manus & Hunton-Shoup, 1991）；年龄与工作投入正相关（Schaufeli, 2006）。个体特征因素中主动、乐观等特质变量与工作投入显著正相关（Xanthopoulou et al., 2009; Bledow et al., 2011; Cotter & Fouad, 2012; Ouweneel et al., 2013）。工作特征中影响工作投入的重要变量有工作中的自主性、社会支持、绩效反馈、上级指导等工作资源，能够激发员工的工作动机（Schaufeli & Bakker, 2004；林琳、时勘和萧爱铃, 2008）。

2.5.4 工作投入的实施效果

梳理现有研究，工作投入的结果变量主要有个体层面的工作态度、工作行为和员工绩效等，以及组织层面的组织绩效。实证研究结果表明，工作投入与工作态度正相关（Rothbard, 2001）；工作投入与工作满意度显著正相关（Schaufeli, 2006）；工作投入与组织承诺（Demerouti, Bakker & Jonge, 2001; Richardsen, Burke & Martinussen, 2006）正相关；工作投入与离职意向（Schaufeli & Bakker, 2004）负相关；工作投入与员工角色外行为正相关（Schaufeli, 2006）。因此，员工工作投入对个体层面的员工绩效和组织层面的绩效均有积极影响。

2.5.5 评析

现有研究中，针对"哪些因素会对员工工作投入产生影响"这一主题的，研究学者广泛采用 JD-R 模型，其中，来自员工个体和组织的工作资源，能够激发员工的工作动机，是工作投入的重要前因变量（Schaufeli & Bakker, 2004；林琳、时勘和萧爱铃, 2008）。但是，具体什么样的工作资源促进了员工工作投入还未得到有效研究，且缺乏相应的实证检验。

因此，可以进一步深入探索促进员工工作投入的具体工作资源。在知识经济背景下和团队工作模式下，团队情境中哪些资源是团队成员可以获得的支持性工作资源？这些资源中什么样的资源能够促进员工的工作投入？组织应如何识别和开发这些资源？本书认为，这些问题同样需要进一步深入探讨。

2.6 团队结构研究综述

2.6.1 团队结构的起源与概念

在知识经济时代，面对多变的竞争环境，企业如何通过有效地获取、吸收和转化知识等知识整合活动，为组织发展提供所需的资源，进而提升绩效表现已成为学术界普遍关注的问题之一。我国绝大多数企业的知识整合能力较弱，这与组织结构落后密切相关（曾奇，2004；张光磊、刘善仕和申红艳，2011）。而企业中的工作团队作为一种普遍存在的微观组织形式，是企业进行知识整合的主要载体（张光磊、刘善仕和彭娟，2012），因此关于工作团队结构的类别划分及其有效性的研究日益兴起，基于组织行为学、管理学、心理学等多学科理论的工作团队结构理论也逐步建立起来。

在概念方面，Van de Ven 和 Delbecq（1974）认为组织对其人力资源和物质资源做出正式的、相对持久的结构编排就是工作单位结构，其目的在于完成组织部门里的工作任务。他们进一步指出，在探讨结构问题时，工作单位（Work Unit）、组织单位（Organizational Unit）和部门单位（Department Unit）常常被视为同义词使用，其本质都是组织结构（Organizational Structure）问题。随后，管理学大师亨利·明茨伯格（1979）将组织结构（Organizational Structure）明确界定为由劳动分工形成不同任务，并在各种任务中实现协调的方式之和。它包括组织活动的结构化程度、权力的集中化程度和工作流程的管理程度三个部分（Dragoni & Kuenzi，2012）。后来，有些学者发展出一些新的观念，他们认为组织结构是组织成员之间一种循环往复的关系（Donaldson，1996），普遍存在于组织之中（Clegg & Hardy，1996）。

2.6.2 团队结构的维度与测量

但是，目前学术界普遍接受的观点是基于 Burns 和 Stalker（1961）的研究模型，并结合亨利·明茨伯格的定义，将组织结构视为一个连续统一体，机械式组织结构和有机式组织结构（Burns & Stalker, 1961；Slevin & Covin, 1997；Stop-ford & Baden-Fuller, 1994；Damanpour & Evan, 1990；Cardinal, 2001；Zhou, 2003；Jansen, Van & Volberda, 2006；Aryee, Sun, Chen & Debrah, 2008；李伟、李顺才和潘祖立, 2008；吴邦正, 2012；孙彦玲、杨付和张丽华, 2012）是两种极端的结构表现。其中，机械式组织结构具有僵硬而刻板的结构特征，并伴有传统意义上的官僚主义色彩。在机械式的组织环境中，权力高度集中，沟通要遵循严格的等级阶层，管理风格和工作描述保持一致，规则和规章在决策制定过程中占支配地位。相比之下，有机式组织结构则表现出灵活、松散和分权化的特点，沟通渠道更加开放。此外，在协助员工实现目标的过程中，有机式组织结构更强调员工的适应性而不是规则和规章（Burns & Stalker, 1961；Khandwalla, 1977；Lawrence & Lorsch, 1967）。但是，需要特别注意的是，组织结构不是一个非此即彼的二元概念（Ambrose & Schminke, 2003；Slevin & Covin, 1997），大多数组织都会同时表现出机械式-有机式的组合特征（Pierce, Dunham & Blackburn, 1979）。机械式团队结构和有机式团队结构的对比如表 2-4 所示。

表 2-4　机械式结构与有机式结构的比较

因素		机械式团队结构	有机式团队结构
外部环境因素	一般特性	稳定的	动态的
	可预测性	高度的确定性	高度的不确定性
	环境对团队的影响程度	低	高
内部结构因素	结构类别	正规化结构	弹性结构
	规章和程序	正规、完善、书面形式多	非正规化，书面形式少
	团队的层级	较多	较少
	权威的来源	当事人的地位和权力	当事人的知识和能力
	责任	与地位有关	个人自行担当

资料来源：本书整理。

由表 2-4 可知，机械式结构体现出较多的集权思想，成员解决问题的自主性相应较少；并且，团队成员的信息交流更多的是依赖工作文件和程序传达，沟通渠道较窄，不利于知识共享和资源转化。机械式团队结构在稳定、可控的静态环境中较为适用。有机式团队结构体现出更多的分权思想，成员们的责任意识更加明确；而且更为扁平化的结构和更为多元化的关系网络使团队成员有持续的互动和信息交换行为，有利于团队在知识与资源上进行共享。有机式团队结构以其机动灵活的特点，更加适应当下高度动态化的环境。

团队结构的测量方面，Van de Ven 和 Delbecq（1974）开发出任务可能性模型，利用感知到的任务困难程度和感知到的任务变化程度两个维度指标，根据高、中、低的感知水平两两组合，分别得到不同类型的系统模式、服务模式和群组模式。但是，考虑到不同的维度特征会产生不同的组织结构（Hage，1974；Pierce，1979），而组织结构又不仅仅局限于任务困难程度和任务变化程度，因而这一模型并没有得到广泛的应用。随后，Pierce（1979）进一步提炼出六类工作变量来确定组织的结构特征，它们分别是工作单位中的全职员工数量、集权化程度、工作复杂性、规范化程度、董事长与管理者之间的授权等级以及员工工资收入的分层情况。由于部分变量的数据来源于公司记录，所以在统计方法上受到其他学者的质疑。经文献整理，团队结构的相关量表如表 2-5 所示。

表 2-5　团队结构量表总结

量表	结构维度	量表开发者
团队评估量表	个体能力结构、角色配置、异质性结构	Milliken 和 Martins（1996） 张崴（2013） 张崴和王续琨（2014）
工作单维结构量表	机械式结构、有机式结构	Aryee、Sun、Chen 和 Debrah（2008） 孙彦玲、杨付和张丽华（2012） 吴邦正（2012）
组织结构量表	集权与分权程度、反应速度、正式化程度、部门整合能力	吴万益、钟振辉和江正信（1999） 张光磊、刘善仕和彭娟（2012）
团队交互量表	向心性、凝聚力、社会关系	Nord（1997） Hoffer 和 George（1999） Yang 和 Tang（2004）
组合性的问卷	依存性、自我领导力	Campion 和 Medsker（1993） Greg（2000）

资料来源：本书整理。

Khandwalla（1977）对组织结构进行了机械式-有机式的特征定义，并开发出一个组织结构量表，当被试者得分越高时，说明其所在组织的有机化程度越高（Covin & Slevin，1989，1997）。这一量表得到广泛应用，并具有较好的信效度指标（Dragoni & Kuenzi，2012；Ambrose & Schminke，2003；Ambrose，Schminke & Mayer，2013）；而且，该量表的中文版经实证测量也得到较好的心理测量属性，内部一致性系数分布在 0.71～0.96（Aryee，Sun，Chen & Debrah，2008；Yang，

Qian, Tang & Zhang, 2016)。在中国组织情境下，杨付和张丽华（2012）将Mayer 等（2006）编制的英文量表翻译成中文并进行修改和完善，对中国企业员工进行了问卷调查，通过探索性及验证性因素分析表明，团队结构在中国组织情境下具有较高信度和效度。因此，本书采用了杨付及其合作者（2012）翻译并修订的团队结构中文量表，包括 10 个题项。

2.6.3 团队结构的相关研究

在现有文献中，关于组织结构的研究更多的是聚焦于大学科研团队结构、创业团队结构和工作团队结构三者，涉及的结果变量主要有知识吸收能力和绩效表现等。其中绩效表现又存在团队绩效和创业绩效两类变量。比如，Yang 和 Tang（2004）透过社会网络的视角，发现团队结构是团队绩效表现的重要预测因素之一；张光磊、刘善仕和彭娟（2012）的研究结果显示，团队结构中的集权程度、反馈速度、部门整合能力对知识吸收能力具有正向影响，并且知识吸收能力在集权程度、反馈速度与团队创新绩效之间的关系作用上具有部分中介效用。团队成员的性格特质、专业技能、创造力、成员角色期待、领导角色支持对团队创造力具有正向影响；而成员角色模糊和社会类别异质性结构对团队创造力具有负向影响。由此可见，团队结构能够直接影响组织绩效（Covin & Slevin, 1989；Jennings & Seaman, 1990；Parthasarthy & Sethi, 1993）。

除此之外，越来越多的研究表明，相较于直接效应来说，团队结构对团队绩效的影响主要表现在调节作用上（Bass, 1980；Schoonhoven, 1981；Shaw, 1981；Argote et al., 1989，孙彦玲、杨付和张丽华，2012；吴邦正，2012；张光磊、刘善仕和彭娟，2012）。例如，在机械式团队结构中，人们在处理简单问题上更有效率，因为每个人都熟知和认可组织规则，知道自己应该做什么、不该做什么。由此，这种机械式结构被 Burns 和 Stalker（1961）解读为一种强组织气候。对于更复杂的问题，特别是处于高度不确定的环境条件下时，有机式团队结构更容易取得较好的绩效结果（Argote et al., 1989），因为有机式结构里并没有十分清晰的规则要求，对于什么是"合适"的行为也没有一个统一的说法，可视为一种弱组织气候。后来，Rulke 和 Galaskiewicz（2000）在其研究中证实了上述结果，并且他们还进一步指出，团队结构作为一类情境变量在知识扩散和团队绩效的关系中起到调节作用。近年来，国内学者也在团队结构的调节效应方面的研究中取得了较为显著的成果。例如，孙彦玲、杨付和张丽华（2012）以国内13 家大型企业集团 75 个工作团队共 334 名团队成员为研究样本的研究中发现，工作单位结构可调节创造力自我效能感与创新行为之间的关系，相对于机械式结构而言，在有机式结构中，高创造力自我效能感的员工在工作中会表现出更多的创新行为。与此同时，吴邦正（2012）将创造力自我效能感替换为团队内沟通这一变量，也得到类似的结论，即在工作单位结构调节团队内成员沟通同创新行为之间的关系方面，相对于机械式结构，在有机式结构中，高沟通能力的员工在工作中表现出更多的创新行为。可见，在不同的团队结构情境下，组织中的变量关系会发生不同程度的强弱变化，这也进一步说明，团队结构是一个不容忽视的情境因素。

2.6.4 评析

面对快速变化的竞争环境，许多企业转向以基于团队的路径来建立和保持高绩效、培育创新能力（Gibson，Waller，Carpenter & Conte，2007；Gino，Argote，Miron Spektor & Todorova，2010；Pearace & Ensley，2004）。在一个由知识型员工组成的组织环境中，企业绩效包含了团队绩效，因为组织的产出是通过项目团队产生的（Haas & Hansen，2007；Huckman & Staats，2011）。为什么有些团队在转化成员的知识和技能为绩效方面比另一些团队做得好，尤其是那些复杂的、长期的任务？高水平的团队关系资源通过塑造团队成员的认知结构，增强了内部信息交流的有效性。对彼此更熟悉的成员间能更好地换位思考（Krauss & Fussell，1990），能更准确、更全面地理解团队，推动团队成员在任务中向前迈进。当一个人清楚他的团队成员所做的、要做的事情和不做的事情的时候，熟悉彼此的团队成员很可能会为他们的"听众"提供适合他们的内容，他们会认为这种交流比在其他情况下更有效、更有意义、更清晰。事实上，团队成员更倾向于相信那些已知的团队成员所共享的知识，而不是未知的团队所提供的知识（Gruenfeld，Martorana & Fan，2000；Kane，Argote & Levine，2005）。一旦信任到位，团队成员就更愿意承担风险（Edmondson，1999），随着思想更加自由和更公开地分享，知识的整合也会得到改善（Dirks，1999；Zand，1972）。

我国的绝大多数企业知识整合能力较低，这与组织结构落后密切相关（曾奇，2004；张光磊、刘善仕和申红艳，2011）。而企业中的工作团队作为一种普遍存在的微观组织形式，是企业进行知识整合的主要载体（张光磊、刘善仕和彭娟，2012）。越来越多的团队置身于动荡的、不可预测的环境中工作（Kozlowski et al.，1999）。外部环境和内部团队环境都会对团队的任务产生不确定性，包括个人工作的性质、完成任务所需的步骤和知识，甚至预期快速变化的客户需求。当团队面临一项不确定的任务时，公开、真实和清楚地交流信息，对于知识整合而言是非常重要的。事实上，当一个团队遇到不确定的任务时，即使是达到一个结果所需要的步骤也不清楚；因此，团队成员必须交换充足的和适当的信息，以最小化浪费的时间，公开展示他们的偏好，以避免在工作分配上发生冲突，并简明地传达他们的行动计划，与其他团队成员一起检查以避免重复。本书认为，团队结构会是领导者人力资本和社会资本影响团队知识整合能力发挥作用的重要边界条件，但是目前中国企业关于团队结构的调节作用的研究还很少，难以揭示团队结构在中国企业管理研究中的全貌，未来需要进一步拓展团队结构的情境研究，深入挖掘团队结构的权变作用。

2.7　绩效研究综述

2.7.1　团队绩效

2.7.1.1　团队绩效的起源与概念

现有文献中，团队绩效的概念界定大致包括广义和狭义两部分。广义上来说，团队绩效指的是团队效能。Hackman（1987）和 Sundstrom 等（1990）对团队绩效的定义是团队对其既定目标的完成度，包括产出、对团队成员工作能力的提升及影响等方面。林泽民（2005）认为团队绩效和团队效能是同一个概念，可用团队产出、成员满意度等指标来衡量。狭义上来说，团队绩效倾向于强调任务绩效，即团队完成既定目标或任务的程度（Devine & Philips，2001）。本书采用了此狭义定义。

2.7.1.2　团队绩效的维度与测量

关于团队的绩效测量，有不同的视角，根据文献整理如表 2-6 所示。

表 2-6　团队绩效的维度与测量

学者及年份	测量指标
McGrath（1964） Borman 和 Motowildo（1993） 方阳春（2014）	任务绩效（质量改进、问题处理效率） 周边绩效（工作满意度、团队凝聚力）
JeWell 和 Reitz（1981）	内在绩效（凝聚力、服从性、影响力、工作满意度） 外在绩效（生产力、顾客满意度、团队互动）
Nadler 等（1990）	既定目标的完成情况 成员的满意度 团队成员的协作能力

续表

学者及年份	测量指标
Sundstrom 等（1990）	绩效 成员满意度 团队习得 外部满意度
Levi 和 Slem（1995）	组织效能 团队关系 个人获利
Cohen 和 Bailey（1997）	团队任务（产品的数量、质量、效率等） 团队成员态度（承诺、满意度等） 团队成员行为（反生产、缺勤、离职等）
徐芳（2002）	团队整体工作成果（数量、质量、顾客满意度） 成员个人工作成果 团队未来工作能力的提升
刘冰和蔺璇（2010） 刘冰、谢凤涛和孟庆春（2011）	主观绩效 客观绩效 合作满意度
Wageman 和 Baker（1997） Beersma 等（2003） 张正堂、刘颖和王亚蓓（2014）	个体绩效的加权平均
Gladstein（1984） Hackman（1987） Sundstrom（1990） Guzzo 和 Dickson（1996） 袁炳耀（2008） 白明垠（2013）	团队任务绩效 团队成员满意度 团队的发展能力
Zellmer-Bruhn 和 Gibson（2006）	团队任务绩效

资料来源：本书整理。

　　考虑到本书的研究对象主要是知识型员工，所强调的是团队领导者带领团队完成任务的程度，因此本书所研究的团队绩效倾向于强调任务绩效，即团队完成既定目标或任务的程度。本书采用了 Zellmer-Bruhn 和 Gibson（2006）所开发的量表，该量表主要用于测试团队的任务绩效，且经国内外实证研究表明有较高的信效度，具体包含 5 个题项。

2.7.1.3　团队绩效的影响因素

团队绩效的影响因素包括团队结构和团队过程两大类（王重鸣，2000）。团队结构因素包括团队构成的多样性和团队规模等；团队过程因素包括团队学习氛围、领导风格等。

在团队结构因素上，Magjuka 和 Baldwin（1991）的研究表明，团队规模及其异质性与团队绩效显著正相关。随后，Campion 等（1993）也验证了团队规模对团队绩效有显著影响，但并未发现团队成员异质性对团队绩效的影响。Guzzo 和 Dickson（1996）则发现团队中的任务及成员特征对团队绩效有显著影响。此外，Pelled、Eisenhardt 和 Xin（1999）也验证了团队成员多样性对团队绩效有显著影响。张正堂、刘颖和王亚蓓（2014）在实验设计中发现，竞争线性计划对团队绩效的激励效果优于线性预算计划，并且这种优势在低任务互依情境下更为显著。

团队过程因素中，团队氛围对团队绩效有显著影响（Anderson & West，1999；Denison & Mishra，1995；Lester，Meglino & Korsgaard，2002；Smith，Collins & Clark，2005；刘冰、谢凤涛和孟庆春，2011）。Eden（1990）在其对以色列军队的实验研究中发现，领导期望高的队伍会比领导期望低的队伍有更优异的业绩表现。而且，随着学者们的研究进一步发现，领导因素中的领导风格对团队绩效有显著影响（Howell，Neufeld & Avolio，2005；杨建君、刘刃和马婷，2009），包容型领导风格能够通过员工自我效能感的中介作用间接正向影响团队绩效（方阳春，2014），变革型领导对团队绩效具有显著的促进作用（陈春花、苏涛和王杏珊，2016）。

2.7.2　员工绩效

2.7.2.1　员工绩效的起源与概念

员工绩效作为一个组织输出重要变量，是衡量一个组织健康与否的重要标志，也是有效衡量领导的重要指标。因此，员工绩效一直是研究者的兴趣所在。关于员工绩效的起源与概念界定，从现有研究来看，有以下三种观点：

第一种观点，结果观。Bernadin 等（1995）认为，员工绩效是员工工作的结果，与组织的战略目标、顾客满意度有密切关系。后来，又有一些学者表达了员工绩效是结果的想法，并根据自己的研究需要对员工绩效的概念进一步加以深化，如彭剑锋（2003）。

第二种观点，行为观。Murphy（1991）认为，员工绩效是一个人在组织或者团队工作中的一组行为。Campbell（1990）也认为，员工绩效是一种行为，其有别于工作结果。后来 Borman 和 Motowildo（1993）将员工绩效进一步细分为任务绩效和关系绩效：任务绩效是与工作相关的行为，而关系绩效则是与工作无关的行为。

第三种观点,能力观。持有该观点的学者认为,员工绩效是员工个性的一个随机变量。以技能和能力为代表的显性特征和以个性为代表的隐性特征共同代表着员工绩效（Hogan & Shelton,1998）。

综上所述,三种观点都有其合理之处。目前被普遍接受的是 Motowildo、Borman 和 Schmitt（1997）对员工绩效的定义,即员工绩效更侧重于员工行为。本书倾向于这种说法。并且,通过结合 Griffin、Neal 和 Parker（2007）的研究结论,将员工绩效界定为员工在其工作角色中的绩效表现,即有助于提升个体、团队和组织层面三种效能的三种行为方式（精通性、适应性、主动性）。

2.7.2.2 员工绩效的维度与测量

关于员工绩效的测量研究,如表 2-7 所示。

表 2-7 员工绩效的维度与测量

学者及年份	维度结构	测量指标
Moser 等（1999）	单维构念	经验、服从、情绪稳定性、自信、自我实现、自控力六种个人因素和十种认知能力予以评价
Rosario（2003）		从忠诚、责任感、遵纪守法、合作精神等八个方面入手
刘凤霞（2005）		科研项目、工作态度、个人素质、身体素质等指标测量
Borman 和 Motowidlo（1993） Conway（1996） Scotter 和 Motowidlo（1996）	二维结构	任务绩效、关系绩效（人际促进和工作奉献）
朱飞（2009）		任务绩效、情境绩效
Griffin 和 Neal（2007）	多维结构	员工工作角色绩效
Hesketh 和 Neal（1999）		任务绩效、关系绩效、适应性绩效
韩翼、廖建桥和龙立荣（2007） 张京（2013）		任务绩效、关系绩效、学习绩效、创新绩效

资料来源:本书整理。

本书所涉及的员工主要是指在团队任务下工作的个体,团队中的个体有其异质性角色差别,因此采用 Griffin 和 Neal（2007）所开发的量表,该量表主要测试员工工作角色绩效,具体包含 4 个题项。

2.7.2.3 员工绩效的影响因素

在绩效研究领域,员工绩效一直都是最基础的、最受关注的。通过对员工绩效影响因素的文献回顾,本书利用 Cardy 和 Dobbins（1994）构建的员工绩效影响模型（见图 2-3），将员工绩效的影响因素分为个体的、环境的、个体与环境交互的三种因素。

个体因素，是指与员工自身相关的因素。Hunter（1986）指出依据员工的一般认知能力和工作知识能够预测员工的工作绩效。Salgado（1997）发现依据大五人格中的责任感和情绪稳定性能预测所有的个体绩效指标。张兰霞等（2008）的研究发现，知识型员工的学历、从业时间、工作态度对其自身绩效有显著影响。

环境因素，主要指工作特征因素、组织环境因素和社会环境因素。对此，Schultz 等（2012）探讨了工作特征中的多任务对员工研发绩效的影响，结果表明，多任务能够对研发绩效产生积极影响。朱飞（2009）同样以研发人员为样本，验证到组织中的公平感对员工绩效具有积极影响。庄玉梅（2011）研究发现，企业内部社会资本能够通过心理契约和知识获取行为，间接地对员工绩效产生积极影响。Wu 等（2012）则发现，关于系统结构和任务方面的知识共享能够对员工绩效产生显著正向影响。

个体与环境交互因素，这是近年来研究员工绩效的热点，基于此，关于构建员工绩效影响因素的跨层次研究模型逐渐兴起。万青等（2012）提出了一个知识型员工创新绩效影响机制的概念模型，其结论是个体层面的创新意愿对创新绩效有正向影响，组织环境层面的创新氛围对上述关系起到了正向调节作用。张京（2013）从个体和组织层面解释了变革型领导对员工绩效的跨层次影响机制。

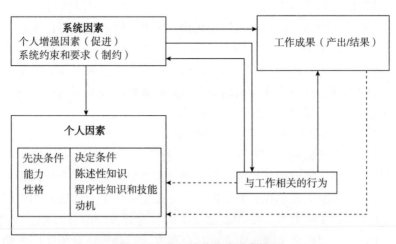

图 2-3　员工绩效影响因素模型

资料来源：Cardy 和 Dobbins（1994）。

2.7.3　评析

通过对现有文献进行梳理，从以往的研究看，无论是个体层面、团队层面，还是组织层面，绩效的研究都不是一个新问题，学术界对它的研究从未减少，尤其是对个体层面员工绩效的影响因素的研究，成果丰富，为人力资源管理实践提供了有益指导。然而，绩效是组织不同层面多种因素共同作用的结果，现有文献多从个体层面和组织层面因素的影响来构建模型（Waldman & Spangler, 1989; Cardy & Dobbins, 1994），少见团队层面的研究；此外，尽管中外学者也已经证实了人力资本和社会资本对绩效有影响，更多的也是基于同一个层面的研究，跨层次实证研究相对较少。现有研究并没有深入、系统地分析团队层面领导者人力资本和社会资本对团队绩效和员工绩效的影响关系和影响机制。因此，对绩效的研究无论是理论上，还是实践中，都仍有继续值得深入挖掘的地方，本书认为具体可以从以下两个方面拓展：

（1）丰富员工绩效和团队绩效的前因变量研究

从个体层面来看，员工绩效一直都是最基础、最受关注的。这是因为员工绩效是人力资源管理中的一个重要结果变量，反映了组织的产出水平和发展水平。现有研究中，员工绩效的影响因素被划分为三类：个体因素、环境因素、个体与环境交互因素。在团队情境下，探讨团队中的员工绩效更能反映出团队的运作和发展水平。因此，员工绩效和团队绩效的影响因素研究成为学者们关注的焦点。

团队绩效的影响因素具体可以归纳为团队结构因素和团队过程因素两大类（王重鸣，2000）。团队结构因素包括团队构成的多样性和规模等因素；团队过程因素包括团队学习氛围、领导风格等。而在团队工作模式下，领导者作为资源的主要拥有者和控制者，作为人力资本和社会资本更为丰富的个体，其所拥有的资源是不是能够更好地促进个体层面的员工绩效和团队层面的团队绩效呢？本书认为，这些问题未来仍需要深入探讨及实证检验。

（2）探讨不同层面绩效产生的作用机制

个体层面员工绩效的实证研究主要是检验 Cardy 和 Dobbins（1994）构建的员工绩效影响模型。模型中员工绩效的影响因素划分为三类：个体因素、环境因素、个体与环境交互因素。在研究层面上，主要是关注了个体层面和组织层面的因素对员工绩效的实施效果，如知识型员工的教育程度、工作年限、工作态度、多任务工作特征、组织公平感、企业内社会资本等，缺乏针对团队层面领导者人力资本和社会资本效能的考察。在作用机制方面，个体和环境交互因素是近年来研究员工绩效的热点，万青等（2012）提出了一个知识型员工创新绩效影响机制的概念模型，其结论是个体层面的创新意愿对创新绩效有正向影响，组织环境层面的创新氛围对上述关系起到了正向调节作用。张京（2013）从个体层面和组织层面解释了变革型领导对员工绩效的跨层影响机制。这些研究主要是从个体层面或者组织层面探讨对员工绩效的实施效果，还未有研究从团队层面探讨领导者人力资本和社会资本对员工绩效的跨层影响机制。

正如前文所述，现有团队绩效的影响因素研究可以归纳为团队结构因素和团队过程因素两大类。已有实证研究检验了团队规模与团队特征对团队绩效有直接正向显著影响（Campion et al.，1993），而团队氛围对团队绩效有显著影响（Denison & Mishra，1995；Anderson & West，1999；Lester，Meglino & Korsgaard，2002；Smith，Collins & Clark，2005；刘冰、谢凤涛和孟庆春，2011）；领导因素中的领导风格对团队绩效有显著影响（Howell & Hall－Merenda，1999；Howell，Neufeld & Avolio，2005；杨建君、刘刃和马婷，2009）。但未有研究验证团队层面的领导者人力资本和社会资本在团队绩效方面是不是有潜能。本书认为从团队层面探讨领导者人力资本和社会资本对绩效的不同层面的实施效果有助于挖掘其在组织不同层面的纵向作用。因此，未来需要在研究层面与作用机制上，进一步拓展团队领导者的相关实证研究。

2.8　小　结

本书通过系统梳理与分析领导者人力资本、领导者社会资本、团队知识整合能力、工作投入、团队绩效、员工绩效以及团队结构相关文献与研究成果的基础上，进一步对这几个变量之间的关系进行小结。从现有研究来看，国内外学者的研究已经证明个体的人力资本、社会资本分别对与绩效相关变量有显著正向影响（Dokko，2004；谢雅萍，2008；柯江林等，2010；Seemann & Hüppi，2001；Ac-quaah，2007；Kim & Cannella，2008）。这为本书构建领导者人力资本和社会资本对员工绩效和团队绩效影响的跨层模型提供了实证依据。另外，在现有研究中，特别是在探讨资源转化为绩效的有效性问题上，团队知识整合能力常常被视为一个重要的中介变量（Gardner，Gino & Staats，2012），承担着资源向绩效转化的桥梁作用。在个体层面的研究中，围绕 JD-R 模型的大量研究已经表明，衡量个体绩效的重要指标就是工作投入，而影响工作投入的前因变量有工作要求、工作资源、个体资源三大类。这为本书探讨团队知识整合能力和工作投入的中介作用奠定了基础。再者，考虑到团队知识整合能力和员工工作投入都是发生在团队背景下，这就意味着团队或个体必须选择恰当的团队结构环境来实现组织目标。本书将团队结构作为调节变量，划分出机械式团队结构和有机式团队结构两种团队情境，目前在这方面的研究还比较缺少，因此成为本书检验的一个重要情境因素。

以往文献为本书提供了理论上的依据和实证上的检验，成为本书研究的起点。但是，通过仔细梳理和思考，以往研究在以下几个方面也尚待深入和补充，这些成为本书研究的框架和内容：

首先，关于领导者人力资本和社会资本对绩效相关变量的影响。在研究层面上，现有研究主要关注的是个体层面的人力资本和社会资本对组织绩效和员工绩效的实施效果，还未有研究针对团队层面的领导者人力资本和社会资本对团队绩效和员工绩效的影响。在作用机制上，以往研究主要是人力资本和社会资本的直接实施效果，较少通过其他中介作用机制来研究。团队层面上，领导者人力资本和社会资本在团队绩效方面的作用机制是什么？实施效果如何？与个体层面员工绩效的实施效果有何不同与联系？这些问题尚需继续深入探索，因此，未来研究需要在研究层面与作用机制上，进一步拓展人力资本和社会资本的相关实证研究。

其次，在现有研究中，探讨资源转化为绩效的有效性问题。在团队层面的研究中，团队知识整合能力常常被视为一个重要的中介变量（Gardner, Gino & Staats, 2012），承担着资源向绩效转化的桥梁作用。团队知识整合能力的影响因素很多，涉及个体、团队、组织层面众多影响因素，也有学者从团队层面探讨了领导者社会资本对团队知识整合能力的影响。但是这些研究比较分散，且现有实证研究涉及的影响因素对团队知识整合能力解释不一致，有正向影响也有负向影响，不足以解释是什么以及哪个因素对团队知识整合能力产生了更重要的影响。由此，未来研究需要进一步丰富团队知识整合能力的前因变量研究。资源是一柄"双刃剑"：有些资源提高了绩效，而有些资源可能削减了绩效（Gardner, Gino & Staats, 2012）。那么，团队中人力资本和社会资本更为丰富的领导者，其能够给员工提供更多的智力支持和工作资源支持，是不是就能提高团队知识整合能力呢？这些问题值得进一步深入探讨并检验。另外，在个体层面的研究中，围绕 JD-R 模型的大量研究已经表明，衡量个体绩效的重要指标就是工作投入，而影响工作投入的前因变量有工作要求、工作资源、个体资源三大类。但从现有研究来看，具体什么样的工作资源促进了员工工作投入还未得到有效研究，且缺乏相应的实证研究检验。因此，未来研究需要进一步拓展工作投入的前因变量研究，尤其在知识经济背景下，这些员工的工作投入受哪些因素影响？组织该如何促进知识型员工的工作投入？这些问题需要进一步深入探讨。

最后，考虑到团队知识整合能力和工作投入都是发生在团队背景下，这就意味着团队或个体必须选择恰当的团队结构环境来实现组织目标，因此，本书将团队结构作为调节变量，划分出机械式团队结构和有机式团队结构两种团队情境。目前，中国企业关于团队结构的调节作用的研究还很少，难以揭示团队结构在中国企业管理实践中的全貌，未来需要进一步拓展团队结构的情境研究，深入挖掘团队结构的权变作用，这也是本书需要检验的一个重要情境因素。

综上所述，本书以资源保存理论为基础，构建了领导者人力资本和社会资本对团队绩效和员工绩效作用的多层面模型，旨在深度挖掘领导者人力资本和社会资本在组织不同层面的作用，以进一步揭示团队层面的领导者人力资本和社会资本分别对员工绩效和团队绩效的不同影响机制。具体而言，本书构建了以下几个方面的研究内容：一是以资源保存理论为基础，探讨领导者人力资本和社会资本对团队层面的团队绩效和个体层面的员工绩效的正向影响。二是基于资源保存理论和工作投入模型，探讨领导者人力资本和社会资本在团队绩效和员工绩效之间的不同中介影响机制，即：在团队层面，领导者人力资本和社会资本通过团队知识整合能力作用于团队绩效；在个体层面，领导者人力资本和社会资本通过员工工作投入作用于员工绩效。三是将团队结构作为团队层面的组织情境，探讨其在领导者人力资本和社会资本与团队绩效和员工绩效之间的调节作用。

3 理论模型与研究假设

3.1 理论模型构建

　　本书基于资源保存理论，在人力资本、社会资本、团队知识整合能力、员工工作投入、团队结构、团队绩效和员工绩效等相关文献综述的基础上，以组织中任务团队为研究对象，探讨团队领导者人力资本和社会资本、团队知识整合能力、员工工作投入、团队结构、团队绩效和员工绩效之间的关系。

　　本书将领导者资本作为前因变量，绩效表现作为结果变量。前因变量包括领导者人力资本和领导者社会资本两个方面的内容；结果变量绩效表现包括团队绩效和员工绩效两个层面。通过文献综述可知，国内外学者的研究已经证明个体的人力资本、社会资本分别对与绩效相关变量有显著正向影响（Dokko，2004；谢雅萍，2008；柯江林等，2010；Seemann & Hüppi，2001；Acquaah，2007；Kim & Cannella，2008）。但这些研究主要聚焦于个体层面的员工和组织层面的创业者、企业家，几乎没有针对团队层面的领导者群体的实证研究。我们认为：一方面，工作团队在现代组织中随处可见，其团队领导者位于管理金字塔的基层，在团队绩效的表现上负有最直接的重要责任和占据特殊地位，有必要区分上述研究群体做进一步研究；另一方面，高绩效团队，又是以高效的团队领导管理为前提（曹仰锋、吴春波和宋继文，2011），而高效的团队领导管理必须综合考量团队领导者的人力资本（如专业知识、工作经验、管理技能）和社会资本（如权力地位、关系网络和信息交流）。因此，团队领导者人力资本和社会资本就会对团队绩效表现产生直接的重要影响。同样地，我们也意识到，作为团队领导者，他们仍承担着计划、组织、领导、控制等团队管理职能，需要调动团队成员的工作积极性，持续激励员工，使其努力投入工作，获得良好的绩效表现（王宝荣、陈学旺和樊丹，2014），这就说明领导者资本这一因素很可能对个体层面的员工绩效产生重要影响。因此，本书研究工作团队领导者资本与团队绩效、员工绩效的跨层关系很有必要。

另外，本书将团队知识整合能力作为团队层面研究的中介变量。在现有研究中，特别是在探讨资源转化为绩效的有效性问题上，团队知识整合能力常常被视为一个重要的中介变量（Gardner，Gino & Staats，2012），承担着资源向绩效转化的桥梁作用，如知识整合机制在顾客参与对新产品绩效的影响中起到中介作用。领导者人力资本与社会资本可以促进团员知识共享，准确识别并获取需要的知识，提升知识利用与再生能力，有助于团队知识整合能力的形成；而团队知识整合能力的形成恰恰可以帮助解决知识传递的无序性、知识吸收困难等团队问题（Zahra，Ireland & Hitt，2000）。团队领导者的人力资本整合能力又可以进一步提升知识整合效率，避免重要信息和复杂度较高的知识在整合过程中被遗漏，为团队输出更高的绩效成果。因此，团队知识整合能力成为本书中团队层面资源转化为绩效的重要中介变量。

此外，本书将员工工作投入作为个体层面研究的中介变量。在个体层面的研究中，围绕 JD-R 模型的大量研究已经表明，衡量个体绩效的重要指标就是工作投入，而影响工作投入的前因变量有工作要求、工作资源、个体资源三大类。本书认为，领导者资本既包含工作资源中自主权、社会支持等社会资本因素，又包含个体资源中乐观、韧性等人力资本因素，是团队领导者有效激励下属的一种无形资源。领导者资本水平的高低状况，可能直接影响下属员工的工作投入状态，从而影响他们的绩效产出。因此，员工工作投入成为本书中个体层面资源转化为绩效的关键中介变量。

再者，本书将团队结构作为调节变量，划分出机械式团队结构和有机式团队结构两种团队情境。考虑到团队知识整合能力和工作投入都是发生在团队背景下的，这就意味着团队或个体必须选择恰当的团队结构环境来实现组织目标。机械式团队结构代表着一种抑制性环境，而有机式团队结构则代表了一种促进性环境（杨付和张丽华，2012），它们能够对知识信息的转化产生截然不同的作用（张晗和徐二明，2008；Patrashkova-Volzdoska et al.，2003）。换言之，团队知识整合能力的形成可能是由领导者资本和与领导者资本相匹配的团队结构共同作用的结果。但目前在这方面的研究十分少，所以，对团队层面的研究自然就成为本书研究团队知识整合能力形成的一个不可忽视的情境因素。此外，个体-情景互动理论的观点认为，个体行为是个体内在特质和其所处情境共同作用的结果。据此，本书推断在机械式结构中，团队成员需要更多地遵从传统惯例和正式的规则、程序，这将在很大程度上削弱团队领导者对团队成员的有效激励和领导，造成领导者资本与员工工作投入正相关关系的减弱；在有机式结构中，团队氛围更加适合成员们提出新的想法，鼓励领导者和团队成员多交流，这会使团队内的员工更专注于团队工作，更容易实现自身的工作目标。同样地，员工工作投入的水平高低可能是领导者资本和与其相匹配的团队结构共同作用的结果。因此，本书将团队结构作为资源向绩效转化的调节变量。

总而言之，本书的主要目的有以下几点：①探讨团队领导者人力资本和社会资本对团队绩效和员工绩效的跨层主效应；②检验团队层面的团队知识整合能力在领导者人力资本和社会资本与团队绩效之间的中介作用；③检验个体层面的工作投入在领导者人力资本和社会资本与员工绩效之间的中介作用；④考察团队层面的团队结构在领导者人力资本和社会资本与团队知识整合能力之间的调节作用；⑤考察团队结构的跨层调节作用。本书的理论模型如图 3-1 所示。

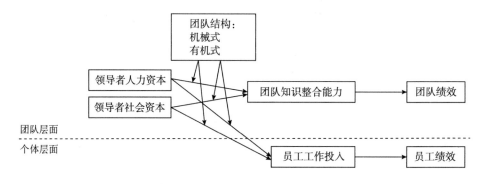

图 3-1　本书的理论研究模型

3.2　研究假设的提出

本书以资源保存理论为研究基础。首先，从组织中团队层面的重要资源——领导者人力资本和社会资本出发。其次，分别从个体和团队两个层面探讨了组织中资源增值的两条路径机制，检验了在团队层面如何推动知识整合能力转化为高绩效，同时在个体层面检验了如何提高员工工作投入以达到高水平员工绩效。最后，以团队结构为情境因素检验了领导者资本作用于资源增值的边界条件。

3.2.1 领导者资本与团队绩效

3.2.1.1 领导者人力资本与团队绩效

资源保存理论认为，资源是绩效的重要影响因素，是组织获取持续竞争优势的来源。资源保存理论将组织的资源分为四类，分别是物质性资源、条件性资源、人格特质和能源性资源。其中，物质性资源，是决定抗压能力的一个决定因素（Dohrenwend，1978）；条件性资源，可以为个体获得关键性资源创造条件；人格特质，尤其是积极的人格特质是决定个体抗压能力的重要因素；能源性资源，是帮助个体获得其他资源的资源。由此可见，资源保存理论定义的资源可能位于组织层面，如社会关系、社会支持、工作发展机会、参与决策的程度等；也可能位于个体层面，都可被视为有价值的资源。这些有价值的资源和组织的独特性融合在一起，成为组织绩效产出的重要来源。

在资源保存理论中，资源是根据它们价值的条件和贡献来定义的（Hobfoll，1989）。组织中的人力资本是组织保持核心竞争力的主要来源（Barney，1991）。在团队工作模式下，领导者作为人力资本更加丰富的个体，更有能力保持工作的热情，也更有能力去帮助团队中的成员。因此，领导者人力资本体现了自身受教育程度和通过学习所获得的知识存量，也反映了工作所需的专业知识和能力，与资源保存理论中认定的有价值的资源是一致的，能够给组织带来绩效，增强组织竞争力。

此外，资源保存理论认为，资源可能位于组织层面，是来自组织的支持，例如高度投入的人力资源管理、关注于员工的发展和承诺可以被看作一种组织资源（Wheeler，Halbesleben & Shanine，2013）。根据资源保存理论，为了减轻与资源损失相关的影响，人们"从环境中调用可获得的资源"（Hobfoll，1989）。领导者人力资本水平正是一种可被团队和员工依赖及利用的组织资源，提供了组织的环境支持，因此成为组织中团队层面资源增值的重要来源。综上所述，根据资源保存理论，本书认为领导者人力资本是组织中团队层面积极产出的资源。据此，本书提出以下假设：

H1 领导者人力资本对团队绩效具有显著正向影响。

3.2.1.2 领导者社会资本与团队绩效

根据资源保存理论，为了减轻与资源损失相关的影响，人们"从环境中调用可获得的资源"（Hobfoll，1989）。这些资源得到了社会支持（Hobfoll，1989，2001）。社会支持可以通过多种方式抵消资源消耗和其相应的负面影响，比如扩大可用资源的范围（Hobfoll，1989），促进积极的应对技能（Dunahoo，Hobfoll，Monnier，Hulsizer & Johnson，1998），减少工作任务的需求（Ray & Miller，

1994）。综合起来，这些社会支持功能可以补充资源池，从而产生"积极的收益螺旋"（Hobfoll，1989）。社会支持在工作环境中尤其重要，同时，员工之间的互动可以提供物质和社会情感资源，可以帮助员工进行日常工作（Ng & Sorensen，2008）。资源保存理论考虑了两个与社会交流相关的基本工作来源——员工从他们的同事处得到的支持（CWX）（Sherony & Green，2002），以及员工从他们的上司处得到的支持（LMX）（Graen & Uhl-Bien，1995）。因此，这些资源是社会支持的重要来源，因为同事和主管都是为员工提供社会情感和物质资源的理想人选（Graen & Uhl-Bien，1995；Sherony & Green，2002）。

同时，团队领导者社会资本的重要维度——网络，是基于信任和规范而形成的，它能为人们带来更好的团队交流、更高效的合作行为，创造更加有利的资源接触条件（Adler & Kwon，2002；Leana-Ⅲ & Van Buren，1999；Nahapiet & Ghoshal，1998；Hansen，1999）。与此相一致，学者对于企业家社会资本的研究，如 Westlund 和 Bolton（2003）将其定义为企业家的社会关系形成的关系网络，能帮助企业家解决实际问题，实现技术创新，即能支持企业家着眼于获得资源与利益。王迪、王迎军、秦剑和何一清（2015）立足于企业高层领导者群体，认为"高层领导者的社会资本是一种无形资源，可以为企业带来现实利益或潜在利益的社会关系网络。企业通过这种资源可以获得物质的、信息的和感情的帮助，从而提升企业绩效和实现企业目标"。

综上所述，根据资源保存理论及领导者社会资本特点，可以推论，在团队工作模式下，资源可下沉至获得绩效的团队层面，将组织层面企业家社会资本作用机理推演至团队层面的领导者身上。在团队中基于规范和信任而形成的领导者社会资本为团队成员带来了更好的团队交流、更高效的合作行为，创造更加有利的资源接触条件，因而成为团队绩效增值的关键无形资源。据此，本书提出以下假设：

H2　领导者社会资本对团队绩效具有显著正向影响。

3.2.2　领导者资本与员工绩效

3.2.2.1　领导者人力资本与员工绩效

资料保存理论认为，个体具有获取、保持积累资源的倾向，个体资源的投入会在压力产生和应对过程中起着缓冲的重要作用（Hobfoll，1989）。资源保存理论将组织的能源性资源定义为帮助个体获得其他资源的资源，因此是个体可以利用其来获得工作资源，从而缓解工作压力，以此避免受到资源损失的攻击，减轻压力反过来又更有能力获得新的资源，进而引起资源的"增益螺旋"（Gain Spiral）效应。也就是说，拥有较多资源能够帮助个体缓冲工作压力，使个体更有能力投入工作中并承担风险、获得绩效，也更有能力为下一轮的资源增值而投入资源（Hobfoll，2001，2011），进一步获得个体绩效增值，形成工作中的"增益螺旋"。

资源保存理论所定义的资源包括个体资源和工作资源，工作资源反映了心理的、社会的、身体的，以及提供给个体工作成长或者发展的组织特征，有助于目标完成、有助于个体降低工作需求有关的成本（Bakker & Demerouti，2007；De Jonge & Dormann，2006；Hobfoll，2001）。而团队领导者，是团队中员工个体最直接地获得诸如持续的就业或者晋升等资源的来源（Harvey，Stoner，Hochwarter & Kacmar，2007；Tepper，Moss，Lockhart & Carr，2007）。人力资本（Human Capital）已经被视为促成企业成功的关键资源（Florin et al.，2003；Pfeffer & Villeneuve，1994；Sexton & Bowman，1985）。那么，可以推论，团队领导者的人力资本水平，其代表的教育背景和工作经验可为团队成员提供最直接的智力支持和工作指导，成为员工的一种重要工作资源，有助于员工获得更多的资源而进一步投入自有资源于工作中，从而引起"增益螺旋"效应，促进个体的员工绩效产出。

此外，全球化知识经济时代，员工面临多种工作需求积累的情况下，精力充沛的资源个体面临着更大的枯竭风险（资源保存理论），因为典型的工作表现要求在持续的时间内执行多个任务，而当员工能够发挥自己的长处时，他们就会受益（JD-R 理论）。因此，高水平的工作表现取决于对认知和个人资源的保护和促进，从而带来积极的"收益螺旋"（Hobfoll，1989）。组织层面是否能够给员工提供充足的工作资源，促使员工更投入工作以实现个人绩效，员工个体能否实现个人绩效，决定着组织的活力和持续竞争优势。基于以上分析，本书认为团队领导者人力资本是员工的重要工作资源的因素，有助于形成员工层面的增值效应。据此，本书提出以下假设：

H3 领导者人力资本对员工绩效具有显著正向影响。

3.2.2.2 领导者社会资本与员工绩效

进一步分析，资源保存理论所定义的工作资源包括关系资源和个体资源（Hobfoll，2002），其中关系资源是组织中有利于满足员工工作要求的因素，在企业情境中，组织支持是员工可获得的重要关系资源。社会资本作为个体通过与他人的关系来得到一些重要资源，如信息、观点、创意、支持等（Bourdieu，1986；Portes，1998；Baker，1990；Burt，1993；林南，2005）。基于领导者社会关系而形成的关系网络，能帮助团队成员解决问题，获得工作资源与利益，对员工工作提供了最直接的组织支持。可以推论，领导者社会资本是员工重要的关系资源。

研究表明，企业家社会资本是企业在经济新常态下得以保持持续竞争优势的一种重要途径，是考量企业绩效的一个不可忽视的因素（Seemann & Hüppi，

2001）。如 Acquaah（2007）对非洲加纳企业的研究表明，以企业领导者的社会关系为代表的社会资本能够对企业绩效产生影响。与此相一致的是，团队领导者社会关系形成的关系网络，能够帮助团队成员解决实际问题，团队成员通过这种资源可以获得物质的、信息的和情感的帮助，从而产生绩效。基于以上分析，本书认为团队领导者社会资本是员工可获得的重要工作资源支持，有助于形成员工层面的增值效应。据此，本书提出以下假设：

H4 领导者社会资本对员工绩效具有显著正向影响。

3.2.3 团队知识整合能力的中介作用

（1）领导者人力资本和社会资本对团队知识整合能力的影响

首先，在团队工作模式下，团队可以获得的一个重要知识资源是他们的成员所积累的工作专业技能和知识，Kogut 和 Zander（1992）指出，这样的知识本身并不具有战略价值，而是通过整合起来创造新知识的能力来获得价值。这些资源在知识密集型企业的背景下尤其重要，因为这些企业的大部分知识资源都在员工个体手中（Hitt, Bierman, Uhlenbruck & Shimizu, 2006; Von Nordenflycht, 2010）。团队需要明确方向来协调成员知识输入的整合（Hackman & Hackman, 2002），而人们最有可能从他们认为具有合法任务知识的人的角度去看待问题（Lewis, 2004）。团队领导者通常具有拥有较多工作经验，能够获得更多的培训机会，具备较多的管理技能，代表了较高的人力资本水平，故此最有可能被成员认为是有合法任务知识的人，因而成为团队协调整合成员知识的方向，对团队知识整合能力有重要影响。因此可推导，在团队工作中，领导者人力资本促进了团队知识整合能力的提升。

其次，有研究表明，关系资源也能提高团队成员知识整合的效率。在一起工作的小组成员更有可能形成一个"共享的词汇表"（Cramton, 2001; Monteverde, 1995），这使他们能够相互理解并有效地交换信息，从而增加了有效知识整合的可能性（Clark & Marshall, 1981）。有过共同工作经历的团队，其成员更有可能知道谁拥有专业知识（Houingshead, 1998; Lewis, 2004），以及他们能提供多少信息。因此，共同的工作经历对于知识整合所需的分享是很有价值的（Hansen, 1999）。而且，更大的关系资源可以提高团队沟通的协作性，促进更广泛的参与和问题的共同解决。事实上，团队成员更倾向于相信那些已知的团队成员所共享的知识，而不是未知的团队所提供的知识（Gruenfeld, Martorana & Fan, 2000; Kane, Argote & Levine, 2005）。一旦信任到位，团队成员就更愿意承担风险（Edmondson, 1999），随着思想更加自由和公开分享，知识的整合也会得到改善（Dirks, 1999; Zand, 1972）。与此相一致的是，团队中领导者的信任程度会处于一个较高水平，其社会资本所代表的关系资源促进了团队知识整合。因此可以推导，团队工作中，领导者社会资本是促进团队知识整合能力的重要因素。

（2）团队知识整合能力对团队绩效的影响

尽管集合资源是产生团队绩效必要的第一步，但资源必须转化为有价值的能力（Sirmon et al.，2007；Sirmon，Gove & Hitt，2008；Sirmon & Hitt，2009）。整合资源本质上是一个对协调的挑战（Adner & Helfat，2003；Helfat & Peteraf，2003），它不是一个静态的练习。而且，绩效的成功依赖于随环境改变而持续整合知识的能力（Eisenhardt & Martin，2000；Teece et al.，1997；Zollo & Winter，2002）。协同的团队能够超越任何出色的个体（Laughlin，Bonner & Miner，2002）。正如Hackman 和 Katz（2010）所指出的，超额绩效的可能性来源于充分利用团队拥有资源的程度。

团队中持续的知识整合能力有助于绩效的形成。有效的知识整合提高了团队效率，它确保正确的信息在正确的时间在正确的团队成员之间来回流动，以便他们能够解决持续遇到的问题（Argote，1999；Argote & Ingram，2000）。有了知识整合能力，团队成员以持续鼓励的、有建设性的对话方式来协同工作，从而使团队中有价值的资源能够被有效地作用于团队绩效。最后，当团队有效地整合知识时，他们会更清晰地沟通与工作相关的信息，从而能够更有效地识别每一个团队成员贡献的有效性，这使成员能清楚彼此的想法来提高团队绩效（Bunderson & Sutcliffe，2002）。因此，根据资源保存理论，持续的知识整合在团队中形成与团队工作任务相关的累积资源，从而实现团队层面的资源增值效应，促进团队绩效。由此可推导，团队知识整合能力是影响团队绩效的重要变量。

（3）团队知识整合能力在领导者人力资本和社会资本与团队绩效之间的中介作用

全球化竞争性背景下，许多公司转向以基于团队的模式来产出和保持高绩效、培育创新能力（Gibson，Waller，Carpenter & Conte，2007；Gino，Argote，Miron-Spektor & Todorova，2010；Pearce & Ensley，2004）。在一个由知识型员工组成的组织环境中，组织的产出是通过项目团队产生的（Haas & Hansen，2007；Huckman & Staats，2011）。协同的团队能够超越任何出色的个体（Laughlin，Bonner & Miner，2002）。正如 Hackman 和 Katz（2010）指出的，超额绩效的可能性来源于充分利用团队拥有资源的程度。与此相一致，Gardner 和 Gino（2012）的研究认为，团队在有效使用团队资源方面的成功或者失败取决于这些团队的知识整合能力，并且定义了团队知识整合能力是团队交流的可靠模式，有助于理解复杂问题。

根据资源保存理论，资源可能位于组织层面，能够提供给组织员工工作支持，刺激个人成长、学习和发展（Demerouti et al.，2001；Kalshoven & Boon，2012）。在中国情境和团队工作背景下，领导者掌控着团队的核心资源及其分配权利，其人力资本和社会资本是团队及成员的重要资源，同时也是组织绩效产出的重要资源。因此，基于资源保存理论，组织可以通过可靠的方式来整合知识资源以产生超额绩效，甚至在面临不确定环境时，这些资源可用于创造价值（Barney，1991；Nelson & Winter，1982；Sirmon，Hitt & Ireland，2007）。尽管资源和能力构建在传统意义上被认为是组织层面的现象，但其核心仍是那些负责执行活动的个体（Argote & Ingram，2000；Helfat & Peteraf，2003），这些个体"嵌套"在群体（团队或者部门）中。

本书把资源的概念从组织层面推演至团队层面，正如一个组织需要战略化地利用它的资源，一个团队必须利用成员的经验和专业知识来转化项目成果。与此相一致，本书推断，领导者作为团队中人力资本和社会资本更为丰富的个体，其更有能力有效整合团队成员资源，将资源转化为有价值的能力，即团队知识整合能力，在团队层面形成资源的"增值螺旋"，获得团队绩效。因此，本书推断，在团队层面，团队知识整合能力可能是团队层面资源增值的一条路径，领导者人力资本和社会资本通过团队知识整合能力这一中介变量影响团队绩效。

基于上述研究，本书提出以下假设：

H5 团队知识整合能力在领导者人力资本影响团队绩效的机制中起着中介作用。

H6 团队知识整合能力在领导者社会资本影响团队绩效的机制中起着中介作用。

3.2.4 员工工作投入的中介作用

（1）领导者人力资本和社会资本对员工工作投入的影响

根据资源保存理论，从组织获得的资源，例如来自团队领导者的人力资本和社会资本，经常被重新投入组织中（Hobfoll，2001）。这就是资源的良性循环，这对他们的工作投入有积极的影响。此外，经验证据表明，人力资源相关的工作资源，如奖酬、参与、工作控制和绩效反馈（Demerouti et al.，2001）、培训和自主权（Salanova et al.，2005），与总体上对资源的看法（Kahn，1992）和工作投入积极相关。组织中团队领导者的人力资本和社会资本，是员工可获得的最直接的智力支持和工作支持，对员工工作投入有积极的影响。由此，本书推论，领导者人力资本和社会资本对员工工作投入有积极影响。

（2）员工工作投入对员工绩效的影响

工作投入往往是一种积极特质的结果（如积极情感），如有趣的工作（如有挑战性的工作)、鼓舞人心的领导力（如变革型领导）（Macey & Schneider，2008）。Bakker 和 Leiter（2009）的工作要求-资源模型（JD-R Model）指出，以员工活力、奉献、专注为特征的员工工作投入对员工的角色内绩效和角色外均有显著的正向影响。该模型指出，当组织赋能员工提高其工作投入时，会正向影响其绩效。此外，学者们对工作投入结果进行了几项研究后发现，工作投入与较高的绩效有关（Harter，Schmidt & Hayes，2002），与更低的离职倾向也有关（Halbesleben & Wheeler，2008；Schaufeli & Bakker，2004）。因此，从雇员和雇主的角度来看，投入都是件好事，而迄今为止，现有的研究均支持这一观点。所以，本书推断，员工工作投入对员工绩效具有积极影响。

（3）员工工作投入在领导者人力资本和社会资本之间的中介作用

资源保存（COR）理论已经被用来解释工作投入的前因和后果（Salanova et al.，2005）。在个体层面，工作投入被定义为一种积极的、有成就感的、与工作相关的幸福状态，以高能量水平为特征（Bakker & Leiter，2010），被认为是倦怠的反面（Maslach & Leiter，1997；Schaufeli & Bakker，2001，2004）。资源保存理论认为，员工在失去资源时，会感受到压力或者减少工作投入，因此他们有强烈的动机去投入他们的资源以获得更多的资源或者防止资源流失（Hobfoll，1989，2001；Wheeler et al.，2013）。员工通过"囤积"过剩资源来管理他们的资源（Hobfoll，2001）。这就是资源的良性循环，对他们的工作投入有积极的影响，形成资源的"增值螺旋"。相反，资源的匮乏会导致恶性循环，从而导致更多的资源流失，减少工作投入，形成资源"丧失螺旋"。根据资源保存理论中的"增值螺旋"，团队领导者的人力资本和社会资本支持有利于员工获得资源增值，使其更愿意投入工作，形成个体层面的资源增值，产生员工绩效。因此，本书推断团队领导者人力资本和社会资本通过提供员工资源支持来使员工获得资源累积、增值，促进员工工作投入，在员工个体层面形成资源的"增值螺旋"，产生员工绩效。

基于上述研究，本书提出以下假设：

H7 员工工作投入在领导者人力资本影响员工绩效的机制中起着中介作用。

H8 员工工作投入在领导者社会资本影响员工绩效的机制中起着中介作用。

3.2.5 团队结构的调节作用

（1）团队结构在领导者人力资本和社会资本与团队知识整合能力之间的调节作用

很多研究表明，团队结构对团队绩效的影响主要表现在调节作用上（Bass，1985；Schoonhoven，1981；Shaw，1981；Argote et al.，1989；孙彦玲、杨付和张丽华，2012；吴邦正，2012；张光磊、刘善仕和彭娟，2012）。因此，本书也将团队结构作为调节变量，划分出机械式团队结构和有机式团队结构两种团队情境。机械式结构体现出较多的集权思想，成员解决问题的自主性相应的较少；并且，团队成员的信息交流更多的是依赖工作文件和程序传达，沟通渠道较窄，不利于知识共享和资源转化。因此，本书推论，机械式团队结构削弱了组织成员间的信息共享和交流，因而不利于资源的转化。

有机式团队结构体现出更多的分权思想，成员们的责任意识更加明确；而且，更为扁平化的结构和更为多元化的关系网络使团队成员有持续的互动和信息交换，有利于团队在知识与资源上进行共享。这种团队结构以其机动灵活的特点，更加适应当下高度动态化的环境，对于更复杂的问题，特别是处于高不确定性的环境条件下时，弹性化的团队结构更容易取得较好的绩效结果（Argote et al.，1989）。此外，Rulke 和 Galaskiewicz（2000）在其研究中证实了上述结果，并且他们还进一步指出，团队结构作为一类情境变量在知识扩散和团队绩效的关系中起到调节作用。因此，有机式团队结构促进了组织成员间的信息共享和交流，有利于更好地整合团队内外知识形成资源增值的能力——团队知识整合能力。因此，本书推断，在有机式团队结构下，领导者资本对团队知识整合能力的影响作用更强，而机械式团队结构削弱了领导者资本对团队知识整合能力的影响作用。

基于上述分析，本书提出以下假设：

H9a 团队结构在领导者人力资本对团队知识整合能力的作用中起调节作用：相较于机械式结构，在有机式结构中，领导者人力资本对团队知识整合能力的正向作用更强。

H9b 团队结构在领导者社会资本对团队知识整合能力的作用中起调节作用：相较于机械式结构，在有机式结构中，领导者社会资本对团队知识整合能力的正向作用更强。

（2）团队结构在领导者人力资本和社会资本与员工工作投入之间的跨层调节作用

个体-情景互动理论的观点认为，个体行为是个体内在特质与其所处情境共同作用的结果。机械式组织结构具有僵硬而刻板的结构特征，并伴有传统意义上的官僚主义色彩。因此，在机械式的组织环境中，权力高度集中，沟通要遵循严格的等级制度，管理风格和工作描述保持一致，规则和规章在决策制定过程中占支配地位。据此，在机械式团队结构中，团队成员需要更多地遵从传统惯例和正式的规则、程序，这将在很大程度上削弱团队领导者对团队成员的有效激励和领导，造成领导者资本与员工工作投入正相关关系的减弱。与之相反，在有机式结构中，团队氛围更加适合成员们提出新的想法，鼓励领导者和团队成员多交流，这会使团队成员更专注于团队工作，在工作中更加投入，更容易实现自身的工作目标。

因此，相比机械式团队结构，有机式团队结构则表现出灵活、松散和分权化的特点，沟通渠道更加开放。此外，在协助员工实现目标的过程中，有机式团队结构更强调员工的适应性而不是规则和规章（Burns & Stalker，1961；Khandwalla，1977；Lawrence & Lorsch，1967），员工可以更加自由灵活地决定自己工作的方式，有更多自主权的员工对组织有更高的满意度，从而增加了员工自我的工作投入。

基于上述分析，本书提出以下假设：

H10a 团队结构在领导者人力资本对员工工作投入的作用中起调节作用：相较于机械式结构，在有机式结构中，领导者人力资本对员工工作投入的正向作用更强。

H10b 团队结构在领导者社会资本对员工工作投入的作用中起调节作用：相较于机械式结构，在有机式结构中，领导者社会资本对员工工作投入的正向作用更强。

3.2.6 有调节的中介作用

（1）团队结构调节团队知识整合能力对领导者人力资本和社会资本与团队绩效的中介作用

结合 H1、H2 的团队层面主效应，H5、H6 的中介效应，以及 H9a、H9b 的调节效应，本书进一步推断，团队结构在领导者人力资本和社会资本与团队绩效之间的关系可能存在间接调节作用，因此可能也存在被调节的中介效应。为了检验被调节的中介模型的整体效应，本书推断，在有机式团队中，领导者人力资本和社会资本对团队绩效的影响较强；相反，在机械式团队中，领导者人力资本和社会资本对团队绩效的影响较弱，通过团队知识整合能力而传导的领导者人力资本和社会资本对团队绩效的间接效应也就相对较小。

基于上述分析，本书提出以下假设：

H11a 团队结构调节团队知识整合能力对领导者人力资本与团队绩效的中介作用：相较于机械式结构，在有机式结构中，领导者人力资本对团队绩效的间接作用更强。

H11b 团队结构调节团队知识整合能力对领导者社会资本与团队绩效的中介作用：相较于机械式结构，在有机式结构中，领导者社会资本对团队绩效的间接作用更强。

（2）团队结构调节员工工作投入对领导者人力资本和社会资本与员工绩效的跨层中介作用

在 H3、H4 的跨层主效应，H7、H8 的跨层中介效用，以及 H10a、H10b 跨层调节效应的基础上，本书进一步推断，团队和机构对领导者人力资本和社会资本与员工绩效之间的跨层关系也可能存在间接调节作用，因此可能也存在被调节的跨层中介效应。为了检验被调节的跨层中介模型的整体效应，本书推断，在有机式团队中，领导者人力资本和社会资本对员工绩效的影响较大；相反，在机械式团队中，领导者人力资本和社会资本对员工绩效的影响较弱，通过工作投入而传导的领导者人力资本和社会资本对员工绩效的间接效应也就相对较小。

基于上述分析，本书提出以下假设：

H12a 团队结构调节员工工作投入对领导者人力资本与员工绩效的跨层中介作用：相较于机械式结构，在有机式结构中，领导者人力资本对员工绩效的间接作用更强。

H12b 团队结构调节员工工作投入对领导者社会资本与员工绩效的跨层中介作用：相较于机械式结构，在有机式结构中，领导者社会资本对员工绩效的间接作用更强。

3.2.7 研究假设汇总

将上述假设汇总，如表 3-1 所示。

表 3-1 研究假设汇总

研究假设	假设性质
H1 领导者人力资本对团队绩效具有显著正向影响	开拓性
H2 领导者社会资本对团队绩效具有显著正向影响	开拓性
H3 领导者人力资本对员工绩效具有显著正向影响	开拓性
H4 领导者社会资本对员工绩效具有显著正向影响	开拓性
H5 团队知识整合能力在领导者人力资本影响团队绩效的机制中起着中介作用	开拓性
H6 团队知识整合能力在领导者社会资本影响团队绩效的机制中起着中介作用	开拓性
H7 员工工作投入在领导者人力资本影响员工绩效的机制中起着中介作用	开拓性
H8 员工工作投入在领导者社会资本影响员工绩效的机制中起着中介作用	开拓性
H9a 团队结构在领导者人力资本对团队知识整合能力的作用中起调节作用：相较于机械式结构，在有机式结构中，领导者人力资本对团队知识整合能力的正向作用更强	开拓性

续表

研究假设	假设性质
H9b 团队结构在领导者社会资本对团队知识整合能力的作用中起调节作用：相较于机械式结构，在有机式结构中，领导者社会资本对团队知识整合能力的正向作用更强	开拓性
H10a 团队结构在领导者人力资本对员工工作投入的作用中起调节作用：相较于机械式结构，在有机式结构中，领导者人力资本对员工工作投入的正向作用更强	开拓性
H10b 团队结构在领导者社会资本对员工工作投入的作用中起调节作用：相较于机械式结构，在有机式结构中，领导者社会资本对员工工作投入的正向作用更强	开拓性
H11a 团队结构调节团队知识整合能力对领导者人力资本与团队绩效的中介作用：相较于机械式结构，在有机式结构中，领导者人力资本对团队绩效的间接作用更强	开拓性
H11b 团队结构调节团队知识整合能力对领导者社会资本与团队绩效的中介作用：相较于机械式结构，在有机式结构中，领导者社会资本对团队绩效的间接作用更强	开拓性
H12a 团队结构调节员工工作投入对领导者人力资本与员工绩效的跨层中介作用：相较于机械式结构，在有机式结构中，领导者人力资本对员工绩效的间接作用更强	开拓性
H12b 团队结构调节员工工作投入对领导者社会资本与员工绩效的跨层中介作用：相较于机械式结构，在有机式结构中，领导者社会资本对员工绩效的间接作用更强	开拓性

4　研究设计

在文献基础与模型推演的基础上，本书提出了 16 个研究假设，本章的研究设计旨在为研究假设的实证检验分析做准备，这是得出科学研究结论的重要保障。本章的内容主要包括：第一，界定模型中各变量的操作性定义，分别确定个体层面和团队层面的控制变量，选择本书所界定变量的测量量表；第二，确定数据收集过程中调研对象与调研程序，以确保数据的质量和调研程序的科学性；第三，进行小样本预调研，检验模型中各变量的量表信效度是否达到统计要求，并进行修订完善；第四，进行大样本的正式调研，通过纸质问卷现场收集数据。本书使用 SPSS 22.0、Lisrel 18.72 统计软件对各变量量表进行信效度检验、聚合效应检验以及共同方法偏差检验，确保实证研究的效度。

4.1　各变量的操作性定义及测量

本节主要对本书理论模型中的领导者人力资本、领导者社会资本、团队知识整合能力、员工工作投入、团队绩效、员工绩效以及团队结构这七个变量使用的操作性定义和选取的测量量表进行详细的阐述。

（1）领导者人力资本

"人力资本"这一概念在 Reuber 和 Fischer（1994），Chandler 和 Hanks（1998），Davidsson 和 Honig（2003），Rauch、Frese 和 Utsch（2005）等的研究中得到不断完善和发展，不同定义的背后其实都遵循着 Becker（1964）给出的人力资本概念，而这也成为人力资本概念研究的主流思想。

因此，本书采用 Becker（1964）对人力资本的定义：个体通过对学校教育、在职培训或其他经历的投入而获得的知识与技能。本书所界定的领导者人力资本是将人力资本的所属群体聚焦于（团队）领导者身上，探讨身处组织特殊地位的领导者们如何将自身资源转化为团队及其下属成员的绩效产出。因此，本书将所研究的领导者人力资本定义为：团队领导者通过对自身一系列的投入（如教育学习、技能培训、工作或创业经历等）而获得的知识、技能与能力，其主要代表了团队领导者的教育水平、工作经验、管理能力，是团队中具备未来收益潜能的智力资源。

本书采用的是 Reed、Lubatkin 和 Srninvasan（2006）开发的人力资本量表，包含 12 个题项，该量表内容主要是领导评价下属，代表了组织的人力资本水平。该量表已公开发表并被国内外研究所广泛使用，确保了量表的信效度。因此，本书翻译了 Reed、Lubatkin 和 Srninvasan（2006）开发的英文量表，翻译后，首先请英文专业人员矫正，其次请中文教授阅读修改语句，最后请企业实践专家阅读预调研后再次修订，最终成为本书的正式调研问卷。

由于本书测量的是团队领导者的人力资本水平，为了真实准确地测量到领导者自身的人力资本水平，本书借鉴有关研究测量部门领导辱虐管理行为对量表题项的处理方法，修改题项中的他评语句为自评语句。与此相同，该量表已被 Ren、Yang 和 Wood（2017）经过同样的处理方式，将组织层面的测量推演至个体层次，用于测量组织中员工个体的人力资本水平，经测试达到了较好的信效度。针对本书中的团队领导者人力资本，作为比员工个体层面更接近组织层面的团队层面测量，本书采用了相同的量表改编处理方式。本书具体修改内容为：对人力资本量表题项的提问方式进行相应的修改，将题项中领导者评下属改为领导者自评，而题项中的其他内容保持不变，例如，将"你的员工掌握高技能的程度如何"改为"我掌握了高技能"。具体修改后的领导者人力资本测量量表见表 4-1。团队领导者人力资本采用 5 点李克特（Likert）评分法，"1"代表"非常不同意"，"2"代表"比较不同意"，"3"代表"不确定"，"4"代表"比较同意"，"5"代表"非常同意"。具体测试题项见表 4-1。

表 4-1　领导者人力资本测量量表

编号	题项
HC1	我掌握了高技能
HC2	我被业界广泛认可为顶级人才
HC3	我的创造力和聪明程度较高
HC4	我在自己工作和职能方面的专业水平较高
HC5	我产生新想法和学习新知识的能力较强
HC6	我预测业界外部变革带给行业及其客户影响方面的能力较强

续表

编号	题项
HC7	我在承担适当风险以达成目标方面能力较强
HC8	我能记住行业各部门的职能信息
HC9	我对其他同事能够产生影响
HC10	在我的业务领域和合作项目中，我能展现出领导力
HC11	我在专注服务质量方面能力较强
HC12	在相关业务问题方面，我能够影响我的上级领导的决策

（2）领导者社会资本

本书将团队层面的领导者社会资本界定为：领导者的社会关系形成的关系网络，能帮助领导者解决团队实际问题、实现团队绩效、达成组织目标。团队成员通过这种资源可以获得物质的、信息的和情感的帮助，从而提升个人绩效和团队绩效，实现组织目标。因此，本书所定义的社会资本并非一个独创的概念，而是把社会资本这一概念汇集到团队领导者身上，探讨其对团队绩效的影响。

本书使用了经过翻译的 Reed、Lubatkin 和 Srninvasan（2006）所开发的英文社会资本量表。由于本书测量的是团队领导者的社会资本水平，为了真实准确地测量到领导者自身的社会资本水平，本书借鉴刘等（2012）测量部门领导辱虐管理行为对量表题项的处理方法，修改题项中的他评语句为自评语句。与此相同，该量表已被 Ren、Yang 和 Wood（2017）经过同样的处理方式，将组织层面的测量推演至个体层面，用于测量组织中员工个体的社会资本水平，经测试达到了较好的信效度。针对本书中的团队领导者社会资本，作为比员工个体层面更接近组织层面的团队层面测量，本书采用了相同的量表改编处理方式。本书具体修改内容为：对社会资本量表题项的提问方式进行相应的修改，例如，将"在和他人分享信息和相互学习方面，你的员工表现得如何"改为"在和他人分享信息和相互学习方面，我表现优秀"。具体修改后的领导者社会资本测量量表见表4-2。团队领导者社会资本采用李克特（Likert）5点评分法，"1"代表"非常不同意"，"2"代表"比较不同意"，"3"代表"不确定"，"4"代表"比较同意"，"5"代表"非常同意"。具体测试题项见表4-2。

表4-2 领导者社会资本测量量表

编号	题项
SC1	在和他人分享信息和相互学习方面，我表现优秀

续表

编号	题项
SC2	在和来自不同部门的人互动及交换想法方面，我表现优秀
SC3	在把某个特定领域的知识运用到另一个领域以解决问题和抓住机遇方面，我表现优秀
SC4	在与客户、供应商、合作伙伴等合作解决问题过程中，我能力较强
SC5	在与其他部门分享竞争对手信息方面，我表现优秀
SC6	在与其他部门分享客户信息方面，我表现优秀

（3）团队知识整合能力

本书采用 Gardner 和 Gino（2012）对团队知识整合能力的定义，即"团队通过（知识）交流对复杂问题的理解做出贡献的一种可靠的模式"。他们识别出了一种动态能力——团队知识整合能力，来研究检验为什么有一些团队比另一些更有效率（Gardner & Gino，2012；Hackman & Katz，2010；Ilgen，Hollenbeck，Johnson & Jimdt，2005）；并且，探索了关于什么样的因素有助于形成这种能力，且与绩效相关。

本书采用了 Gardner 和 Gino（2012）公开发表的量表，他们提出并概念化了团队知识整合能力的测度，包含 10 个题项。从不同维度测量了有效的信息共享和高质量的内部信息交流。该量表可测量团队的信息共享及交流水平，而这些信息可以"捕获"团队的知识整合能力（Hoegl & Gemuenden，2001；Leathers，1972）。原始量表采用李克特（Likert）7 点评分法："1"代表最正面的；"4"代表中立的；"7"代表最负面的。为了保证本书问卷编制的一致性，我们将 7 点量表修改为 5 点量表，具体团队知识整合能力量表及李克特 5 点评分法见表4-3。

表4-3 团队知识整合能力测量量表示例

编号	题项				
K1	我们团队内的交流是	完全相关	比较相关	不确定	比较不相关	完全不相关
		①	②	③	④	⑤
K2	我们团队内的交流是	非常及时	比较及时	不确定	比较拖延	非常拖延
		①	②	③	④	⑤
K3	我们团队内的交流是	完全客观	比较客观	不确定	比较有偏见	非常有偏见
		①	②	③	④	⑤

续表

编号	题项				
K4	我们团队内的交流是	完全清晰明了	比较清晰明了	不确定	比较混乱不清	非常混乱不清
		①	②	③	④	⑤
K5	我们团队内的交流是	完全具有支持性	比较具有支持性	不确定	比较不体谅人	非常不体谅人
		①	②	③	④	⑤
K6	我们团队内的交流是	非常简明扼要	比较简明扼要	不确定	比较详细	非常详细
		①	②	③	④	⑤
K7	我们团队内的交流是	非常真诚	比较真诚	不确定	比较虚伪	非常虚伪
		①	②	③	④	⑤
K8	我们团队内的交流是	非常和谐	比较和谐	不确定	比较对抗	非常对抗
		①	②	③	④	⑤
K9	我们团队内的交流是	非常适量	比较适量	不确定	比较多/少	非常多/少
		①	②	③	④	⑤
K10	我们团队内的交流是	非常培育团队合作	比较培育团队合作	不确定	比较妨碍团队合作	非常妨碍团队合作
		①	②	③	④	⑤

（4）员工工作投入

本书采用了以 Bakker 和 Schaufeli（2004）为代表提出的资源型工作投入概念，包括活力、风险、专注三个维度；并采用了他们所开发的 UWES 工作投入量表（Utrecht Work Engagement Scale，UWES）的 9 条目简化版。该量表已被学者们广泛使用，且经国内外学者常年的实证检验，具有较好的信度和效度，并且适合于将三维度加总进行分析（Schaufeli et al.，2006）。本书选用此 UWES 中文量表来测量员工工作投入。原始量表采用的是李克特 7 点评分法："1"代表"从不"；"2"代表"极少（一年几次或更少）"；"3"代表"偶尔（一月一次或更少）"；"4"代表"有时（一月多次）"；"5"代表"经常（一周一次）"；"6"代表"频繁（一周多次）"；"7"代表"总是（每天都有）"。为了保证本书问卷制的一致性，本书将 7 点量表修改为 5 点量表。采用李克特 5 点评分法："1"代表"非常不同意"；"2"代表"比较不同意"；"3"代表"不确定"；"4"代表"比较同意"；"5"代表"非常同意"。具体测试题项见表 4-4。

表 4-4　员工工作投入测量量表

编号	题项
E1	在工作中，我感到自己迸发出能量
E2	工作时，我感到自己强大且充满活力
E3	我对工作富有热情
E4	工作激发了我的灵感
E5	早上一起床，我就想去工作
E6	当工作紧张的时候，我会感到快乐
E7	我为自己所从事的工作感到自豪
E8	我沉浸在我的工作之中
E9	我在工作时会达到忘我的境界

（5）团队绩效

本书采用 Devine 和 Philips（2001）对团队绩效的定义，即团队完成既定目标或任务的程度。本书团队层面的研究是团队领导者资本、团队知识整合能力、团队结构与团队绩效的关系，聚焦在团队任务的完成情况上，所以本书把团队绩效定义为一个团队实现目标以及完成使命的程度。

本书的团队绩效倾向于强调任务绩效，因此采用了 Zellmer-Bruhn（2006）开发的量表，包含 5 个题项。原始量表采用李克特 7 点评分法：“1”代表“非常不准确”；“7”代表“非常准确”。为了保证本书问卷编制的一致性，我们将 7 点量表修改为 5 点量表。采用李克特 5 点评分法：“1”代表“非常不同意”；“2”代表“比较不同意”；“3”代表“不确定”；“4”代表“比较同意”；“5”代表“非常同意”。具体测试题项见表 4-5。

表 4-5　团队绩效测量量表

编号	题项
P1	我领导的团队能够完成工作目标
P2	我领导的团队能够实现团队目标
P3	我领导的团队能够达成规定要求
P4	我领导的团队能够完成使命
P5	我领导的团队能够完成既定目标

（6）员工绩效

本书采用的是 Motowildo、Borman 和 Schmitt（1997）对员工绩效的定义，即员工绩效更侧重于员工行为；并且，通过结合 Griffin、Neal 和 Parker（2007）的研究结论，将员工绩效界定为员工在其工作角色中的绩效表现，即有助于提升个体、团队和组织层面三种效能的三种行为方式（精通性、适应性、主动性）。

本书的员工绩效强调的是工作角色绩效，是指有助于提升个体、团队和组织层面三种效能的三种行为方式（精通性、适应性、主动性）。因此采用了来源于 Farh 和 Cheng（1997），经 Chen、Tsui 和 Farh（2002）根据中国情境修订的量表，包含 4 个题项，采用李克特 5 点评分法："1"代表"非常不同意"；"2"代表"比较不同意"；"3"代表"不确定"；"4"代表"比较同意"；"5"代表"非常同意"。具体测试题项见表 4-6。

表 4-6　员工绩效测量量表

编号	题项
EP1	他/她为本工作团队的绩效做出了显著贡献
EP2	他/她总是准时地完成工作任务
EP3	他/她是本工作团队中最出色的员工之一
EP4	他/她的工作表现总是能够合乎我的要求

（7）团队结构

本书采用 Lechler（2001）对团队结构的定义，即团队结构指的是团队的结构特征和团队的人员特征，前者包括团队的规模、层级、领导风格等，后者包括团队成员的个性特征和人口统计学特征。团队结构可以说是团队活动的一种形式或功能，也可以理解为是一个团队被分成几个有机部分。

Khandwalla（1977）开发了团队结构的量表，这一量表在西方得到了广泛应用，并表现出较好的信、效度（Dragoni & Kuenzi, 2012; Ambrose & Schminke, 2003; Ambrose, Schminke & Mayer, 2013）。该量表包含 7 个题项，而且该量表的中文版经实证测量也得到较好的心理测量属性，内部一致性系数分布在 0.71～0.96（Aryee, Sun, Chen & Debrah, 2008; Yang, Qian, Tang & Zhang, 2016）。在中国情境下，杨付和张丽华（2012）将 Mayer 等（2006）编制的英文量表翻译成中文并进行修改和完善，并对中国企业员工进行了问卷调查，探索性及验证性因子分析表明团队结构在中国组织情境下具有较高信度和效度。所以，本书采用了杨付和张丽华（2012）翻译并修订的团队结构中文量表，具体测试题项见表 4-7。

表 4-7　团队结构测量量表

编号	题项
TS1	我所在的团队信息自由传递，沟通渠道畅通
TS2	我所在的团队，领导的管理方式相对比较自由和随意
TS3	我所在的团队做决策时倾向于由专家决定，即使可能会忽略一线员工的意见
TS4	我所在的团队特别强调适应环境，而不是固守过去的做法
TS5	我所在的团队强调把事情办成，即使这可能意味着无视正规程序
TS6	我所在的团队的控制是宽松、非正式的，强调依赖合作以求办成事
TS7	我所在的团队倾向于根据环境和个人特性来确定适当的岗位

（8）控制变量

本书采用的是团队领导者和员工的配对问卷，在员工问卷中包含了可能对模型各变量产生影响的人口统计特征变量，包括性别、年龄、学历、所在单位性质、单位所在行业、在本单位工作时间、与现任领导共事时间。在领导问卷中，包含了性别、年龄、学历、在本单位工作时间这四个变量。其中性别为分类变量，其他变量均为连续变量。

4.2　调研程序

4.2.1　问卷调查法

本书采用了管理学研究中最常见的问卷调查法来收集所需的数据。问卷调查法成本较低，且能有针对性地收集到所需数据，但是，问卷本身的设计、文字表达、印刷等却会直接影响数据收集的质量。为了保证所收集数据的质量，本书参考了陈晓萍和沈伟主编的《组织与管理研究的实证方法（第三版）》一书，具体参考了第七章"实地研究中的问卷调查法"的问卷设计、取样与数据收集。具体做法如下：

首先，依据本书中确定的各变量的操作性定义，选择适合本书的测量量表。本书优先选取国内外学者们广泛应用的、在顶级期刊发表并在中国情境组织下已经得到验证且信效度水平较高的量表。

其次，对部分量表进行翻译。本书对人力资本、社会资本、团队知识整合能力、工作投入、团队绩效、员工绩效这六个量表进行了翻译。在翻译量表的过程中，邀请了两位人力资源管理专业博士分别翻译，而后进行比较分析；然后邀请了一位英语语言学教授和一名中文教授，针对出现不一致的地方进行讨论修改，在不改变原量表含义的前提下按中文语言习惯进行了修改，以此来保证量表翻译的准确性以及在中文情境下语义的可理解性。

再次，根据量表编制问卷。本书需要以团队为对象的同时调研领导者和员工，因此依据各变量量表的回答主体分别设计了领导者问卷和员工问卷。领导者问卷和员工问卷保持了同样的内容结构，均包含四个部分：问候语、基本信息、各变量量表题项、结束语。问候语主要是告知受访者本调研的用途，承诺调研的匿名性及保密性，并附上联系方式，以保证问卷填答的真实性和客观性；基本信息主要是本书的人口统计特征；第三部分是问卷最核心的部分，具体内容是各变量测量量表的题项；结束语主要是表明问卷的结束及对受访调研者的感谢。

最后，问卷外观设计①。为了让填答者对问卷外观有一种赏心悦目的感官，进而增加填答的认真程度和填答率，问卷的外观及封装也做了精心设计，具体做法如下：

字体及格式设计。为方便读者阅读，问卷使用了常用的宋体四号字，行距为31磅；人口统计特征变量的字体加粗提示；问卷核心部分对每一个变量的标题及提示语均加粗，量表不同题项之间用背景色的深浅进行区分；结束语提示用了斜体、加粗、下划线标识。此外，问卷添加了学校 LOGO 以增加标识和强调严肃性，并区分领导卷和员工卷字样和页码，以此来保证问卷填答的质量和完整性。

印刷及装订。为了方便问卷填答者翻阅及增强愉悦感，问卷采用彩色双面小册子打印。在装入问卷的文件袋封口处贴上双面胶，方便填答者自己封口，现场填完直接收回保证匿名。此外，为了方便填答者，文件袋上贴有问卷填写说明和编码，例如，"团队领导卷编号 001""团队成员卷编号 001-1、001-2、001-3……001-7"代表的是团队 1 的领导卷及其配对的员工卷，以方便发放和后期归档。

根据上述程序及做法，将设计好的问卷打印出来，分别请企业实践中的非学术型职场人士和各专业博士阅读填答，提出修改建议，完善后形成最终版问卷，具体内容详见本书附录。

4.2.2 数据收集过程

本次调研工作主要由笔者以及云南财经大学的教师和学生参与完成，数据收

① 本书附录的问卷仅作示例之用，并未按实际调查时的问卷体例排版。

集工作是在调研企业的总经理、业务部门、人力资源部门的支持下完成的。调查对象为工作团队领导及其所属成员：团队领导者方面，对人力资本、社会资本、团队绩效、员工绩效这四个变量进行评价；团队成员方面，对团队知识整合能力、团队结构、工作投入这三个变量进行评价。调查过程分三步，具体如下：

第一步，初步联系确定调查的企业。获得本书调查样本的渠道有两方面：一方面，联系企业中担任职务的朋友、同学，与笔者有业务往来的合作企业。联系对象为企业总经理、人力资源部主管或者业务部门主管，经说明本书的目的及研究主题，并承诺匿名调查及承担保密责任，征求他们同意参加调研后，请他们提供参与调查的团队成员名单。另一方面，为保证样本的异质性，联系不同行业、不同地域的企业参与问卷调查，获得本书的调查样本。为了便于调查者填写问卷，本书做了详细的问卷填写说明。

第二步，问卷发放。由于本书的调查问卷需要一名领导和 3~7 名下属一一配对，因此全采用纸质版手工编号方式现场发放及收回问卷。为了保证问卷的质量，涉及异地问卷的事先联系确认参与调研的工作团队，获取名单，预先编码后邮寄到当地，委托当地朋友现场发放。

第三步，问卷回收。问卷采用现场发放填写完毕后现场收回的方式。问卷填写人填完后直接将问卷放入文件袋并密封。收完问卷后，按编号整理所有问卷，对其中有效问卷进行二次编码后录入电脑，为后续数据处理做好准备。

4.3 统 计 分 析

本书采用 SPSS 22.0 统计软件对领导者人力资本、领导者社会资本、团队知识整合能力、员工工作投入、团队绩效、员工绩效、团队结构七个变量的量表进行信效度分析；对人口统计特征变量进行描述性统计分析、独立样本 T 检验、单因素方差分析以选取对模型中变量有影响的控制变量；分析了模型中各变量的相关关系，进行模型的初步检验。对于数据分析过程中的共同方法偏差问题，本书采用 Harman 单因素检验方法进行检验。由于涉及个体层面与团队层面的跨层分析，本书使用组内相关系数 ICC（Intraclass Correlation Coefficients）和组内一致性系数 γ_{wg} 验证工作团队成员评价的团队知识整合能力和团队结构数据能否聚合到团队层面。最后，采用 HLM 7.0 统计软件对理论模型中涉及的直接效应、中介效应进行假设检验，并借鉴 Prechear、Zyphur 和 Zhang（2010）推荐使用的 Monte Carlo 方法对本书的跨层中介效应进行检验。

4.4 正式样本的收集与处理

4.4.1 正式样本情况介绍

本书选取了昆明、成都、北京、上海、杭州、深圳、长沙等地30多家企业和事业单位为研究样本，涉及的主要行业有金融、互联网、通信服务、教育咨询及其他。在导师、朋友、同学及业务合作伙伴的帮助下，最终获得参与本次调查的团队255个，共发放了团队领导者问卷255份、成员问卷1040份。对所收回的问卷进行筛选后剔除了以下四种情况的无效问卷：第一，领导者问卷缺失或者团队成员低于3人以下，整套配对问卷无效；第二，成员问卷选项全部一致，整套配对问卷无效；第三，一份问卷中有三项以上未填答，视为无效问卷；第四，同一份问卷填答出现明显规律性，视为无效问卷。剔除以上四种无效问卷之后，本书有效样本186套，团队规模3~7人，其中：领导者问卷186份，样本有效回收率为72.9%；成员问卷749份，有效回收率为71.9%。

本书正式样本基本情况如下：

团队领导者样本的基本信息如表4-8所示，团队领导者样本（N=186）呈现以下特征：性别分布，男性占74.2%，女性占25.8%；年龄分布，25周岁及以下占5.4%，26~30周岁占9.1%，31~35周岁占26.9%，36~40周岁占32.8%，41~45周岁占15.6%，46周岁及以上占10.2%；学历分布，大专及以下占15.1%，本科占70.9%，硕士占12.9%，博士占1.1%；在本单位工作时间分布，1年及以下占5.4%，2~5年占46.2%，6~9年占21%，10~15年占17.7%，16年及以上占9.7%。

表4-8　团队领导者基本信息（N=186）

人口特征变量	分类	样本数	百分比（%）
性别	男	138	74.2
	女	48	25.8
年龄	25周岁及以下	10	5.4
	26~30周岁	17	9.1
	31~35周岁	50	26.9

续表

人口特征变量	分类	样本数	百分比（%）
年龄	36~40 周岁	61	32.8
	41~45 周岁	29	15.6
	46 周岁及以上	19	10.2
学历	大专及以下	28	15.1
	本科	132	70.9
	硕士	24	12.9
	博士	2	1.1
现单位工作年限	1 年及以下	10	5.4
	2~5 年	86	46.2
	6~9 年	39	21
	10~15 年	33	17.7
	16 年及以上	18	9.7

团队成员样本的基本信息如表 4-9 所示，团队成员样本（N=749）呈现以下特征：性别分布，男性占 53.8%，女性占 46.2%；年龄分布，25 周岁及以下占 16.4%，26~30 周岁占 37.9%，31~35 周岁占 25.6%，36~40 周岁占 12.5%，41~45 周岁占 4.6%，46 周岁及以上占 2.7%；学历分布，大专及以下占 0.3%，本科占 25.1%，硕士占 67.3%，博士占 7.5%；在本单位工作时间分布，1 年及以下占 0.1%，2~5 年占 15.9%，6~9 年占 48.9%，10~15 年占 18.4%，16 年及以上占 10.4%；与现任领导共事时间分布，1 年及以下占 6.4%，2~5 年占 21.9%，6~9 年占 63.1%，10~15 年占 9.1%，16 年及以上占 5%；所在单位性质分布，国有企业 7 家（占比 0.9%），民营企业 186 家（占比 24.8%），外资企业 467 家（占比 62.4%），事业单位 42 家（占比 5.6%）；所在单位性质分布，金融行业 52 家（占比 6.9%），互联网行业 2 家（占比 0.3%），通信服务 125 家（占比 16.7%），教育咨询行业 155 家（占比 20.7%），其他 178 家（占比 23.7%）。

表 4-9　团队成员基本信息（N=749）

人口特征变量	分类	样本数	百分比（%）
性别	男	403	53.8
	女	346	46.2

续表

人口特征变量	分类	样本数	百分比（%）
年龄	25 周岁及以下	123	16.4
	26~30 周岁	284	37.9
	31~35 周岁	192	25.6
	36~40 周岁	93	12.5
	41~45 周岁	35	4.6
	46 周岁及以上	20	2.7
学历	大专及以下	2	0.3
	本科	188	25.1
	硕士	504	67.3
	博士	56	7.5
现单位工作年限	1 年及以下	1	0.1
	2~5 年	119	15.9
	6~9 年	366	48.9
	10~15 年	138	18.4
	16 年及以上	78	10.4
与现任领导共事时间	1 年及以下	48	6.4
	2~5 年	164	21.9
	6~9 年	473	63.1
	10~15 年	68	9.1
	16 年及以上	37	5
所在单位性质	国有企业	7	0.9
	民营企业	186	24.8
	外资企业	467	62.4
	事业单位	42	5.6
所在单位性质	金融	52	6.9
	互联网	2	0.3
	通信服务	125	16.7
	教育咨询	155	20.7
	其他	178	23.7

4.4.2　正式量表信度检验

本书基于 186 套配对正式样本数据，对理论模型中各变量的量表进行了信度检验，包括 5 个团队层面的变量和 2 个个体层面变量，检验结果显示的内部一致性系数（Cronbach Alpha）见表 4-10。由表中列示的各变量检验结果可知，7 个变量的内部一致性系数均大于 0.8，表明量表信度较高，问卷的一致性和稳定性达到了要求。

表 4-10　各量表信度检验水平

量表	题项数	Cronbach Alpha
领导者人力资本	12	0.953
领导者社会资本	6	0.867
团队知识整合能力	10	0.929
员工工作投入	9	0.864
团队绩效	5	0.901
员工绩效	4	0.868
团队结构	7	0.892

4.4.3　区分效度检验

为了判断模型中的七个变量是否能够清晰区别，本书对模型中的各变量进行了区分效度检验。其中领导者人力资本、领导者社会资本、团队绩效、员工绩效这四个变量的量表是由团队领导者填写的。另外团队成员填写的变量有团队知识整合能力、团队结构和员工工作投入，可能会因为同源方法偏差导致本书的效度水平不够。由此，本书采用最大似然估计方法，使用 Lisre18.72 统计软件来检验团队成员自评变量的区分效度。

现有研究验证性因子分析中，研究者用来检验模型拟合度的指标主要有：绝对拟合指数如卡方自由度比（χ^2/df），近似误差均方根（Root Mean Square Error of Approximation，RMSEA）；相对拟合指数，如非范拟合指数（Non-Normed Fit Index，NNFI）、比较拟合指数（Comparative Fit Index，CFI）；简约指数如（Akaike Information Criterion，AIC）。鉴于此，本书将采用 χ^2/df、RMSEA、NNFI、CFI、AIC 等拟合指数评价理论模型中各变量之间的区分效度，拟合指数及其评价标准如表 4-11 所示。

表 4-11 拟合指数及其评价标准

拟合指数	拟合的标准或临界值
χ^2/df	大于 1 小于 5（吴明隆，2010）
RMSEA	小于 0.1，为好的拟合；小于 0.05，为非常好的拟合（Striger，1990）
NNFI	大于 0.9，模型可以接受（Bentler & Bonett，1980）
CFI	大于 0.9，模型可以接受（Hu & Bentler，1995）
AIC	理论模型 AIC 值小于独立模型 AIC 的值（Akaike，1973）
SRMR	取值范围 0~1；大于 0.08，模型拟合得不好（Hu & Bentler，1998）

资料来源：参考吴明隆（2010）。

由表 4-12 变量区分效度验证性因子分析结果可知，七因子模型的拟合指标（$\chi^2=5599.444$，df = 1304，χ^2/df = 4.294，RMSEA = 0.066，NFI = 0.801，CFI = 0.840）显著优于六因子、五因子、四因子、三因子、二因子和单因子的拟合指标。由此可见，本书中员工自评的各个变量是可以清晰区分的，确实是不同的构念，同源方法偏差不严重。

表 4-12 变量区分效度验证性因子分析结果（N=749）

模型	χ^2	df	χ^2/df	IFI	NFI	CFI	RMSEA
七因子	5599.444	1304	4.294	0.840	0.801	0.840	0.066
六因子	7026.854	1310	5.364	0.787	0.751	0.787	0.076
五因子	8553.488	1315	6.505	0.731	0.697	0.730	0.086
四因子	10673.689	1319	8.092	0.652	0.622	0.651	0.097
三因子	12039.965	1322	9.107	0.601	0.573	0.600	0.104
二因子	15476.131	1324	11.689	0.474	0.451	0.472	0.120
单因子	17723.476	1325	13.376	0.390	0.372	0.389	0.129

注：变量的合并原则为，按照变量间的相关系数，选择相关系数最高两组变量合并。

七因子模型：领导者人力资本、领导者社会资本、团队知识整合能力、员工工作投入、团队绩效、员工绩效、团队结构。

六因子模型：领导者人力资本、领导者社会资本、团队知识整合能力、员工工作投入、"团队绩效+员工绩效"、团队结构。

五因子模型："领导者人力资本+领导者社会资本"、团队知识整合能力、员工工作投入、"团队绩效+员工绩效"、团队结构。

四因子模型："领导者人力资本+领导者社会资本"、"团队知识整合能力+员工工作投入"、"团队绩效+员工绩效"、团队结构。

三因子模型:"领导者人力资本+领导者社会资本"、"团队知识整合能力+员工工作投入+团队绩效+员工绩效"、团队结构。

二因子模型:"领导者人力资本+领导者社会资本+团队知识整合能力+员工工作投入+团队绩效+员工绩效"、团队结构。

单因子模型:领导者人力资本+领导者社会资本+团队知识整合能力+员工工作投入+团队绩效+员工绩效+团队结构。

4.4.4 共同方法偏差检验

共同方法偏差(Common Method Variance,CMV)是一种系统偏差,也称为共同方法变异,是指因为同一数据来源或者问卷填答者人为导致的自变量与因变量之间共变的情况(周浩和龙立荣,2004)。共同方法偏差在社会科学研究中广泛存在,特别是通过问卷来收集数据,它的存在会使研究结果不清晰,甚至可能是错误的研究结论(周浩和龙立荣,2004;Johnson,Rosen & Djurdjevic,2011)。

研究者对于共同方法偏差的控制,主要采取统计控制和程序控制方法。程序控制采取的是在研究问卷设计阶段就进行提前控制,包括问卷设计规范和严谨性、数据收集过程保证匿名性,问卷的收集采用多时点纵向数据等。本书对于共同方法变异的控制主要是在两个方面:首先是量表的选择和问卷的设计做了严格把关;其次是问卷的发放与回收采用了纸质版现场发放,调研对象填完后立即自行封装收回,保证了问卷调研的匿名性。但是,共同方法偏差无法由于事前严格控制而避免,因此,本书在数据分析与处理阶段对共同方法偏差进行检验和控制。借鉴Podsakoff、MacKenzie、Lee和Podsakoff(2003)的做法,本书采用单因素检验方法对共同方法偏差的处理方法,检验领导自评的领导者人力资本、领导者社会资本,员工自评的工作投入,领导者评团队的团队绩效,领导者评员工的员工绩效,员工评团队的团队知识整合能力,以及团队结构七个变量是否存在同源方法偏差。

具体做法是:所有条目一起做Harman单因子检验。将模型中领导者人力资本、领导者社会资本、团队知识整合能力、团队结构、团队绩效、员工工作投入与员工绩效七个变量涉及的题项(总共53个题项)一起做探索性因素分析,采用主成分分析方法,共有9个未经旋转特征值大于1的因子被提出,详见表4-13。参照Podsakoff等(2003)提出的临界标准,当主成分分析得到多个因子且第一个因子的变异解释量不超过40%时,共同方法偏差不严重(章璐璐和杨付,2011);当采用未旋转的主成分因素分析得到多个因子且第一个因子的变异解释量不超过40%时,则认为不存在严重的共同方法偏差。本书中第一个因子解释的变异量为 21.24%，因此模型中七个变量的共同方法偏差不严重。

表 4-13　共同方法偏差检验结果　　　　　　　单位：%

成分	初始特征值			提取平方和载入		
1	合计	方差百分比	累计百分比	合计	方差百分比	累计百分比
2	11.258	21.241	21.241	11.258	21.241	21.241
3	10.417	19.655	40.896	10.417	19.655	40.896
4	3.547	6.692	47.588	3.547	6.692	47.588
5	3.170	5.981	53.569	3.170	5.981	53.569
6	2.309	4.357	57.926	2.309	4.357	57.926
7	1.715	3.235	61.161	1.715	3.235	61.161
8	1.433	2.704	63.865	1.433	2.704	63.865
9	1.238	2.335	66.200	1.238	2.335	66.200

注：提取方法为主成分分析法。

4.4.5　数据聚合检验

本书模型中团队结构和团队知识整合能力是团队层面的构念，但其测量是由员工进行评价的，为了将其聚合到团队层面，需要通过检验来判断由员工评价的这两个变量是否有组内一致性和组间差异性（罗盛强和姜嬿，2014）。文献表明，在跨层实证研究中，对于组内一致性的检验，即评价团队成员对同一构念表现出相同反应的程度，通常使用 γ_{wg} 系数［也称为组内一致性（Whthin-Group Interrater Reliability）］来反映（Kozlowski & Hattrup，1992）。对于组间差异性的检验，主要用 ICC（1）和 ICC（2）两个指标来反映：ICC（1）用来检测不同团队之间对团队知识整合能力和团队结构这两个构念感知是否存在明显差异；ICC（2）用来测量团队平均数的信度水平（Bartko，1976）。当同一个团队内部的数据差异小且不同团队之间差异大时，表明由团队成员评价的团队知识整合能力、团队结构这两个变量的数据可以聚合到团队层面，成为一个团队层面的变量。下面分两步进行检验：

第一步，组内一致性检验。James、Wolf 和 Demaree（1981）推导出的测量量表组内一致性系数 $\gamma_{wg(j)}$ 的计算公式，其理念是将实际观察到的变量的方差与随机分布的方差进行对比，这两个方差相差越远则组内一致性越高，即同一个团队内成员对团队结构和团队知识整合能力这两个变量的评价一致性较高。根据James、Wolf 和 Demaree（1981）推导的计算公式，每一个团队都可以得到一个系数，其计算公式如下：

$$\gamma_{wg(j)} = \frac{J\left[1 - \dfrac{\overline{S}_{xj}^2}{\sigma_{EU}^2}\right]}{J\left[1 - \left(\dfrac{\overline{S}_{xj}^2}{\sigma_{EU}^2}\right)\right] + \left(\dfrac{\overline{S}_{xj}^2}{\sigma_{EU}^2}\right)}$$

上述公式中，$\gamma_{wg(j)}$ 代表量表中第 j 个题项团队成员评价的组内一致性，$\overline{S}_{xj}^2$ 代表的是在量表中第 j 个题项观察值方差的平均值，而 σ_{EU}^2 代表的是随机分布的方差，即可能的最大方差。根据 LeBreton 和 Senter（2008）提出的 γ_{wg} 值的参考标准：γ_{wg} 系数大于 0.90 时，表示组内一致性水平极高；γ_{wg} 系数处于 0 与 0.30 之间时，表示组内基本不存在一致性；而 γ_{wg} 系数处于 0.71 至 0.90 时，组内一致性水平较高。本书借鉴此标准，通过检验并计算来判断团队知识整合能力和团队结构这两个变量的数据是否满足个体层面数据聚合到团队层面数据的 γ_{wg} 标准。单因素方差分析显示，团队知识整合能力的 γ_{wg} 值为 0.68，团队结构的 γ_{wg} 值为 0.74，均达到统计检验标准。

第二步，判断团队之间的差异。首先，采用 ICC（1）来判断评价组间差异。ICC（1）是观察到的团队之间真实方差与观察值方差的百分比，其计算值为组间方差占组间方差和组内方差之和的百分比，使用 HLM 软件数据分析可以直接得到组间方差和组内方差。本书参考 James（1982）的标准来判断 ICC（1）是否达到统计检验要求，其标准为该指标的检验值处于 0 到 0.50 并达到显著水平。

本书的单因素分析显示，团队知识整合能力的组间方差和组内方差均存在显著性差异（F = 6.739，P < 0.000），γ_{wg} 值为 0.68，ICC（1）的值为（0.16204/（0.16204 + 0.53582）= 0.23）；团队结构的组间方差和组内方差均存在显著性差异（F = 8.188，P < 0.000），γ_{wg} 值为 0.74，ICC（1）的值为（0.35307/（0.35307 + 0.71580）= 0.33）。因此，团队知识整合能力和团队结构这两个变量的 ICC（1）达到统计检验要求。

其次，采用 ICC（2）来判断团队成员的平均评分信度水平，即把个体评价的数据聚合为团队层面的数据。团队规模大小会影响 ICC（2）的值，具体来说，当团队规模较大时，ICC（2）的值也会较高，其计算格式如下：

$$ICC（2）= \frac{K（ICC（1））}{1 + （K-1）ICC（1）}$$

对于 ICC（2）值的判断，本书参照 Schneider、White 和 Paul（1998）提出的 0.47 的标准。团队知识整合能力 ICC（2）的值为 1.146，团队结构 ICC（2）的值为 0.989，满足会聚成团队层面变量的统计要求。

因此，本书中的团队知识整合能力和团队结构两个变量，其 γ_{wg} 系数显示出较高的内部一致性水平，ICC（1）、ICC（2）也达到了组内评价一致性基本判断标准，因而可以将团队成员评价的团队知识整合能力和团队结构聚合成团队层面的变量。

5 数据分析与假设检验

5.1 人口统计特征的方差分析

本书在数据分析处理中，控制了可能会影响模型因果关系的变量，主要包括：个体层面，员工的性别、年龄、学历、所在单位性质、所在行业、在本单位工作时间、与现任领导共事时间；团队层面，领导者的性别、学历、年龄、在本单位工作时间。在问卷调查中，由团队成员填写的变量包括团队知识整合能力、团队结构、工作投入；由团队领导者评价的变量有领导者人力资本、领导者社会资本、团队绩效、员工绩效。本书中对人口统计特征的方差分析，除了性别采用独立样本 T 检验，其余控制变量均采用单因素方差分析。具体分析如下：

（1）性别的独立样本 T 检验

①个体层面员工性别的独立样本 T 检验。本书的样本数据中包含男性成员（N＝403）、女性成员（N＝346），他们之间是相互独立的，采用了 Levene 检验法来判断男女两个组别的方差是否同质，采用独立样本 T 检验来判断两个组别的均值是否存在显著差异，检验结果见表 5-1。由表 5-1 中可以看到，由团队成员评价的团队知识整合能力（K）、团队结构（TS）、工作投入（E）经 Levene 检验法的 F 值检验结果不显著（p>0.05），接受方差齐次性的假设，且其 95% 以上的置信区间均包含 "0"，表明员工性别这一变量对团队知识整合能力、团队结构、工作投入没有显著影响。

②团队领导者性别独立样本 T 检验。由表 5-1 可知，领导者人力资本（HC）、领导者社会资本（SC）、团队绩效（P）经 Levene 检验法的 F 值检验结果显著（p<0.05）。其中，领导者社会资本（t＝-0.166，p＝0.869 >0.05）未达到 0.05 的显著性水平，表明男性领导者（N＝138）与女性领导者（N＝48）对

领导者社会资本的评价并不存在显著差异；查看"假设方差不相等"这一行中的 t 统计值及 p 值数据，领导者人力资本（t=4.969，p=0.000<0.05）和团队绩效（t=4.090，p=0.000<0.05）达到 0.05 的显著性水平，表明男性领导者（N=138）与女性领导者（N=48）对自身人力资本和团队绩效的评价可能会存在差异。

表 5-1　性别的独立样本 T 检验

		方差相等 Levene 检验		均值相等的 T 检验					95%置信区间	
		F 检验	Sig.	t	自由度	Sig.（双侧）	均值差异	标准误差值	下限	上限
团队成员（N=749）										
团队知识整合能力（K）	假设方差相等	0.036	0.850	-1.237	745	0.216	-0.047	0.038	-0.122	0.028
	假设方差不相等				720.900	0.217	-0.047	0.038	-0.122	0.028
团队结构（TS）	假设方差相等	1.405	0.236	-1.271	745	0.204	-0.059	0.046	-0.149	0.032
	假设方差不相等			-1.265	710.180	0.206	-0.059	0.046	-0.150	0.032
工作投入（E）	假设方差相等	2.137	0.144	-0.975	745	0.330	-0.044	0.045	-0.134	0.045
	假设方差不相等			-0.973	720.567	0.331	-0.044	0.045	-0.134	0.045
团队领导（N=186）										
领导者人力资本（HC）	假设方差相等	5.578	0.018	4.439	747	0.000	0.202	0.046	0.113	0.292
	假设方差不相等			4.969	432.174	0.000	0.202	0.041	0.122	0.282
领导者社会资本（SC）	假设方差相等	12.714	0.000	-0.156	747	0.876	-0.007	0.046	-0.097	0.083
	假设方差不相等			-0.166	384.895	0.869	-0.007	0.043	-0.092	0.078
团队绩效（P）	假设方差相等	14.098	0.000	3.566	747	0.000	0.170	0.048	0.077	0.264
	假设方差不相等			4.090	457.079	0.000	0.170	0.042	0.088	0.252
员工绩效（EP）	假设方差相等	1.227	0.268	-1.264	747	0.206	-0.064	0.050	-0.163	0.035
	假设方差不相等			-1.221	322.079	0.223	-0.064	0.052	-0.166	0.039

注：方差齐次性检验的显著水平为 0.05。

（2）年龄的单因素方差分析

由于本书在问卷调查中获得的是被调查者的具体年龄值，因此在做年龄的单因素方差分析前，对问卷中的年龄做了区间转换，按照 25 岁及以下，26~35 岁，36~45 岁及 46 岁及以上划分了四个年龄区间。

①个体层面员工年龄的单因素方差分析。由表 5-2 的分析结果可知，本书所

调查的 749 份团队成员样本中，年龄这一人口特征变量对团队知识整合能力、团队结构、工作投入的影响均不显著（p>0.05），说明年龄因素对判断这三个变量的影响并无显著差异。

②团队领导者年龄的单因素方差分析。由表 5-2 的分析结果可知，年龄对领导者人力资本、领导者社会资本、团队绩效、员工绩效均存在显著影响（p=0.000<0.05），说明不同年龄段的领导者在判断自身人力资本、社会资本、团队绩效和员工绩效这些变量的感知存在显著不同。

表 5-2　年龄的单因素方差分析结果

		离差平方和	自由度	离差平方根	F	Sig.
团队成员 （N=749）						
团队知识 整合能力 （K）	组间	10.776	37	0.291	1.08447	0.340
	组内	191.058	7114	0.269		
	总计	201.834	748			
团队结构 （TS）	组间	13.660	37	0.369	0.928	0.5944
	组内	282.839	711	0.398		
	总计	296.500	748			
工作投入 （E）	组间	17.893	37	0.484	1.278	0.128
	组内	269.060	711	0.378		
	总计	286.954	748			
团队领导 （N=186）						
领导者人力资本 （HC）	组间	76.737	27	2.842	13.354	0.000
	组内	153.450	721	0.213		
	总计	230.186	748			
领导者社会资本 （SC）	组间	57.283	27	2.122	9.010	0.000
	组内	169.778	721	0.235		
	总计	227.061	748			
团队绩效 （P）	组间	67.152	27	2.487	9.790	0.000
	组内	183.172	721	0.254		
	总计	250.324	748			
员工绩效 （EP）	组间	21.840	27	0.809	2.300	0.000
	组内	253.619	721	0.352		
	总计	275.459	748			

注：方差齐次性检验的显著性水平为 0.05。

领
导
者
人
力
资
本
和
社
会
资
本
对
团
队
绩
效
和
员
工
绩
效
的
影
响
机
制
研
究

（3）学历的方差分析

①团队成员学历的方差检验。通过对 749 份团队成员样本学历的方差分析（见表5-3）可知，团队知识整合能力、团队结构及工作投入三个变量在受教育程度上无显著差异（p>0.05）。

②团队领导者学历的方差检验。同样为考察领导者学历对各因子的影响，通过 186 份团队领导者样本的学历方差分析（见表5-3）可知，领导者社会资本和团队绩效这两个变量在受教育程度上有显著差异（p＝0.000<0.05）；而领导者人力资本和员工绩效这两个变量在受教育程度上无显著差异（p>0.05）。

表5-3 学历的样本方差分析结果

变量	分组	离差平方和	自由度	均方	F 值	p 值
团队成员（N＝749）						
团队知识整合能力（K）	组间	0.324	3	0.108	0.400	0.753
	组内	201.510	745	0.270		
	总计	201.834	748			
团队结构（TS）	组间	2.799	3	0.933	2.367	0.070
	组内	293.700	745	0.394		
	总计	296.500	748			
工作投入（E）	组间	1.514	3	0.505	1.317	0.268
	组内	285.440	745	0.383		
	总计	286.954	748			
团队领导（N＝186）						
领导者人力资本（HC）	组间	1.318	3	0.439	1.430	0.233
	组内	228.869	745	0.307		
	总计	230.186	748			
领导者社会资本（CS）	组间	5.575	3	1.858	6.251	0.000
	组内	221.485	745	0.297		
	总计	227.061	748			
团队绩效（P）	组间	11.557	3	3.852	12.020	0.000
	组内	238.767	745	0.320		
	总计	250.324	748			

续表

变量	分组	离差平方和	自由度	均方	F值	p值
员工绩效（EP）	组间	1.129	3	0.376	1.022	0.382
	组内	274.330	745	0.368		
	总计	275.459	748			

注：方差齐次性检验的显著性水平为 0.05。

以上团队领导者及其团队成员学历的样本方差分析表明，领导者社会资本和团队绩效这两个变量在团队领导者受教育程度上有显著差异（p = 0.000 < 0.05）。为了进一步检验团队领导者受教育程度在这两个变量上的差异，采用 LSD 方法进行两两比较，结果如表 5-4 所示。

表 5-4　LSD 法进行均值多重比较的结果

因变量	受教育程度 I	受教育程度 J	平均值差值（I-J）	标准误差	显著性	比较结果
团队成员（N = 749）						
团队知识整合能力（K）	专科及以下	本科	-0.007	0.044	0.878	无差异
		硕士	0.018	0.079	0.824	
	本科	专科及以下	0.007	0.044	0.878	
		硕士	0.024	0.073	0.739	
	硕士	专科及以下	-0.018	0.079	0.824	
		本科	-0.024	0.073	0.739	
团队结构（TS）	专科及以下	本科	0.093	0.054	0.085	无差异
		硕士	-0.038	0.096	0.688	
	本科	专科及以下	-0.093	0.054	0.085	
		硕士	-0.131	0.088	0.139	
	硕士	专科及以下	0.038	0.096	0.688	
		本科	0.131	0.088	0.139	
工作投入（E）	专科及以下	本科	0.093	0.053	0.081	无差异
		硕士	-0.011	0.094	0.907	
	本科	专科及以下	-0.093	0.053	0.081	
		硕士	-0.104	0.087	0.235	
	硕士	专科及以下	0.011	0.094	0.907	
		本科	0.104	0.087	0.235	

续表

因变量	受教育程度 I	受教育程度 J	平均值差值（I-J）	标准误差	显著性	比较结果
团队领导（N=186）						
领导者人力资本（HC）	专科及以下	本科	-0.0567	0.112	0.615	博士<本科 博士<专科 硕士<本科
		硕士	0.198	0.150	0.188	
		博士	0.900	0.395	0.042	
	本科	专科及以下	0.057	0.112	0.615	
		硕士	0.255*	0.120	0.035	
		博士	0.866*	0.384	0.025	
	硕士	专科及以下	-0.198	0.150	0.188	
		本科	-0.255*	0.120	0.035	
		博士	0.611	0.397	0.126	
	博士	专科及以下	-0.810*	0.395	0.042	
		本科	-0.866*	0.384	0.025	
		硕士	-0.611	0.397	0.126	
领导者社会资本（SC）	专科及以下	本科	0.061	0.116	0.597	无差异
		硕士	0.308*	0.155	0.048	
		博士	0.780	0.407	0.057	
	本科	专科及以下	-0.061	0.116	0.597	
		硕士	0.246*	0.123	0.048	
		博士	0.718	0.396	0.072	
	硕士	专科及以下	-0.308*	0.155	0.048	
		本科	-0.246*	0.123	0.048	
		博士	0.472	0.409	0.250	
	博士	专科及以下	-0.780	0.407	0.057	
		本科	-0.718	0.396	0.072	
		硕士	-0.472	0.409	0.250	
团队绩效（P）	专科及以下	本科	0.031	0.124	0.802	硕士<本科 硕士<专科
		硕士	0.219	0.166	0.189	
		博士	-0.064	0.437	0.883	
	本科	专科及以下	-0.031	0.124	0.802	
		硕士	0.188	0.132	0.158	
		博士	-0.09545	0.42523	0.823	

续表

因变量	受教育程度 I	受教育程度 J	平均值差值 (I-J)	标准误差	显著性	比较结果
团队绩效（P）	硕士	专科及以下	-0.219	0.166	0.189	硕士<本科 硕士<专科
		本科	-0.188	0.132	0.158	
		博士	-0.283	0.439	0.520	
	博士	专科及以下	0.064	0.437	0.883	
		本科	0.096	0.425	0.823	
		硕士	0.283	0.439	0.520	
员工绩效（EP）	专科及以下	本科	0.088	0.128	0.494	无差异
		硕士	0.168	0.171	0.327	
		博士	0.366	0.450	0.417	
	本科	专科及以下	-0.088	0.128	0.494	
		硕士	0.080	0.137	0.556	
		博士	0.278	0.438	0.526	
	硕士	专科及以下	-0.168	0.171	0.327	
		本科	-0.080	0.137	0.556	
		博士	0.198	0.453	0.663	
	博士	专科及以下	-0.366	0.450	0.417	
		本科	-0.278	0.438	0.526	
		硕士	-0.198	0.453	0.663	

注：显著性水平，＊表示 $p<0.05$；方差齐次性检验的显著性水平为 0.05。

在员工层面，因团队成员在博士学历选项上仅有一个样本，无法进行 LSD 事后检验，故而将其从团队员工 LSD 分析中剥离出来。除此之外，从表 5-4 可以看出，在团队知识整合能力、团队结构、工作投入这三个因子，不同学历的员工没有差异。

在团队层面，领导者人力资本、领导者社会资本、团队绩效、员工绩效这四个因子中，对于领导者人力资本这个因子，博士低于本科和专科及以下，硕士低于本科；对于领导者社会资本这个因子，硕士明显低于本科和专科及以下，这有可能是因为处于领导者岗位的低学历者，其工作的年限更长，积累的工作经验更多，连接的社会信息和网络也会更多。其余因子上，不同学历的领导者并无明显差异。

（4）单位性质的单因素方差

按照调查样本中员工所在单位的性质，将其划分为"国有企业""民营企业""事业单位""外资企业""其他"五类，单因素方差分析结果如表5-5所示。分析结果表明，团队知识整合能力、团队结构在不同的单位性质中无显著差异；而工作投入在不同的单位性质中有显著差异。

表5-5　员工单位性质的样本方差分析

变量	分组	离差平方和	自由度	均方	F 值	p 值
团队知识整合能力（K）	组间	0.881	4	0.220	0.816	0.515
	组内	200.953	744	0.270		
	总计	201.834	748			
团队结构（TS）	组间	1.346	4	0.337	0.848	0.495
	组内	295.153	744	0.397		
	总计	296.500	748			
工作投入（E）	组间	4.890	4	1.222	3.225	0.012
	组内	282.064	744	0.379		
	总计	286.954	748			

注：方差齐次性检验的显著性水平为 0.05。

由以上单位性质的单因素方差可知，工作投入在不同的单位性质中有显著差异，为了进一步检验不同组别的具体差异，采用 LSD 方法比较的结果如表5-6所示。从表5-6可以看出，在工作投入方面，民营企业和外资企业显著大于事业

表5-6　LSD 法进行均值多重比较的结果

变量	单位性质 I	单位性质 J	平均值差值（I-J）	标准误差	显著性	比较结果
中介变量：工作投入（E）	国有企业	民营企业	-0.969	0.053	0.070	民营>事业单位　外资>事业单位
		外资企业	-0.206	0.105	0.051	
		事业单位	0.133	0.097	0.169	
		其他	0.567	0.438	0.195	
	民营企业	外资企业	-0.109	0.099	0.373	
		事业单位	0.230 *	0.090	0.011	
		其他	0.664	0.436	0.128	
	外资企业	事业单位	0.338 *	0.128	0.008	
		其他	0.772	0.445	0.083	
	事业单位	其他	0.434	0.443	0.328	

注：显著性水平，* 表示 $p < 0.05$；方差齐次性检验的显著性水平为 0.05。

单位。由于制度设计及要求不一样，在现实中确实是民营企业和外资企业由于工作压力更大，绩效的考核更加严厉，使员工工作投入显著高于事业单位的员工。

（5）所在行业的单因素方差

按照调查样本中员工所在行业不同，将样本划分为"金融行业""互联网行业""通信服务行业""教育咨询行业""其他行业"五类，行业单因素方差分析结果如表 5-7 所示。结果表明，团队知识整合能力和工作投入在不同的行业中有显著差异。

表 5-7　员工所在行业的样本方差分析

变量	分组	离差平方和	自由度	均方	F 值	p 值
团队知识整合能力（K）	组间	3.124	4	0.781	2.924	0.020
	组内	198.711	744	0.267		
	总计	201.834	748			
团队结构（TS）	组间	1.843	4	0.461	1.163	0.326
	组内	294.657	744	0.396		
	总计	296.500	748			
工作投入（E）	组间	3.973	4	0.993	2.611	0.034
	组内	282.981	744	0.380		
	总计	286.954	748			

注：方差齐次性检验的显著性水平为 0.05。

为了进一步检验团队知识整合能力、工作投入在不同行业之间的差异，采用 LSD 方法进行两两比较，分析结果如表 5-8 所示。结果表明，在团队知识整合能力上，金融行业和互联网行业显著高于通信服务行业，并且互联网行业显著高于教育咨询业，这是由于互联网行业变化较快，需要更高的团队知识整合能力来面对环境的不确定性。在工作投入上互联网行业和通信服务行业显著大于金融行业，互联网行业高于教育咨询行业和其他行业，同样可能是因为互联网行业是变化最大、最需要创新和投入的行业，因此员工行业投入度更高。在团队结构上，互联网行业高于教育咨询行业，互联网行业是这个时代发展最快最需要柔性组织的行业，因此其团队结构的有机式程度更高。其他因子在不同行业无显著差异。

表 5-8 LSD 法进行均值多重比较的结果

行业性质 I	行业性质 J	平均值差值（I-J）	标准误差	显著性	比较结果
中介变量：团队知识整合能力（K）					
金融行业	互联网行业	0.036	0.062	0.566	
	通信服务行业	0.173*	0.060	0.004	
	教育咨询行业	0.015	0.066	0.816	
	其他行业	0.091	0.061	0.137	
互联网行业	金融行业	−0.036	0.062	0.566	
	通信服务行业	0.137*	0.057	0.016	
	教育咨询行业	−0.020	0.062	0.743	
	其他行业	0.055	0.058	0.337	金融行业>通信服务行业
通信服务行业	金融行业	−0.173*	0.060	0.004	互联网行业>通信服务行业
	互联网行业	−0.137*	0.057	0.016	互联网行业>教育咨询行业
	教育咨询行业	−0.158*	0.061	0.009	教育咨询行业>通信行业
	其他行业	−0.082	0.056	0.140	
教育咨询行业	金融行业	−0.015	0.066	0.816	
	互联网行业	0.020	0.062	0.743	
	通信服务行业	0.158*	0.061	0.009	
	其他行业	0.076	0.061	0.217	
其他行业	金融行业	−0.091	0.061	0.137	
	互联网行业	−0.055	0.058	0.337	
	通信服务行业	0.082	0.056	0.140	
	教育咨询行业	−0.076	0.061	0.217	
中介变量：工作投入（E）					
金融行业	互联网行业	−0.206*	0.074	0.006	
	通信服务行业	−0.152*	0.072	0.035	
	教育咨询行业	−0.058	0.078	0.458	金融行业>互联网行业
	其他行业	−0.059	0.07285	0.420	通信服务行业>金融行业
互联网行业	金融行业	0.206*	0.074	0.006	互联网行业>教育咨询行业
	通信服务行业	0.054	0.067	0.424	互联网行业>其他行业
	教育咨询行业	0.148*	0.074	0.047	
	其他行业	0.147*	0.069	0.032	
通信服务行业	金融行业	0.152*	0.072	0.035	
	互联网行业	−0.054	0.068	0.424	
	教育咨询行业	0.094	0.072	0.195	

	行业性质 I	行业性质 J	平均值差值 (I-J)	标准误差	显著性	比较结果
中介变量:工作投入(E)	通信服务行业	其他行业	0.093	0.066	0.161	金融行业>互联网行业 通信服务行业>金融行业 互联网行业>教育咨询行业 互联网行业>其他行业
	教育咨询行业	金融行业	0.058	0.078	0.458	
		互联网行业	−0.148*	0.074	0.047	
	教育咨询行业	通信服务行业	−0.094	0.072	0.195	
		其他行业	−0.001	0.073	0.992	
	其他行业	金融行业	0.059	0.073	0.420	
		互联网行业	−0.147*	0.069	0.032	
		通信服务行业	−0.093	0.066	0.161	
		教育咨询行业	0.001	0.073	0.992	
调节变量:团队结构(TS)	金融行业	互联网行业	−0.047	0.076	0.535	互联网行业>教育咨询行业
		通信服务行业	0.032	0.073	0.660	
		教育咨询行业	0.109	0.080	0.172	
		其他行业	0.047	0.074	0.529	
	互联网行业	金融行业	0.047	0.076	0.535	
		通信服务行业	0.079	0.069	0.252	
		教育咨询行业	0.156*	0.076	0.040	
		其他行业	0.094	0.070	0.181	
	通信服务行业	金融行业	−0.032	0.073	0.660	
		互联网行业	−0.079	0.069	0.252	
		教育咨询行业	0.077	0.074	0.297	
		其他行业	0.014	0.068	0.831	
	教育咨询行业	金融行业	−0.109	0.080	0.172	
		互联网行业	−0.156*	0.076	0.040	
		通信服务行业	−0.077	0.074	0.297	
		其他行业	−0.062	0.075	0.403	
	其他行业	金融行业	−0.047	0.074	0.529	
		互联网行业	−0.094	0.071	0.181	
		通信服务行业	−0.014	0.068	0.831	
		教育咨询行业	0.062	0.075	0.403	

注:显著性水平,＊表示 $p<0.05$;方差齐次性检验的显著性水平为 0.05。

（6）员工工作年限的单因素方差

本书按照员工工作年限的长短，对这一人口统计特征变量进行单因素方差分析，用以判断团队成员的工作年限长短对各因子的影响是否有显著差异，分析结果如表5-9所示。结果表明，工作年限在员工工作投入这一因子上面存在显著差异，这可能是因为员工愿意留在团队和组织中工作的时间越长，表明对组织的认同感更强，因而也会有更高的工作投入度。

表5-9　员工工作年限的样本方差分析

变量	分组	离差平方和	自由度	均方	F 值	p 值
团队知识整合能力（K）	组间	14.497	39	0.372	0.947	0.565
	组内	278.439	709	0.393		
	总计	292.936	748			
团队结构（TS）	组间	30.242	39	0.775	1.461	0.037
	组内	376.349	709	0.531		
	总计	406.591	748			
工作投入（E）	组间	17.711	39	0.454	1.197	0.194
	组内	269.002	709	0.379		
	总计	286.713	748			

注：方差齐次性检验的显著性水平为0.05。

（7）与领导共事时间的单因素方差

本书对团队成员与其直接领导者共事时间的长短这一人口统计特征变量进行单因素方差分析，用来分析判断团队员工与其直接领导者共事时间长短对各因子是否有显著不同影响，结果如表5-10所示。结果表明，团队成员与其直接领导者共事的时间变量在团队知识整合能力、团队结构和工作投入这三个因子方面均无显著差异。

表5-10　与领导共事时间的样本方差分析

变量	分组	离差平方和	自由度	均方	F 值	p 值
团队知识整合能力（K）	组间	15.054	28	0.538	1.393	0.086
	组内	277.882	720	0.386		
	总计	292.936	748			

变量	分组	离差平方和	自由度	均方	F 值	p 值
团队结构 TS	组间	18.136	28	0.648	1.201	0.220
	组内	388.455	720	0.540		
	总计	406.591	748			
工作投入 E	组间	13.797	28	0.493	1.300	0.139
	组内	272.916	720	0.379		
	总计	286.713	748			

注：方差齐次性检验的显著性水平为 0.05。

5.2 变量间的相关性分析

为了避免将不相关的变量放在一个理论模型中来检验其因果关系，在进行数据分析时最重要的是在假设检验之前先通过计算各变量的均值、标准差，以及变量之间的相关系数，以检验判断模型中七个变量间的相关系数是否与理论上预期的一致。结果如表 5-11 所示，在个体层面上，员工工作投入与员工绩效存在显著正相关关系（$Y = 0.385$，$p < 0.01$）；所在行业与学历存在显著负相关关系（$Y = -0.153$，$p < 0.01$）；学历与性别存在正相关关系（$Y = 0.083$，$p < 0.05$）；所在行业与单位性质存在显著正相关关系（$Y = 0.339$，$p < 0.01$）；在本单位工作年限与年龄存在显著正相关关系（$Y = 0.749$，$p < 0.01$）；在本单位工作年限与单位性质存在显著负相关关系（$Y = -0.073$，$p < 0.05$）；与现任领导共事时间与年龄存在显著正相关关系（$Y = 0.524$，$p < 0.01$）；与现任领导共事时间与所在单位性质存在显著正相关关系（$Y = 0.103$，$p < 0.01$）；与现任领导共事时间与所在行业存在显著正相关关系（$Y = 0.099$，$p < 0.01$）；与现任领导共事时间与在本单位工作年限存在显著正相关关系（$Y = 0.642$，$p < 0.01$）。表 5-11 的结果表明，个体层面变量之间存在显著相关性，与模型的理论预期一致，可以进行假设检验。

表 5-11　个体层面描述性统计和变量间的相关系数

	均值	标准差	1	2	3	4	5	6	7	8
1 员工工作投入	3.961	0.619	—							

	均值	标准差	1	2	3	4	5	6	7	8
2 员工绩效	3.962	0.607	0.385**	—						
3 性别	0.469	0.523	-0.042	-0.006	—					
4 年龄	30.924	6.274	-0.019	-0.049	-0.008	—				
5 学历	1.826	0.549	-0.028	-0.007	0.083*	-0.009	—			
6 单位性质	1.955	0.778	-0.018	-0.008	-0.043	-0.043	-0.037	—		
7 所在行业	3.072	1.390	-0.016	-0.001	0.071	0.057	-0.153**	0.339**	—	
8 在本单位工作年限	5.735	5.644	-0.058	-0.046	0.037	0.749**	-0.030	-0.073*	-0.043	—
9 与现任领导共事时间	3.541	3.075	-0.042	-0.031	-0.002	0.524**	0.007	0.103**	0.099**	0.642**

注：N（团队成员）= 794；显著性水平，＊表示 $p<0.05$、＊＊表示 $p<0.01$（双尾）。

由表5-12相关系数矩阵可知，在团队层面上，领导者人力资本与领导者社会资本存在显著正相关关系（Y=0.453，$p<0.01$）；团队结构与领导者社会资本存在显著正相关关系（Y=0.151，$p<0.05$）；团队结构与领导者人力资本存在显著正相关关系（Y=0.185，$p<0.05$）；团队知识整合能力与领导者社会资本存在显著正相关关系（Y=0.456，$p<0.01$）；团队知识整合能力与领导者人力资本存在显著正相关关系（Y=0.378，$p<0.01$）；团队知识整合能力与团队结构存在显著正相关关系（Y=0.357，$p<0.01$）；团队绩效与领导者社会资本存在显著正相关关系（Y=0.534，$p<0.01$）；团队绩效与领导者人力资本存在显著正相关关系（Y=0.462，$p<0.01$）；团队绩效与团队结构存在显著正相关关系（Y=0.161，$p<0.05$）；性别与领导者人力资本存在正相关关系（Y=0.157，$p<0.05$）；学历与年龄存在正相关关系（Y=0.160，$p<0.05$）；在本单位工作年限与团队规模存在显著正相关关系（Y=0.166，$p<0.05$）；在本单位工作年限与领导者社会资本存在显著正相关关系（Y=0.181，$p<0.05$）；在本单位工作年限与年龄存在显著正相关关系（Y=0.536，$p<0.01$）；在本单位工作年限与学历存在显著正相关关系（Y=0.167，$p<0.05$）。表5-12的结果表明，团队层面变量之间存在显著相关性，与模型的理论预期一致，可以进行假设检验。

表 5-12　团队层面描述性统计和变量间的相关系数

	均值	标准差	1	2	3	4	5	6	7	8	9
1 团队规模	4.027	1.258	—								
2 领导者社会资本	3.921	0.556	0.068	—							
3 领导者人力资本	3.997	0.550	0.037	0.453**	—						
4 团队结构	3.733	0.638	−0.059	0.151*	0.185*	—					
5 团队知识整合能力	4.044	0.530	−0.023	0.456**	0.378**	0.357**	—				
6 团队绩效	4.130	0.585	−0.009	0.534**	0.462**	0.161*	0.062**	—			
7 性别	0.258	0.439	0.027	−0.004	0.157*	−0.132	−0.018	0.130	—		
8 年龄	37.011	6.301	0.125	−0.008	−0.106	0.038	−0.096	−0.124	−0.023	—	
9 学历	2.000	0.569	0.030	0.069	0.072	0.107	−0.152*	−0.110	−0.043	0.160*	—
10 在本单位工作年限	7.289	5.889	0.166*	0.181*	0.021	−0.014	−0.037	0.067	0.042	0.536**	0.167*

注：N（团队领导）= 186；显著性水平，*表示 $p<0.05$、**表示 $p<0.01$（双尾）。

5.3　研究假设检验

基于前文的方差分析和变量间相关分析，本节对研究的理论模型中所提出的 16 个研究假设进行实证检验。主要包括以下六部分内容：领导者人力资本、领导者社会资本对团队绩效的主效应检验；领导者人力资本、领导者社会资本对员工绩效的跨层主效应检验；团队知识整合能力在团队层面的中介作用检验；工作投入在个体层面的中介作用检验；团队结构在团队层面的调节作用检验；团队结构的跨层调节作用检验；整体模型检验。

5.3.1　团队层面的主效应检验结果

本书中团队层面的主效应检验包括领导者人力资本和领导者社会资本对团队绩效的影响，在做实证检验时，同时把领导者人力资本和领导者社会资本放入模型中进行回归检验。在检验领导者人力资本对团队绩效的影响时，控制了领导者社会资本对团队绩效的影响；反之亦然，当检验领导者社会资本对团队绩效的影响时，控制了领导者人力资本对团队绩效的影响。具体检验如下：

（1）团队层面领导者人力资本与团队绩效的关系

对于 H1 "领导者人力资本对团队绩效具有显著正向影响" 的检验，首先，通过相关系数表 5-12 可知，领导者人力资本和团队绩效这两个变量之间存在相关关系（Y=0.462，p<0.01）；其次，运用多元线性回归检验 H1，回归结果如表 5-13 所示，从中可以看出，控制了领导者社会资本的影响，团队绩效与领导者人力资本存在显著正相关关系（β=0.252，p<0.001）。

表 5-13　领导者人力资本对团队绩效影响关系模型拟合指标

变量	团队绩效			
	模型 1		模型 2	
	系数	标准误	系数	标准误
截距	2.609***	0.381	1.963***	0.414
控制变量				
领导者性别	0.162	0.082	0.113	0.080
领导者年龄	−0.011*	0.007	−0.010	0.007
领导者学历	−0.135	0.064	−0.115	0.062
领导者在本单位工作年限	0.006	0.007	0.006	0.007
领导者社会资本	0.562***	0.066	0.447***	0.072
团队规模	−0.018	0.029	−0.020	0.028
主变量				
领导者人力资本			0.252***	0.072
ΔF 值	15.018***		12.131**	
R^2	0.335***		0.377**	
ΔR^2	0.335***		0.1042**	

注：N（团队领导）= 186；显著性水平，*表示 $p<0.05$、**表示 $p<0.01$、***表示 $p<0.001$。

本书以领导者性别、领导者年龄、领导者学历、领导者在本单位工作年限、团队规模为控制变量，同时控制了自变量中的领导者社会资本，以领导者人力资本为前因变量进行回归。步骤是：第一步，将控制变量纳入回归方程，从表 5-13 可以看出，控制变量对于团队绩效有显著的预测作用（F = 15.018，p<0.001）；第二步，当前因变量领导者人力资本进入回归方程以后，回归系数为

0.252，且统计上显著（p<0.001），对结果的总解释率提高了 10.42%。检验表明，排除了控制变量因素的影响，团队层面的领导者人力资本对于团队绩效存在显著预测作用。

假设检验结果显示，样本数据较好地解释了团队层面领导者人力资本对团队绩效的影响（F=12.131，p<0.01，R^2=0.377）。团队领导者人力资本对团队绩效的标准化路径系数为 0.252，且 p 值达到显著性水平，表明团队领导者人力资本是团队绩效的一个重要预测因素，理论模型成立，团队领导者人力资本对团队绩效之间有很强的相关性。因此，H1 得到验证。

本书证实了研究观点"人力资本与工作绩效积极相关"（Dokko，2004；柯江林等，2010）。随着工作情境中知识密集型活动的持续增多，越来越多的研究者相信，人力资本将在未来发挥更大的作用（Bosma et al.，2004；Honig，2001；Pennings et al.，1998；Sonnentag & Frese，2002）。在团队工作模式下，领导者人力资本体现自身从教育和学习中所获得的知识存量，也反映了其工作经历所积累的专业知识和能力，是组织中形成团队绩效的重要资源。

（2）团队层面领导者社会资本与团队绩效的关系

本书对 H2"领导者社会资本对团队绩效具有显著正向影响"进行检验。同样地，通过相关系数表5-12 可以看出，团队绩效与领导者社会资本存在相关性（Y=0.534，p<0.01）；然后，运用多元线性回归检验 H2，回归结果如表 5-14 所示，可以看出，控制了领导者人力资本的影响，团队绩效与领导者社会资本存在显著正相关关系（β=0.447，p<0.001）。

表 5-14　领导者社会资本对团队绩效影响关系模型拟合指标

变量	团队绩效			
	模型 1		模型 2	
	系数	标准误	系数	标准误
截距	2.876***	0.425	1.963***	0.414
控制变量				
领导者性别	0.066	0.088	0.162	0.082
领导者年龄	−0.013	0.007	−0.011	0.007
领导者学历	−0.081	0.068	−0.135	0.064
领导者在本单位工作年限	0.015	0.008	0.006	0.007
团队规模	−0.015	0.031	−0.020	0.028
领导者人力资本	0.459***	0.071	0.252***	0.072

续表

变量	团队绩效			
	模型 1		模型 2	
	系数	标准误	系数	标准误
主变量				
领导者社会资本			0.447***	0.072
ΔF 值	9.540***		38.584***	
R^2	0.242		0.135	
ΔR^2	0.377***		0.135***	

注：N（团队领导）= 186；显著性水平，＊＊＊表示 $p<0.001$。

本书以团队领导者的性别、年龄、学历及其在本单位工作年限，以及团队规模为控制变量，同时控制了自变量中的领导者人力资本，以领导者社会资本为前因变量进行回归。步骤是：第一步，先将控制变量纳入回归方程，从表 5-14 可以看出，控制变量对于团队绩效有显著的预测作用（F=9.540，p<0.001）；第二步，纳入前因变量，当领导者社会资本进入回归方程以后，回归系数为 β=0.447，且统计上显著（p<0.001），对结果的总解释率提高了 13.5%，表明排除了控制变量因素的影响，团队层面的领导者社会资本对于团队绩效存在显著预测作用。

假设检验结果显示，样本数据较好地解释了团队层面领导者社会资本对团队绩效的影响（F=38.584，p<0.001，$R^2=0.315$）。团队领导者社会资本对团队绩效的标准化路径系数为 0.447，且 p 值达到显著性水平，表明团队领导者社会资本是团队绩效的一个重要预测因素，理论模型成立，团队领导者社会资本对团队绩效之间有很强的相关性。因此，H2 得到验证。

本书证实了观点"社会资本分别对与绩效相关变量有显著正向影响"（Dokko，2004；谢雅萍，2008；柯江林等，2010；Seemann & Hüppi，2001；Acquaah，2007；Yangmin & Albert，2008）。团队工作模式下，领导者社会资本是一种无形资源，团队可以借助这种资源获得物质的、信息的和情感的帮助，动用外部资源弥补内部资源的不足，是组织中团队绩效产出的重要资源。

5.3.2 跨层主效应检验结果

本书提出，领导者人力资本、领导者社会资本均会对员工绩效存在正向影响。由于在本书理论模型中领导者人力资本、领导者社会资本是团队层面（Level-2）的前因变量，员工绩效是个体层面（Level-1）的结果变量，因而需要对 H3、H4 进行跨层检验。对于跨层效应的检验，现有研究基本遵循廖卉和庄瑷嘉

（2012）的 HLM 分析步骤，采用组别平均数中心化（Group Mean Centering）来处理 Level-1 的预测因子，使用总体平均数中心化（Ground Mean Centering）来处理 Level-2 的预测因子。下面分别对领导者人力资本对员工绩效的影响、领导者社会资本对员工绩效的影响进行检验。

（1）团队层面领导者人力资本与个体层面员工绩效的关系

针对 H3"领导者人力资本对员工绩效具有显著正向影响"，本书将模型中的领导者人力资本界定为团队层面（Level-2）的前因变量，而将员工绩效界定为个体层面（Level-1）的结果变量，因此需要对团队层面领导者人力资本对个体层面员工绩效的影响进行跨层主效应检验。具体操作如下：

第一步：估计零模型（Null Model）。使用 HLM 估计的零模型是没有预测因子的，零模型是多层线性模型分析的前提，必须显示出员工绩效（EP）在个体层面与团队层面上都存在变异。其模型如下：

Level-1 Model $\qquad$ $EP_{ij} = \beta_{0j} + r_{ij}$

Level-2 Model $\qquad$ $\beta_{0j} = Y_{00} + u_{0j}$

其中，β_{0j} 是第 j 个团队的员工绩效平均数；Y_{00} 是员工绩效的总平均数；r_{ij} 的方差为 δ^2，表示员工绩效的组内方差；u_{0j} 的方差为 τ_{00}，表示员工绩效的组间方差。

首先，从本书的分析结果（见表 5-15，模型 1）中可以看到，员工绩效的组间方差为 0.15618，且卡方检验的结果表示组间方差是显著的（χ^2（185）= 722.81896，$p<0.001$）。其次，根据员工绩效的组内方差（$\tau_{00} = 0.21440$）和组间方差（$\delta^2 = 0.15618$）计算出员工绩效的组间方差百分比 ICC（1）为 0.4214，表示员工绩效有 42.14% 是来自组间方差、有 57.86% 是来自组内方差。可见，员工绩效具有显著的组间方差，数据显示出多层次特征，可以进行后续的跨层假设检验。

表 5-15　领导者人力资本对员工绩效影响关系模型拟合指标

变量	员工绩效					
	模型 1		模型 2		模型 3	
	系数	标准误	系数	标准误	系数	标准误
截距项（r_{00}）	3.958***	0.034	3.930***	0.162	3.925***	0.161
Level-1 控制变量						
员工性别（r_{10}）			-0.033	0.041	-0.026	0.040
员工年龄（r_{20}）			-0.002	0.005	-0.002	0.005
员工学历（r_{30}）			0.015	0.037	0.016	0.037
员工所在单位性质（r_{40}）			-0.019	0.028	-0.017	0.027

变量	员工绩效					
	模型 1		模型 2		模型 3	
	系数	标准误	系数	标准误	系数	标准误
员工所在行业（r_{50}）			0.031	0.017	0.030	0.017
员工在本单位工作年限（r_{60}）			0.002	0.006	0.002	0.005
员工与现任领导工作时间（r_{70}）			-0.000	0.008	0.000	0.008
Level-2 控制变量及预测因子						
团队规模（r_{01}）			0.005	0.026	0.005	0.024
领导者社会资本（r_{80}）			0.258**	0.058		
领导者人力资本（r_{03}）					0.251***	0.063
卡方（自由度）	722.819（185）		666.782（183）		606.553（182）	
NC 值	3.907		3.644		3.333	
协方差成分模型	1226.508		1258.828		1249.485	

注：N（团队成员）= 749，N（团队领导）= 186；显著性水平，** 表示 $p<0.01$、*** 表示 $p<0.001$。

第二步：在模型中加入控制变量。将团队成员的性别、年龄、学历、所在单位性质、所在行业、在本单位工作年限、与现任领导共事时间加入 Level-1 模型中，将团队规模、领导者社会资本这两个控制变量加入 Level-2 模型中，估计模型如下：

Level-1 Model

$EP_{ij} = \beta_{0j} + \beta_{1j}$（Egender）$+ \beta_{2j}$（Eage）$+ \beta_{3j}$（Eedu）$+ \beta_{4j}$（Eunit）$+ \beta_{5j}$（Eindus）$+ \beta_{6j}$（Ewtime）$+ \beta_{7j}$（Ecotime）$+ r_{ij}$

Level-2 Model $\quad \beta_{0j} = r_{00} + r_{01}$（Tsize）$+ \beta_{8j}$（SC）$+ u_{0j}$

$\beta_{1j} = r_{10} + u_{1j}$

$\beta_{2j} = r_{20} + u_{2j}$

$\beta_{3j} = r_{30} + u_{3j}$

$\beta_{4j} = r_{40} + u_{4j}$

$\beta_{5j} = r_{50} + u_{5j}$

$\beta_{6j} = r_{60} + u_{6j}$

$\beta_{7j} = r_{70} + u_{7j}$

$\beta_{8j} = r_{80} + u_{8j}$

在上述模型中，r_{10}、r_{20}、r_{30}、r_{40}、r_{50}、r_{60}、r_{70} 分别代表 Level-1 模型的系数

跨团队的平均数，r_{80} 代表 Level-2 模型系数的总体平均数。其中，r_{10} 表示员工性别（Egender）对员工绩效（EP）的影响效果；r_{20} 表示员工年龄（Eage）对员工绩效的影响效果；r_{30} 表示员工学历（Eedu）对员工绩效的影响效果；r_{40} 表示员工所在单位性质（Eunit）对员工绩效的影响效果；r_{50} 表示员工所在行业（Eindus）对员工绩效的影响效果；r_{60} 表示员工在本单位工作年限（Ewtime）对员工绩效的影响效果；r_{70} 表示员工与现任领导共事时间（Ecotime）对员工绩效的影响效果；r_{80} 表示领导者社会资本（SC）对员工绩效的影响效果。r_{01} 表示在控制了 Level-1 模型的员工性别、员工年龄、员工学历、员工所在单位性质、员工所在行业、员工在本单位工作年限、员工与现任领导共事时间，以及控制了 Level-2 的领导者社会资本这八个变量后，团队规模（Tsize）对员工绩效的影响效果。

第三步：将领导者人力资本加入 Level-2，检验跨层主效应。为检验该假设，即领导者人力资本（HC）对员工绩效具有显著正向影响，本书将领导者人力资本加入 Level-2 模型，并估计以下模型：

Level-1 Model

$$EP_{ij} = \beta_{0j} + \beta_{1j}(Egender) + \beta_{2j}(Eage) + \beta_{3j}(Eedu) + \beta_{4j}(Eunit) + \beta_{5j}(Eindus) + \beta_{6j}(Ewtime) + \beta_{7j}(Ecotime) + r_{ij}$$

Level-2 Model $\beta_{0j} = r_{00} + r_{01}(Tsize) + \beta_{8j}(SC) + r_{03}(HC) + u_{0j}$

$$\beta_{1j} = r_{10} + u_{1j}$$
$$\beta_{2j} = r_{20} + u_{2j}$$
$$\beta_{3j} = r_{30} + u_{3j}$$
$$\beta_{4j} = r_{40} + u_{4j}$$
$$\beta_{5j} = r_{50} + u_{5j}$$
$$\beta_{6j} = r_{60} + u_{6j}$$
$$\beta_{7j} = r_{70} + u_{7j}$$
$$\beta_{8j} = r_{80} + u_{8j}$$

其中，r_{03} 表示领导者人力资本（HC）对员工绩效的影响效果。由表 5-15 可知，领导者人力资本对员工绩效具有正向影响（$r_{03} = 0.251$，$p < 0.001$），详见表 5-15 模型 3，这说明领导者人力资本对员工绩效具有显著正向影响。综合以上分析，H3 得到验证。

（2）团队层面领导者社会资本与个体层面员工绩效的关系

"领导者社会资本对员工绩效具有显著正向影响"是本书提出的 H4。同样地，本书将模型中领导者社会资本界定为团队层面（Level-2）的前因变量，将员工绩效界定为个体层面（Level-1）的结果变量，因此需要对团队层面的人力资本对个体层面的员工绩效的影响进行跨层主效应检验。与 H3 的检验操作相同，具体步骤如下：

第一步：估计零模型（Null Model）。使用 HLM 估计的零模型是没有预测因子的，零模型是多层线性模型分析的前提，必须显示出员工绩效（EP）在个体层面与团队层面上都存在变异。其模型如下：

Level-1 Model　　　$EP_{ij} = \beta_{0j} + r_{ij}$

Level-2 Model　　　$\beta_{0j} = r_{00} + u_{0j}$

其中，r_{00} 是员工绩效的总平均数；β_{0j} 是第 j 个团队的员工绩效平均数；r_{ij} 的方差为 δ^2，表示员工绩效的组内方差；U_{0j} 的方差为τ_{00}，表示员工绩效的组间方差。

首先，从表 5-16 模型 1 的分析结果可见，员工绩效的组间方差为 0.15618，且卡方检验的结果表示组间方差是显著的（χ^2（185）= 722.81896，p<0.001）。其次，根据员工绩效的组内方差（τ_{00} = 0.21440）和组间方差（δ^2 = 0.15618）计算出员工绩效的组间方差百分比 ICC（1）为 0.4214，表示员工绩效有 42.14%来自组间方差，有 57.86%来自组内方差，这说明不同团队员工绩效的方差具有显著差异，数据显示出多层次特征，可以进行团队层面自变量对个体层面结果变量实施效果的跨层主效应检验。

第二步：在模型中加入控制变量。将团队成员的性别、年龄、学历、所在单位性质、所在行业、在本单位工作年限、与现任领导共事时间这七个个体层面的控制变量加入 Level-1 模型中，将团队层面的领导者人力资本、团队规模这两个控制变量则加入 Level-2 模型中，估计模型如下：

Level-1 Model

$EP_{ij} = \beta_{0j} + \beta_{1j}$（Egender）$+ \beta_{2j}$（Eage）$+ \beta_{3j}$（Eedu）$+ \beta_{4j}$（Eunit）$+ \beta_{5j}$（Eindus）$+ \beta_{6j}$（Ewtime）$+ \beta_{7j}$（Ecotime）$+ r_{ij}$

Level-2 Model　　　$\beta_{0j} = r_{00} + r_{01}$（Tsize）$+ \beta_{8j}$（HC）$+ u_{0j}$

$\beta_{1j} = r_{10} + u_{1j}$

$\beta_{2j} = r_{20} + u_{2j}$

$\beta_{3j} = r_{30} + u_{3j}$

$\beta_{4j} = r_{40} + u_{4j}$

$\beta_{5j} = r_{50} + u_{5j}$

$\beta_{6j} = r_{60} + u_{6j}$

$\beta_{7j} = r_{70} + u_{7j}$

$\beta_{8j} = r_{80} + u_{8j}$

在上述模型中，r_{10}、r_{20}、r_{30}、r_{40}、r_{50}、r_{60}、r_{70} 分别代表 Level-1 模型的系数跨团队的平均数，r_{80} 代表 Level-2 模型系数的总体平均数。其中，r_{10} 表示员工

性别（Egender）对员工绩效（EP）的影响效果；r_{20} 表示员工年龄（Eage）对员工绩效的影响效果；r_{30} 表示员工学历（Eedu）对员工绩效的影响效果；r_{40} 表示员工所在单位性质（Eunit）对员工绩效的影响效果；r_{50} 表示员工所在行业（Eindus）对员工绩效的影响效果；r_{60} 表示员工在本单位工作年限（Ewtime）对员工绩效的影响效果；r_{70} 表示员工与现任领导共事时间（Ecotime）对员工绩效的影响效果；r_{80} 表示领导者人力资本（SC）对员工绩效的影响效果。r_{01} 表示在控制了 Level-1 模型的员工性别、员工年龄、员工学历、员工所在单位性质、员工所在行业、员工在本单位工作年限、员工与现任领导共事时间，以及控制了 Level-2 的领导者人力资本这八个变量后，团队规模（Tsize）对员工绩效的影响效果。

第三步：将领导者社会资本加入 Level-2，检验跨层主效应。为检验 H4，即领导者社会资本（SC）对员工绩效具有显著正向影响，本书将领导者社会资本加入 Level-2 模型，并估计以下模型：

Level-1 Model

$$EP_{ij} = \beta_{0j} + \beta_{1j}（Egender）+ \beta_{2j}（Eage）+ \beta_{3j}（Eedu）+ \beta_{4j}（Eunit）+$$
$$\beta_{5j}（Eindus）+ \beta_{6j}（Ewtime）+ \beta_{7j}（Ecotime）+ r_{ij}$$

Level-2 Model

$$\beta_{0j} = r_{00} + r_{01}（Tsize）+ \beta_{8j}（SC）+ r_{02}（SC）+ u_{0j}$$
$$\beta_{1j} = r_{10} + u_{1j}$$
$$\beta_{2j} = r_{20} + u_{2j}$$
$$\beta_{3j} = r_{30} + u_{3j}$$
$$\beta_{4j} = r_{40} + u_{4j}$$
$$\beta_{5j} = r_{50} + u_{5j}$$
$$\beta_{6j} = r_{60} + u_{6j}$$
$$\beta_{7j} = r_{70} + u_{7j}$$
$$\beta_{8j} = r_{80} + u_{8j}$$

其中，r_{02} 表示领导者社会资本（SC）对员工绩效的影响效果。由表5-16可知，领导者社会资本对员工绩效具有正向影响（$r_{02} = 0.147$，$p<0.01$），详见表5-16模型3，这说明团队层面的领导者社会资本对个体层面的员工绩效具有显著正向影响，验证了本书提出的 H4。

表5-16　领导者社会资本对员工绩效影响关系模型拟合指标

变量	员工绩效					
	模型 1		模型 2		模型 3	
	系数	标准误	系数	标准误	系数	标准误
截距项（r_{00}）	3.958***	0.034	3.910***	0.162	3.925***	0.161

变量	员工绩效					
	模型 1		模型 2		模型 3	
	系数	标准误	系数	标准误	系数	标准误
Level-1 控制变量						
员工性别（r_{10}）			-0.025	0.040	-0.026	-0.026
员工年龄（r_{20}）			-0.001	0.005	-0.002	-0.002
员工学历（r_{30}）			0.014	0.037	0.016	0.016
员工所在单位性质（r_{40}）			-0.017	0.027	-0.017	-0.017
员工所在行业（r_{50}）			0.030	0.017	0.030	0.030
员工在本单位工作年限（r_{60}）			0.001	0.005	0.002	0.002
员工与现任领导工作时间（r_{70}）			0.001	0.008	-0.000	0.000
Level-2 控制变量及预测因子						
团队规模（r_{01}）			0.008	0.025	0.005	0.026
领导者人力资本（r_{80}）			0.316***	0.060		
领导者社会资本（r_{02}）					0.147**	0.058
卡方（自由度）	722.819（185）		625.394（183）		606.553（182）	
NC 值	3.907		3.417		3.333	
协方差模型变异	1226.508		1249.278		1249.485	

注：N（团队成员）= 749，N（团队领导）= 186；显著性水平，＊＊ 表示 p<0.01、＊＊＊ 表示 p<0.001。

5.3.3 团队层面的中介作用检验

本书认为团队层面的领导者人力资本和社会资本对团队绩效的影响路径分别是：领导者人力资本→团队知识整合能力→团队绩效；领导者社会资本→团队知识整合能力→团队绩效。也就是说，团队知识整合能力是团队层面领导者资本转化为团队绩效的重要作用机制。在 H1 和 H2 的检验中，本书已经验证了领导者人力资本对团队绩效有显著正向影响，领导者社会资本对团队绩效也具有显著正向影响。本书参照温忠麟等（2004）研究中的中介效应检验方法，对团队知识整合能力的中介作用进行检验分析，步骤如图 5-1、图 5-2 所示。

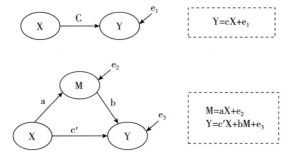

图 5-1　中介变量释义图

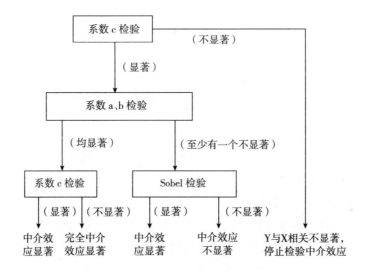

图 5-2　中介效应的检验程序

　　本书模型中介作用机制的前因变量有两个，下面分别进行检验：首先，检验团队知识整合能力对领导者人力资本和团队绩效的中介作用；其次，检验团队知识整合能力对领导者社会资本和团队绩效的中介作用。

　　（1）团队知识整合能力对领导者人力资本和团队绩效的中介作用

　　检验团队知识整合能力在领导者人力资本和团队绩效之间是否存在中介作用；如果存在，分析是部分中介还是完全中介作用。为了更加清楚地显示自变量、中介变量及结果变量之间的关系，以及需要判断的参数，根据本书理论模型，其路径及系数关系如图 5-3 所示。

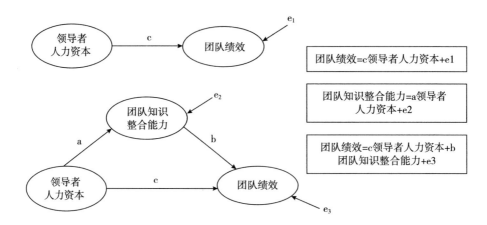

图 5-3　领导者人力资本、团队知识整合能力、团队绩效的内在作用机理模型

具体检验步骤为：

首先，计算回归模型中自变量和中介变量的方差膨胀因子，判断变量间是否存在多重共线性。计算结果表明，领导者人力资本的方差膨胀因子为 1.049，团队知识整合能力的方差膨胀因子为 1.031，远低于 10；它们的容忍度分别为 0.953 和 0.970，远大于 0.1 的标准。计算结果表明，自变量和中介变量之间不存在多重共线性，能够进行回归。

其次，将研究模型团队层面的控制变量、自变量领导者人力资本、中介变量团队知识整合能力、结果变量团队绩效放入模型进行回归，同时控制了模型中的另一个自变量——领导者社会资本，回归结果如表 5-17 所示。

表 5-17　团队知识整合能力对领导者人力资本与团队绩效的中介效应回归分析

变量	团队知识整合能力		团队绩效			
	模型 1		模型 2		模型 3	
	系数	标准误	系数	标准误	系数	标准误
截距	2.232***	0.402	1.963***	0.414	0.892	0.397
控制变量						
领导者性别	-0.062	0.078	0.113	0.080	0.143	0.071
领导者年龄	-0.000	0.006	-0.010	0.007	-0.010	0.006
领导者学历	-0.142	0.061	-0.115	0.062	-0.046	0.056
领导者在本单位工作年限	-0.007	0.007	0.006	0.007	0.010	0.006

续表

变量	团队知识整合能力		团队绩效			
	模型 1		模型 2		模型 3	
	系数	标准误	系数	标准误	系数	标准误
团队规模	−0.016	0.027	−0.020	0.028	−0.012	0.025
领导者社会资本	0.373***	0.070	0.447***	0.072	0.267***	0.069
主变量						
领导者人力资本	0.193**	0.070	0.252**	0.072	0.160*	0.066
团队知识整合能力					0.480***	0.068
ΔF 值	9.995***		15.406***		23.323***	
R^2	0.282		0.377		0.513	
ΔR^2	0.282		0.377		0.513	

注：N（团队成员）= 749，N（团队领导）= 186；显著性水平，* 表示 $p < 0.05$、** 表示 $p < 0.01$、*** 表示 $p < 0.001$。

在回归分析中，按照三步检验法：第一步，检验回归系数 c 是否显著，即检验领导者人力资本对团队绩效的总效应，从表 5-17 模型 2 中可以看到，领导者人力资本对团队绩效的回归系数显著（$\beta = 0.252$，$p < 0.01$）；第二步，检验回归系数 a 是否显著，检验的自变量是领导者人力资本，结果变量为团队知识整合能力，从表 5-17 模型 1 中可以看到，路径系数 a 显著（$\beta = 0.193$，$p < 0.01$）；第三步，同时纳入领导者人力资本和团队知识整合能力作为自变量，团队绩效为结果变量回归后，从表 5-17 模型 3 中可以看到，路径系数 b 显著（$\beta = 0.480$，$p < 0.001$），同时，领导者人力资本对团队绩效的标准回归系数 c' 亦显著（$\beta = 0.160$，$p < 0.05$）。

根据以上回归数据计算中介效应为 0.093（a×b），同时计算出中介效应占总效应的比例为 36.90%，此结果表明团队知识整合能力在领导者人力资本对团队绩效的作用之间起到部分中介作用，验证了 H5。

从表 5-17 中还可以看到，模型 2 中领导者人力资本（HC）和团队绩效（P）的直接关系是（$\beta = 0.252$，$p < 0.01$），模型 3 在加入团队知识整合能力（K）之后领导者人力资本（HC）和团队绩效（P）之间的关系变成了 0.160（$p < 0.05$），有明显变小。这说明团队知识整合能力在领导者人力资本和团队绩效之间起到中介作用，且显著；同时进一步说明是部分中介作用。其作用机理模型见图 5-4。

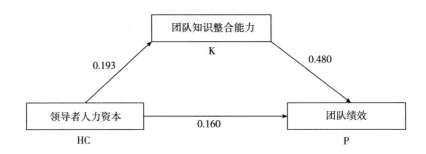

图 5-4 领导者人力资本与团队绩效的中介效应检验

（2）团队知识整合能力对领导者社会资本和团队绩效的中介作用

检验团队知识整合能力在领导者社会资本和团队绩效之间是否存在中介作用；如果存在，继续分析是部分中介还是完全中介作用。为了更加清楚地显示自变量、中介变量及结果变量之间的关系，以及需要判断的参数，根据本书理论模型，其路径及系数关系如图 5-5 所示。

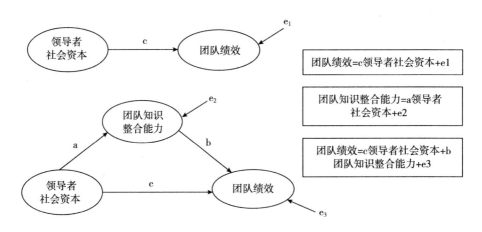

图 5-5 领导者社会资本、团队知识整合能力、团队绩效的内在作用机理模型

具体检验步骤为：

首先，计算回归模型中自变量和中介变量的方差膨胀因子，判断变量间是否存在多重共线性。计算结果为，领导者社会资本、团队知识整合能力的方差膨胀因子均低于 10，容忍度均大于 0.1，表明自变量和中介变量之间不存在多重共线性，能够继续进行回归分析。

其次，将研究模型中团队层面的控制变量、自变量领导者社会资本、中介变量团队知识整合能力、结果变量团队绩效放入模型进行回归分析，同时控制了模型中的另一个自变量——领导者人力资本，回归结果如表5-18所示。

表5-18 团队知识整合能力对领导者社会资本与团队绩效的中介效应回归分析

变量	团队知识整合能力		团队绩效			
	模型1		模型2		模型3	
	系数	标准误	系数	标准误	系数	标准误
截距	2.232***	0.402	1.963***	0.414	0.892	0.397
控制变量						
领导者性别	-0.062	0.078	0.113	0.080	0.143	0.071
领导者年龄	-0.000	0.006	-0.010	0.007	-0.010	0.006
领导者学历	-0.142	0.061	-0.115	0.062	-0.046	0.056
领导者在本单位工作年限	0.007	0.007	0.006	0.007	0.010	0.006
团队规模	-0.016	0.027	-0.020	0.028	-0.012	0.025
领导者人力资本	0.193**	0.070	0.252**	0.072	0.160*	0.006
主变量						
领导者社会资本	0.373***	0.070	0.447***	0.072	0.267***	0.069
团队知识整合能力					0.480***	0.068
ΔF 值	9.995***		15.406***		23.323***	
R^2	0.282		0.377		0.513	
ΔR^2	0.282		0.377		0.513	

注：N（团队成员）= 749，N（团队领导）= 186；显著性水平，*表示 $p<0.05$、**表示 $p<0.01$、***表示 $p<0.001$。

在回归分析中，按照三步检验：第一步，检验回归系数 c 是否显著，即领导者社会资本对团队绩效的总效应，从表5-18模型2中可以看到，领导者社会资本对团队绩效的回归系数显著（$\beta=0.447$，$p<0.001$）；第二步，以领导者社会资本作为自变量对结果变量团队知识整合能力进行回归分析，结果如表5-18模型1所示，路径系数 a 显著（$\beta=0.373$，$p<0.001$）；第三步，在回归分析中同时放入领导者社会资本和团队知识整合能力作为自变量，对结果变量团队绩效进行回归分析，回归结果如表5-18模型3所示，路径系数 b 显著（$\beta=0.267$，$p<0.001$），同时，预测变量领导者社会资本对结果变量团队绩效的标准回归系数 c′也显著（$\beta=0.480$，$p<0.001$）。

根据以上回归结果，计算得到中介效应为 0.100（a×b），同时可计算得出中介效应占回归总效应的比例为 22.37%，计算结果表明，团队知识整合能力在领导者社会资本与团队绩效之间起部分中介作用，验证了之前的 H6。

从表 5-18 中可以看到，模型 2 中领导者社会资本（SC）和团队绩效（P）的直接关系是（β=0.447，p<0.001），模型 3 在加入团队知识整合能力（K）之后领导者社会资本（SC）和团队绩效（P）之间的关系变成了（β=0.267，p<0.001），有明显变小。这说明团队知识整合能力在领导者社会资本和团队绩效之间起中介作用，且显著；同时，进一步说明是部分中介作用。其作用机理模型如图 5-6 所示。

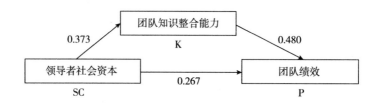

图 5-6　领导者社会资本与团队绩效的中介效应检验

5.3.4　跨层中介作用检验

基于本书的理论模型框架，团队层面领导者人力资本和领导者社会资本对团队绩效和员工绩效的影响分别有两条中介路径：一是领导者人力资本和领导者社会资本在团队层面通过团队知识整合能力影响团队绩效，即"领导者人力资本（领导者社会资本）→团队知识整合能力→团队绩效"；二是团队层面领导者人力资本（领导者社会资本）通过个体层面的工作投入跨层影响员工绩效，即"领导者人力资本（领导者社会资本）→工作投入→员工绩效"。

本书将模型中的自变量和中介变量界定为团队层面变量，结果变量中的员工绩效是个体层面的变量，因此构建的模型涉及中介跨层效应复杂模型（Cross-Level Mediation - Complex）。中介效应的检验前应先确保跨层主效应成立（Mathieu & Taylor, 2007），本书中主效应的检验中 H3、H4 已经得到证实，即领导者人力资本和领导者社会资本与员工绩效存在显著正相关关系。因此，根据"三步法"，继续验证后面两步，即：第二步，领导者人力资本和社会资本与员工工作投入的关系；第三步，领导者人力资本和社会资本、员工工作投入、员工绩效三者的关系。

（1）工作投入对领导者人力资本和员工绩效的跨层中介效应

本书首先检验领导者人力资本是否通过员工工作投入的中介作用影响员工绩效，其模型如图 5-7 所示。

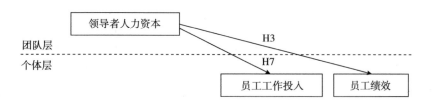

图 5-7　员工工作投入在领导者人力资本与员工绩效之间作用的模型

根据三步检验法：第一步，领导者人力资本与员工绩效之间具有显著正相关关系（H3），已经得到检验；第二步，检验领导者人力资本与员工工作投入的关系；第三步，检验领导者人力资本、员工工作投入和员工绩效三者的关系。

①领导者人力资本对员工工作投入的检验结果。

由于在本书理论模型中，领导者人力资本被界定为团队层面的前因变量，工作投入被界定为个体层面的结果变量，模型中的变量处于不同层面，因此需要进行数据的跨层检验。按三步检验法（廖卉和庄瑷嘉，2012），具体检验步骤如下：

第一步：估计零模型（Null Model）。多层线性模型分析的前提是零模型，零模型估计是没有预测因子的，目的是进行方差分析，看变量是否在个体层面和团队层面上都有差异。模型如下：

Level-1 Model　　　$EP_{ij} = \beta_{0j} + r_{ij}$

Level-2 Model　　　$\beta_{0j} = r_{00} + u_{0j}$

其中，r_{00} 代表的是样本总体员工工作投入的平均数；β_{0j} 代表的是第 j 个样本团队的员工工作投入平均数；r_{ij} 代表工作投入的组内方差，表示为 δ^2；u_{0j} 代表工作投入的组间方差，表示为 τ_{00}。

工作投入方差分析的结果详见表 5-19 中的模型 1，卡方检验结果 χ^2（185）= 2051.638，显著（$p < 0.001$），计算可得员工工作投入的组间方差 τ_{00} = 0.28087。根据工作投入的组内方差（τ_{00} = 0.10977）和组间方差（δ^2 = 0.28087），计算得到员工工作投入的组间方差百分比 ICC（1）= 0.7190，这意味着方差变异有 71.90% 来自组间，另外 28.10% 来自组内。结果表明，员工工作投入在不同团队间的差异显著，数据特征显示多层次性，可以继续做数据的跨层假设检验。

表 5-19　领导者人力资本到员工工作投入的跨层效应回归分析

变量	工作投入					
	模型 1		模型 2		模型 3	
	系数	标准误	系数	标准误	系数	标准误
截距项（r_{00}）	0.530***	0.281	4.037***	0.125	4.019***	0.119
Level-1 控制变量						
员工性别（r_{10}）			−0.009	0.027	−0.004	0.027
员工年龄（r_{20}）			−0.001	0.003	−0.000	0.003
员工学历（r_{30}）			−0.031	0.028	−0.029	0.028
员工所在单位性质（r_{40}）			0.007	0.031	0.008	0.031
员工所在行业（r_{50}）			0.003	0.015	0.004	0.014
员工在本单位工作年限（r_{60}）			−0.001	0.004	0.001	0.003
员工与现任领导工作时间（r_{70}）			−0.006	0.007	−0.005	0.007
Level-2 控制变量及预测因子						
团队规模（r_{01}）			−0.001	0.030	−0.001	0.026
领导者社会资本（r_{03}）			0.286***	0.069	0.044	0.062
领导者人力资本（r_{02}）					0.544***	0.064
卡方（自由度）	2051.638（185）		1877.152（183）		1411.947（182）	
NC 值	11.090		10.258		7.758	
协方差成分模型	919.025		957.284		909.822	

注：N（团队成员）= 749，N（团队领导）= 186；显著性水平，*** 表示 p<0.001。

第二步：将研究问卷中员工的性别、年龄、学历、所在单位性质、所在行业、在本单位工作年限、与现任领导共事时间这七个个体层面的控制变量放入模型 Level-1，将团队规模和领导者社会资本作为团队层面的控制变量放入模型 Level-2，再估计出模型如下：

Level-1 Model

$$EP_{ij} = \beta_{0j} + \beta_{1j}(Egender) + \beta_{2j}(Eage) + \beta_{3j}(Eedu) + \beta_{4j}(Eunit) + \beta_{5j}(Eindus) + \beta_{6j}(Ewtime) + \beta_{7j}(Ecotime) + r_{ij}$$

Level-2 Model　　$\beta_{0j} = r_{00} + r_{01}(Tsize) + \beta_{8j}(SC) + u_{0j}$

$$\beta_{1j} = r_{10} + u_{1j}$$
$$\beta_{2j} = r_{20} + u_{2j}$$
$$\beta_{3j} = r_{30} + u_{3j}$$
$$\beta_{4j} = r_{40} + u_{4j}$$
$$\beta_{5j} = r_{50} + u_{5j}$$

$$\beta_{6j} = r_{60} + u_{6j}$$
$$\beta_{7j} = r_{70} + u_{7j}$$
$$\beta_{8j} = r_{80} + u_{8j}$$

在上述模型中，r_{10}、r_{20}、r_{30}、r_{40}、r_{50}、r_{60}、r_{70} 分别代表 Level-1 模型的系数跨团队的平均数，r_{80} 代表 Level-2 模型的系数总体平均数。其中，r_{10} 表示员工性别（Egender）对员工工作投入（EP）的影响效果；r_{20} 表示员工年龄（Eage）对员工工作投入的影响效果；r_{30} 表示员工学历（Eedu）对员工工作投入的影响效果；r_{40} 表示员工所在单位性质（Eunit）对员工工作投入的影响效果；r_{50} 表示员工所在行业（Eindus）对员工工作投入的影响效果；r_{60} 表示员工在本单位工作年限（Ewtime）对员工工作投入的影响效果；r_{70} 表示员工与现任领导共事时间（Ecotime）对员工工作投入的影响效果；r_{80} 表示领导者社会资本对员工工作投入的影响效果。r_{01} 表示在控制了 Level-1 模型的员工性别、员工年龄、员工学历、员工所在单位性质、员工所在行业、员工在本单位工作年限、员工与现任领导共事时间、领导者社会资本这八个变量后，团队规模（Tsize）对员工工作投入的影响效果。

第三步：将领导者人力资本加入 Level-2，检验跨层效应。为检验该假设，即"领导者人力资本（HC）对员工工作投入（E）具有显著正向影响"，本书将领导者人力资本加入 Level-2 模型，并估计以下模型：

Level-1 Model

$EP_{ij} = \beta_{0j} + \beta_{1j}$（Egender）$+\beta_{2j}$（Eage）$+\beta_{3j}$（Eedu）$+\beta_{4j}$（Eunit）$+ \beta_{5j}$（Eindus）$+\beta_{6j}$（Ewtime）$+\beta_{7j}$（Ecotime）$+r_{ij}$

Level-2 Model $\quad \beta_{0j} = r_{00} + r_{01}$（Tsize）$+\beta_{8j}$（SC）$+r_{02}$（HC）$+u_{0j}$

$$\beta_{1j} = r_{10} + u_{1j}$$
$$\beta_{2j} = r_{20} + u_{2j}$$
$$\beta_{3j} = r_{30} + u_{3j}$$
$$\beta_{4j} = r_{40} + u_{4j}$$
$$\beta_{5j} = r_{50} + u_{5j}$$
$$\beta_{6j} = r_{60} + u_{6j}$$
$$\beta_{7j} = r_{70} + u_{7j}$$
$$\beta_{8j} = r_{80} + u_{8j}$$

其中，r_{02} 表示领导者人力资本（HC）对员工工作投入（E）的影响效果。由表5-19 可知，领导者人力资本对员工工作投入具有正向影响（$r_{02} = 0.544$，$p<0.001$），详见表5-19 模型3，这说明领导者人力资本对员工工作投入存在正向影响。

②从领导者人力资本到员工工作投入再到员工绩效的跨层中介作用检验结果。

按照跨层中介作用检验三步法，检验步骤如下：

第一步：估计零模型（Null Model）。目的是检验员工工作投入的方差是否显著，只有数据分析显示出工作投入变量在个体层面和团队层面都存在差异，才能进行后续的多层线性模型回归，估计的零模型如下：

Level-1 Model $EP_{ij} = \beta_{0j} + r_{ij}$

Level-2 Model $\beta_{0j} = r_{00} + u_{0j}$

其中，r_{00} 表示样本总体的工作投入平均数；β_{0j} 表示第 j 个团队样本的工作投入平均数；r_{ij} 代表工作投入的组内方差用，表示为 δ^2；u_{0j} 代表工作投入的组间方差，表示为 τ_{00}。

员工工作投入的方差分析详见表 5-20 中模型 1，卡方检验 χ^2（185）= 2051.638，组间方差呈显著性（p<0.001）；计算出组间方差 τ_{00} = 0.28087。根据员工工作投入的组内方差（δ^2 = 0.10977）和组间方差（τ_{00} = 0.28087）计算得到组间方差百分比 ICC（1）= 0.7190，计算结果说明此变量中有 71.90% 来自组间，另外 28.10% 来自组内。数据结果表明，员工工作投入具有显著的组间方差，数据显示出多层次特征，可以进行后续的跨层分析检验。

第二步：将员工问卷中的性别、年龄、学历、所在单位性质、所在行业、在本单位工作年限、与现任领导共事时间这七个个体层面的控制变量加入模型 Level-1，同时在 Level-2 模型中加入团队规模和领导者社会资本这两个控制变量，继续估计模型如下：

Level-1 Model

$EP_{ij} = \beta_{0j} + \beta_{1j}$（Egender）$+ \beta_{2j}$（Eage）$+ \beta_{3j}$（Eedu）$+ \beta_{4j}$（Eunit）$+$
       β_{5j}（Eindus）$+ \beta_{6j}$（Ewtime）$+ \beta_{7j}$（Ecotime）$+ r_{ij}$

Level-2 Model $\beta_{0j} = r_{00} + r_{01}$（Tsize）$+ \beta_{8j}$（SC）$+ u_{0j}$

                 $\beta_{1j} = r_{10} + u_{1j}$

                 $\beta_{2j} = r_{20} + u_{2j}$

                 $\beta_{3j} = r_{30} + u_{3j}$

                 $\beta_{4j} = r_{40} + u_{4j}$

                 $\beta_{5j} = r_{50} + u_{5j}$

                 $\beta_{6j} = r_{60} + u_{6j}$

                 $\beta_{7j} = r_{70} + u_{7j}$

                 $\beta_{8j} = r_{80} + u_{8j}$

其中，r_{10}、r_{20}、r_{30}、r_{40}、r_{50}、r_{60}、r_{70} 分别代表 Level-1 模型的系数跨团队的平均数，r_{80} 代表 Level-2 模型的系数总体平均数。其中，r_{10} 表示员工性别（Egender）对员工工作投入（E）的影响效果；r_{20} 表示员工年龄（Eage）对员工

工作投入的影响效果；r_{30} 表示员工学历（Eedu）对员工工作投入的影响效果；r_{40} 表示员工所在单位性质（Eunit）对员工工作投入的影响效果；r_{50} 表示员工所在行业（Eindus）对员工工作投入的影响效果；r_{60} 表示员工在本单位工作年限（Ewtime）对员工工作投入的影响效果；r_{70} 表示员工与现任领导共事时间（Ecotime）对其工作投入的影响效果；r_{80} 表示领导者社会资本对中介变量的影响效果。r_{01} 表示在控制了 Level-1 模型的员工性别、员工年龄、员工学历、员工所在单位性质、员工所在行业、员工在本单位工作年限、员工与现任领导共事时间，以及 Level-2 模型的领导者社会资本这八个变量后，团队规模（Tsize）对员工工作投入的影响效果。

第三步：将员工工作投入（E）加入 Level-1 模型，将领导者人力资本（HC）加入 Level-2 模型，检验跨层面中介效应。为检验该假设，即"领导者人力资本（HC）通过员工工作投入（E）对员工绩效（EP）有正向影响"，本书将员工工作投入（E）加入 Level-1 模型，将领导者人力资本（HC）加入 Level-2 模型，并估计以下模型：

Level-1 Model

$$EP_{ij}=\beta_{0j}+\beta_{1j}(EC)+\beta_{2j}(Egender)+\beta_{3j}(Eage)+\beta_{4j}(Eedu)+\beta_{5j}(Eunit)+\beta_{6j}(Eindus)+\beta_{7j}(Ewtime)+\beta_{8j}(Ecotime)+r_{ij}$$

Level-2 Model

$$\beta_{0j}=r_{00}+r_{01}(Tsize)+r_{02}(SC)+r_{03}(HC)+u_{0j}$$
$$\beta_{1j}=r_{10}+u_{1j}$$
$$\beta_{2j}=r_{20}+u_{2j}$$
$$\beta_{3j}=r_{30}+u_{3j}$$
$$\beta_{4j}=r_{40}+u_{4j}$$
$$\beta_{5j}=r_{50}+u_{5j}$$
$$\beta_{6j}=r_{60}+u_{6j}$$
$$\beta_{7j}=r_{70}+u_{7j}$$
$$\beta_{8j}=r_{80}+u_{8j}$$

其中，r_{03} 表示领导者人力资本通过员工工作投入对员工绩效的影响效果，由表5-20可知，加入员工工作投入（EC）后，领导者人力资本（HC）对员工绩效（EP）的正向影响为 $r_{03}=0.103$ 且不显著（$p=0.113$），详见表5-20模型3。对比之前H3的验证可知，领导者人力资本对员工绩效具有正向影响（$r=0.251$，$p<0.001$）（见表5-15模型3）；对比表5-15与表5-20可知，表5-15模型3中领导者人力资本对员工绩效的主效应系数为0.251，表5-20模型3中加入员工工作投入这一中介变量后，中介效应系数下降到0.103且不显著，说明工作投入在领导者人力资本和员工绩效之间起到完全中介作用。综上分析可知，

H7 得到验证，领导者人力资本通过员工工作投入的完全中介作用影响员工绩效。

表5-20　员工工作投入对领导者人力资本与员工绩效的跨层中介效应回归分析

变量	员工绩效					
	模型 1		模型 2		模型 3	
	系数	标准误	系数	标准误	系数	标准误
截距项（r_{00}）	0.530***	0.281	4.017***	0.119	2.839***	0.234
Level-1 控制变量						
员工性别（r_{10}）			−0.004	0.027	−0.022	0.035
员工年龄（r_{20}）			−0.000	0.003	−0.002	0.005
员工学历（r_{30}）			−0.030	0.028	0.023	0.037
员工所在单位性质（r_{40}）			−0.008	0.030	−0.017	0.029
员工所在行业（r_{50}）			0.004	0.014	0.028	0.017
员工在本单位工作年限（r_{60}）			−0.001	0.003	0.003	0.006
员工与现任领导工作时间（r_{70}）			−0.005	0.007	0.001	0.008
Level-2 控制变量及预测因子						
团队规模（r_{01}）			−0.000	0.027	0.005	0.023
领导者社会资本（r_{02}）					0.135*	0.060
领导者人力资本（r_{03}）			0.563	0.062	0.103	0.065
工作投入					0.274***	0.043
卡方（自由度）	2051.638（185）		1418.025（183）		564.181（183）	
NC 值	11.090		7.749		2.985	
协方差成分模型	919.025		904.879		1216.220	

注：N（团队成员）= 749，N（团队领导）= 186；显著性水平，* 表示 $p<0.05$、*** 表示 $p<0.001$。

（2）工作投入对领导者社会资本和员工绩效的跨层中介效应

其次检验领导者社会资本是否通过员工工作投入的中介作用影响员工绩效，其模型如图 5-8 所示。

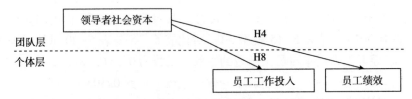

图5-8　员工工作投入在领导者社会资本与员工绩效之间作用的模型

本书借鉴 Zhou 等（2012）对跨层中介的检验思路，根据三步检验法：第一步，领导者社会资本与员工绩效之间显著正相关（H4），已经得到验证；第二步，检验领导者社会资本与员工工作投入的关系；第三步，检验领导者社会资本、员工工作投入和员工绩效三者的关系。

①领导者社会资本对员工工作投入的检验结果。

在本书理论模型中领导者社会资本被界定为团队层面（Level-2）的前因变量，工作投入被界定为个体层面（Level-1）的结果变量，因此在检验领导者社会资本与员工工作投入的关系时，需要进行跨层分析检验。按照 HLM 跨层检验三步骤，具体如下：

第一步：估计零模型（Null Model）。目的是对员工工作投入进行方差分析，这是多层线性模型分析的前提，检验员工工作投入（E）是否在个体层面、团队层面均存在差异。估计模型如下：

Level-1 Model $\quad EP_{ij} = \beta_{0j} + r_{ij}$

Level-2 Model $\quad \beta_{0j} = r_{00} + u_{0j}$

其中，员工工作投入总平均数用 r_{00} 表示；第 j 个团队员工工作投入平均数用 β_{0j} 表示；δ^2 表示工作投入的 r_{ij} 组内方差；员工工作投入 u_{0j} 的组间方差表示为 τ_{00}。

从表 5-21 模型 1 的分析可以得到员工工作投入方差，计算可得其组间方差 $\tau_{00} = 0.28087$，且卡方检验组间方差显著 χ^2（185）= 722.819（p<0.001）。然后，根据其组内方差（$\tau_{00} = 0.10977$）和组间方差（$\delta^2 = 0.28087$）计算出组间方差占比，即 ICC（1）= 0.7190，这表示员工工作投入的方差中 71.90% 来自组间，另外 28.10% 来自组内。以上检验结果表明，中介变量员工工作投入具有显著的组间方差，数据显示出多层次特征，可以进行后续的跨层分析检验。

表 5-21　领导者社会资本对员工工作投入的跨层效应回归分析

变量	工作投入					
	模型 1		模型 2		模型 3	
	系数	标准误	系数	标准误	系数	标准误
截距项（r_{00}）	3.957***	0.034	4.017***	0.119	4.019***	0.119
Level-1 控制变量						
员工性别（r_{10}）			-0.004	0.027	-0.004	0.027
员工年龄（r_{20}）			-0.000	0.003	-0.000	0.003
员工学历（r_{30}）			-0.030	0.028	-0.029	0.028

领导者人力资本和社会资本对团队绩效和员工绩效的影响机制研究 ……………

续表

变量	工作投入					
	模型 1		模型 2		模型 3	
	系数	标准误	系数	标准误	系数	标准误
员工所在单位性质（r_{40}）			0.008	0.030	0.008	0.031
员工所在行业（r_{50}）			0.004	0.014	0.004	0.014
员工在本单位工作年限（r_{60}）			-0.001	0.003	-0.001	0.003
员工与现任领导工作时间（r_{70}）			-0.005	0.007	-0.005	0.007
Level-2 控制变量及预测因子						
团队规模（r_{01}）			0.000	0.027	-0.001	0.026
领导者人力资本（r_{03}）			0.563***	0.062	0.544***	0.064
领导者社会资本（r_{02}）					0.044	0.062
卡方（自由度）	722.819（185）		1418.025（183）		1411.947（182）	
NC 值	3.907		7.749		7.758	
协方差成分模型	1226.508		904.879		909.822	

注：N（团队成员）=749，N（团队领导）=186；显著性水平，*** 表示 p<0.001。

第二步：将员工的学历、年龄、性别、所在单位性质、所在行业、在本单位工作年限、与现任领导共事时间这七个个体层面的控制变量加入模型 Level-1，在模型 Level-2 中加入团队规模、领导者人力资本这两个团队层面的控制变量，继续估计模型如下：

Level-1 Model

$$EP_{ij} = \beta_{0j} + \beta_{1j}(Egender) + \beta_{2j}(Eage) + \beta_{3j}(Eedu) + \beta_{4j}(Eunit) + \beta_{5j}(Eindus) + \beta_{6j}(Ewtime) + \beta_{7j}(Ecotime) + r_{ij}$$

Level-2 Model

$$\beta_{0j} = r_{00} + r_{01}(Tsize) + \beta_{8j}(HC) + u_{0j}$$
$$\beta_{1j} = r_{10} + u_{1j}$$
$$\beta_{2j} = r_{20} + u_{2j}$$
$$\beta_{3j} = r_{30} + u_{3j}$$
$$\beta_{4j} = r_{40} + u_{4j}$$
$$\beta_{5j} = r_{50} + u_{5j}$$
$$\beta_{6j} = r_{60} + u_{6j}$$
$$\beta_{7j} = r_{70} + u_{7j}$$
$$\beta_{8j} = r_{80} + u_{8j}$$

其中，r_{10}、r_{20}、r_{30}、r_{40}、r_{50}、r_{60}、r_{70} 分别代表 Level-1 模型系数的跨团队平

均数，r_{80} 代表 Level-2 模型系数的总体平均数。其中，r_{10} 表示员工性别（Egender）对员工工作投入（EP）的影响效果；r_{20} 表示员工年龄（Eage）对员工工作投入的影响效果；r_{30} 表示员工学历（Eedu）对员工工作投入的影响效果；r_{40} 表示员工所在单位性质（Eunit）对员工工作投入的影响效果；r_{50} 表示员工所在行业（Eindus）对员工工作投入的影响效果；r_{60} 表示员工在本单位工作年限（Ewtime）对员工工作投入的影响效果；r_{70} 表示员工与现任领导共事时间（Ecotime）对工作投入的影响效果；r_{80} 表示团队层面领导者人力资本对个体层面工作投入的影响效果。r_{01} 表示在控制了 Level-1 模型的员工性别、员工年龄、员工学历、员工所在单位性质、员工所在行业、员工在本单位工作年限、员工与现任领导共事时间，以及 Level-2 模型的领导者人力资本这八个变量后，团队规模（Tsize）对员工工作投入的影响效果。

第三步：将领导者社会资本加入 Level-2 模型，检验跨层效应。为检验该假设，即"领导者社会资本（SC）对员工工作投入（E）有正向影响"，本书将领导者社会资本加入 Level-2 模型，并估计以下模型：

Level-1 Model

$$EP_{ij} = \beta_{0j} + \beta_{1j}（Egender）+ \beta_{2j}（Eage）+ \beta_{3j}（Eedu）+ \beta_{4j}（Eunit）+$$
$$\beta_{5j}（Eindus）+ \beta_{6j}（Ewtime）+ \beta_{7j}（Ecotime）+ r_{ij}$$

Level-2 Model
$$\beta_{0j} = r_{00} + r_{01}（Tsize）+ \beta_{8j}（HC）+ r_{02}（SC）+ u_{0j}$$
$$\beta_{1j} = r_{10} + u_{1j}$$
$$\beta_{2j} = r_{20} + u_{2j}$$
$$\beta_{3j} = r_{30} + u_{3j}$$
$$\beta_{4j} = r_{40} + u_{4j}$$
$$\beta_{5j} = r_{50} + u_{5j}$$
$$\beta_{6j} = r_{60} + u_{6j}$$
$$\beta_{7j} = r_{70} + u_{7j}$$
$$\beta_{8j} = r_{80} + u_{8j}$$

其中，r_{02} 表示领导者社会资本（SC）对员工工作投入（E）的影响效果。由表 5-21 可知，控制了 Level-2 模型中的领导者人力资本之后，领导者社会资本对员工工作投入的关系不显著（$r_{02} = 0.044$，$p = 0.062$），详见表 5-21 模型 3。

②从领导者社会资本到员工工作投入再到员工绩效的跨层中介作用检验结果。

由领导者社会资本对员工工作投入的检验结果可知，当控制了模型中的领导者人力资本之后，领导者社会资本与员工工作投入的关系变得不显著，因此也就不存在跨层中介作用，不需要再对从领导者社会资本到员工工作投入再到员工绩效的跨层中介作用进行检验。为了进一步验证领导者社会资本通过员工工作投入影响员工绩效的跨层中介作用，本书还进行了 Monte Carlo 检验，将领导者社会资本和员工工作投入的回归系数（a=0.044）及员工工作投入和员工绩效的回归系数（b=0.742）代入 Monte Carlo 检验程序中，结果显示，95%的置信区间为[-0.021，0.047]，区间跨过了 0，再次佐证了领导者社会资本通过员工工作投入影响员工绩效的跨层中介作用不成立。综上分析可知，H8 未得到验证，即员工工作投入在领导者社会资本与员工绩效之间不存在中介作用。

5.3.5 调节效应检验

本书 H9a 提出，团队结构在领导者人力资本对团队知识整合能力的作用中起调节作用，其理论模型如图 5-9 所示。下面分别进行检验。

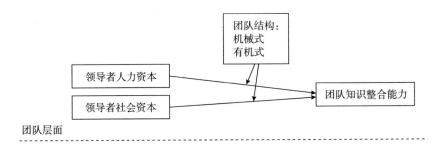

图 5-9　团队结构的调节作用模型

（1）团队结构在领导者人力资本与团队知识整合能力之间的调节作用检验

首先，检验团队结构在领导者人力资本与团队知识整合能力之间的调节作用，具体步骤如下：

在第一步的回归分析中，领导者人力资本对团队知识整合能力的总效应为 0.193（p<0.01）；在第二步回归分析中，团队结构对团队知识整合能力的标准化回归系数为 0.244（p<0.001）；在第三步回归分析中，以团队知识整合能力为因变量，将领导者人力资本、领导者人力资本与团队知识整合能力的交互作用纳入模型，自变量与调节变量交互作用的标准化回归系数为 0.179（p<0.05），说明对团队知识整合能力的预测作用显著，也说明团队结构在领导者人力资本对团队知识整合能力的作用中起显著调节作用，具体回归分析结果见表 5-22。

表 5-22　团队结构对领导者人力资本与团队知识整合能力的调节效应回归分析

变量	团队知识整合能力					
	模型 1		模型 2		模型 3	
	系数	标准误	系数	标准误	系数	标准误
截距	2.726***	0.366	2.232***	0.402	1.706***	0.394
控制变量						
领导者性别	-0.024	0.078	-0.062	0.078	0.007	0.075
领导者年龄	-0.002	0.007	0.000	0.006	-0.002	0.006
领导者学历	-0.157	0.061	-0.142	0.061	-0.164	0.057
领导者在本单位工作年限	0.007	0.007	-0.007	0.007	-0.007	0.007
团队规模	-0.015	0.028	-0.016	0.027	-0.010	0.026
领导者社会资本	0.461***	0.063	0.373***	0.070	0.343***	0.066
主变量						
领导者人力资本			0.193**	0.070	0.141	0.067
团队结构					0.244***	0.052
交互项						
领导者人力资本×团队结构					0.179*	0.088
ΔF 值	10.050***		9.995***		11.746***	
R^2	0.252		0.282		0.375	
ΔR^2	0.252		0.282		0.375	

注：N（团队成员）= 749，N（团队领导）= 186；显著性水平，* 表示 $p<0.05$、** 表示 $p<0.01$、*** 表示 $p<0.001$。

H9a "团队结构在领导者人力资本对团队知识整合能力的作用中起调节作用：相较于机械式结构，在有机式结构中，领导者人力资本对团队知识整合能力的正向作用更强"得到证实，团队结构的调节作用得到证实。调节效应见图 5-10。

（2）团队结构在领导者社会资本与团队知识整合能力之间的调节作用检验

其次，检验团队结构在领导者社会资本与团队知识整合能力之间的调节作用，具体步骤如下：

在第一步的回归分析中，领导者社会资本对团队知识整合能力的总效应为 0.373（$p<0.001$）；在第二步回归分析中，团队结构对团队知识整合能力的标准化回归系数为 0.261（$p<0.001$）；在第三步回归分析中，以团队知识整合能力为因变量，将领导者社会资本、领导者社会资本与团队知识整合能力的交互作用纳入模型，自变量与调节变量交互作用的标准化回归系数为 0.328（$p<0.001$），说

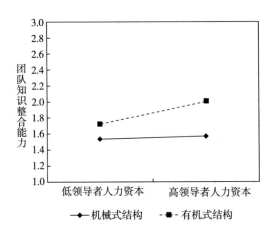

图5-10 团队结构在领导者人力资本与团队知识整合能力之间的调节作用模型

明对团队知识整合能力的预测作用显著，也说明团队结构在领导者社会资本对团队知识整合能力的作用中起显著调节作用，具体回归分析结果见表5-23。

表5-23 团队结构对领导者社会资本与团队知识整合能力的调节效应回归分析

变量	团队知识整合能力					
	模型1		模型2		模型3	
	系数	标准误	系数	标准误	系数	标准误
截距	2.995***	0.404	2.232***	0.402	1.724***	0.385
控制变量						
领导者性别	-0.101	0.084	-0.062	0.078	-0.002	0.073
领导者年龄	-0.003	0.007	0.000	0.006	-0.004	0.006
领导者学历	-0.114	0.065	-0.142	0.061	-0.162	0.056
领导者在本单位工作年限	0.000	0.007	-0.007	0.007	-0.006	0.006
团队规模	-0.011	0.029	-0.016	0.027	-0.005	0.025
领导者人力资本	0.365***	0.067	0.193**	0.070	0.100	0.067
主变量						
领导者社会资本			0.373***	0.070	0.374***	0.065
团队结构					0.261***	0.051
交互项						
领导者社会资本×团队结构					0.328***	0.094
ΔF值	5.998***		9.995***		13.171***	

续表

变量	团队知识整合能力					
	模型 1		模型 2		模型 3	
	系数	标准误	系数	标准误	系数	标准误
R^2	0.167		0.282		0.402	
ΔR^2	0.167		0.282		0.402	

注：N（团队成员）= 749，N（团队领导）= 186；显著性水平，＊＊表示 p<0.01、＊＊＊表示 p<0.001。

因此，H9b"团队结构在对领导者社会资本对团队知识整合能力的作用中起调节作用：相比于机械式结构，在有机式结构中，领导者社会资本对团队知识整合能力的正向作用更强"得到证实。调节效应见图 5-11。

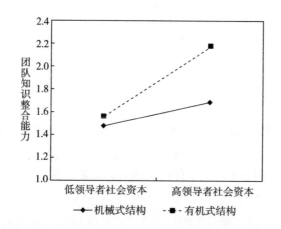

图 5-11　团队结构在领导者社会资本与团队知识整合能力之间的调节作用模型

5.3.6　跨层调节效应检验

本书 H10a 提出了团队结构跨层调节领导者人力资本与工作投入之间的关系，H10b 提出了团队结构跨层调节领导者社会资本与工作投入之间的关系，其理论模型如图 5-12 所示。

为检验团队层面的团队结构对团队层面的领导者人力资本、领导者社会资本与个体层面的员工工作投入的调节作用，本书采用组别平均数中心化来处理 Level-1 的预测因子，并使用总体平均数中心化来处理 Level-2 的预测因子，在控制 Level-1 预测因子和 Level-2 预测因子的效果之下，考察团队结构的调节作用。

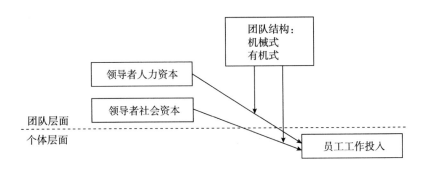

图5-12　团队结构的跨层调节作用模型

（1）团队结构在领导者人力资本与员工工作投入之间的跨层调节作用检验

按照跨层调节效应检验HLM三步分析法（廖卉和庄瑷嘉，2012），检验步骤及构建模型如下：

第一步：估计零模型（Null Model）。目的是检验个体层面的中介变量员工工作投入在不同团队间是否存在组间方差，这是多层次模型分析的前提，估计的零模型如下：

Level-1 Model　　　$E_{ij} = \beta_{0j} + r_{ij}$

Level-2 Model　　　$\beta_{0j} = r_{00} + u_{0j}$

其中，员工工作投入的总平均数用 r_{00} 表示；第 j 个团队工作投入平均数用 β_{0j} 表示；其组内方差用 r_{ij} 表示，等于 δ^2；组间方差用 u_{0j} 表示，等于 τ_{00}。

表5-24模型1列示了员工工作投入的方差分析，其组间方差为0.28087，且卡方检验 $\chi^2(185) = 2051.637$，呈显著性（$p<0.001$）。然后，根据其组内方差（$\tau_{00} = 0.10977$）和组间方差（$\delta^2 = 0.28087$），计算得到中介变量员工工作投入的组间方差占比为71.90%，即 ICC（1）= 0.7190，表示该变量的方差中有71.90%来自组间，有28.10%来自组内。检验结果表明员工工作投入具有显著的组间方差，数据显示出多层次特征，可以进行后续的跨层调节分析假设检验。

表5-24　团队结构对领导者人力资本与员工工作投入的跨层调节效应回归分析

变量	工作投入					
	模型1		模型2		模型3	
	系数	标准误	系数	标准误	系数	标准误
截距项（r_{00}）	3.957***	0.034	4.037***	0.125	3.997***	0.110
Level-1 控制变量						
员工性别（r_{10}）			−0.009	0.027	−0.000	0.026

续表

变量	工作投入					
	模型 1		模型 2		模型 3	
	系数	标准误	系数	标准误	系数	标准误
员工年龄（r_{20}）			−0.001	0.003	−0.000	0.003
员工学历（r_{30}）			−0.031	0.028	−0.025	0.026
员工所在单位性质（r_{40}）			0.007	0.031	0.013	0.029
员工所在行业（r_{50}）			0.003	0.015	0.004	0.013
员工在本单位工作年限（r_{60}）			−0.001	0.004	−0.001	0.003
员工与现任领导工作时间（r_{70}）			−0.006	0.007	−0.006	0.006
Level-2 控制变量及预测因子						
团队规模（r_{01}）			−0.001	0.030	0.006	0.022
领导者社会资本（r_{02}）			0.286***	0.069	−0.024	0.056
团队结构（r_{03}）					0.365***	0.052
领导者人力资本（r_{04}）					0.497***	0.059
领导者人力资本×团队结构（r_{05}）					0.361***	0.087
卡方（自由度）	2051.637（185）		1877.152（183）		964.869（180）	
NC 值	11.090		10.258		5.360	
协方差成分模型	919.025		957.284		846.662	

注：N（团队成员）= 749，N（团队领导）= 186；显著性水平，*** 表示 p<0.001。

第二步：将员工的年龄、员工性别、员工学历、员工所在单位性质、员工所在行业、员工在本单位工作年限、与现任领导共事时间这七个个体层面的控制变量加入模型 Level-1，将团队规模及领导者社会资本这两个团队层面的控制变量加入 Level-2 模型，继续估计模型如下：

Level-1 Model

$$EP_{ij} = \beta_{0j} + \beta_{1j}(Egender) + \beta_{2j}(Eage) + \beta_{3j}(Eedu) + \beta_{4j}(Eunit) + \beta_{5j}(Eindus) + \beta_{6j}(Ewtime) + \beta_{7j}(Ecotime) + r_{ij}$$

Level-2 Model

$$\beta_{0j} = r_{00} + r_{01}(Tsize) + \beta_{8j}(SC) + u_{0j}$$
$$\beta_{1j} = r_{10} + u_{1j}$$
$$\beta_{2j} = r_{20} + u_{2j}$$
$$\beta_{3j} = r_{30} + u_{3j}$$
$$\beta_{4j} = r_{40} + u_{4j}$$
$$\beta_{5j} = r_{50} + u_{5j}$$
$$\beta_{6j} = r_{60} + u_{6j}$$

$$\beta_{7j} = r_{70} + u_{7j}$$
$$\beta_{8j} = r_{80} + u_{8j}$$

在上述模型中，r_{10}、r_{20}、r_{30}、r_{40}、r_{50}、r_{60}、r_{70} 分别代表 Level-1 模型的系数跨团队的平均数。其中，r_{10} 表示员工性别（Egender）对员工工作投入（E）的影响效果；r_{20} 表示员工年龄（Eage）对员工工作投入的影响效果；r_{30} 表示员工学历（Eedu）对员工工作投入的影响效果；r_{40} 表示员工所在单位性质（Eunit）对员工工作投入的影响效果；r_{50} 表示员工所在行业（Eindus）对员工工作投入的影响效果；r_{60} 表示员工在本单位工作年限（Ewtime）对员工工作投入的影响效果；r_{70} 表示员工与现任领导共事时间（Ecotime）对员工工作投入的影响效果。r_{80} 表示领导者社会资本（SC）对员工工作投入的影响效果。r_{01} 表示在控制了 Level-1 模型的员工性别、员工年龄、员工学历、员工所在单位性质、员工所在行业、员工在本单位工作年限、员工与现任领导共事时间以及 Level-2 模型的领导者社会资本这八个变量后，团队规模（Tsize）对员工工作投入的影响效果。

第三步：将领导者人力资本及团队结构加入 Level-2，检验跨层调节效应。以员工绩效（EP）为因变量，将领导者人力资本（HC）、领导者人力资本（HC）与团队结构（TS）的交互作用纳入模型，并估计以下模型：

Level-1 Model

$EP_{ij} = \beta_{0j} + \beta_{1j}$（Egender）$+ \beta_{2j}$（Eage）$+ \beta_{3j}$（Eedu）$+ \beta_{4j}$（Eunit）$+$ β_{5j}（Eindus）$+ \beta_{6j}$（Ewtime）$+ \beta_{7j}$（Ecotime）$+ r_{ij}$

Level-2 Model　　$\beta_{0j} = r_{00} + + \beta_{8j}$（SC）$+ r_{01}$（Tsize）$+ r_{03}$（TS）$+ r_{04}$（HC）$+ r_{05}$（Hint）$+ u_{0j}$

$$\beta_{1j} = r_{10} + u_{1j}$$
$$\beta_{2j} = r_{20} + u_{2j}$$
$$\beta_{3j} = r_{30} + u_{3j}$$
$$\beta_{4j} = r_{40} + u_{4j}$$
$$\beta_{5j} = r_{50} + u_{5j}$$
$$\beta_{6j} = r_{60} + u_{6j}$$
$$\beta_{7j} = r_{70} + u_{7j}$$
$$\beta_{8j} = r_{80} + u_{8j}$$

其中，Hint 是 HC×TS，是交互项；HC 为领导者人力资本；TS 为团队结构。

在第一步的回归分析中，领导者人力资本对员工工作投入的总效应为 0.497（$p < 0.001$）；在第二步回归分析中，团队结构对员工工作投入的标准化回归系数为 0.365（$p < 0.001$）；在第三步回归分析中，以员工工作投入为因变量，将领导者人力资本、领导者人力资本与团队结构的交互作用纳入模型，自变量与调节变

量交互作用的标准化回归系数为 0.361（p<0.001），说明对员工工作投入的预测作用显著，也说明团队结构对领导者人力资本与员工工作投入关系的跨层调节作用显著，具体回归分析结果见表 5-24。

因此，H10a "团队结构在领导者人力资本对员工工作投入的作用中起调节作用：相较于机械式结构，在有机式结构中，领导者人力资本对员工工作投入的正向作用更强" 得到证实。调节效应如图 5-13 所示。

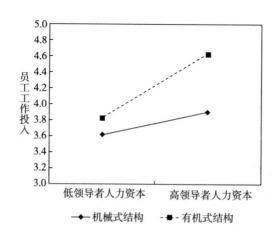

图 5-13   团队结构在领导者人力资本与员工工作投入之间的跨层调节作用模型

（2）团队结构在领导者社会资本与员工工作投入关系之间的跨层调节作用检验

按照跨层调节效应检验 HLM 三步分析法（廖卉和庄瑷嘉，2012），检验步骤及构建模型如下：

第一步：估计零模型（Null Model）。目的是检验个体层面的中介变量员工工作投入在不同团队间是否存在组间方差，这是多层次模型分析的前提，估计的零模型如下：

Level-1 Model $E_{ij} = \beta_{0j} + r_{ij}$

Level-2 Model $\beta_{0j} = r_{00} + u_{0j}$

其中，员工工作投入的总平均数用 r_{00} 表示；第 j 个团队工作投入的平均数用 β_{0j} 表示；r_{ij} 表示工作投入组内方差（δ^2）；u_{0j} 代表工作投入的组间方差（τ_{00}）。

表 5-25 模型 1 列示了员工工作投入的方差，其组间方差为 0.28087，且卡方检验 χ^2（185）= 2051.637，呈显著性（p<0.001）。然后，根据员工工作投入组

内方差（$\tau_{00} = 0.10977$）、组间方差（$\delta^2 = 0.28087$），可以计算得出其员工工作投入的组间方差占比为 71.90%，即 ICC（1）= 0.7190，表明员工工作投入的方差中有71.90% 来自组间，另外 28.10% 来自组内。这表明了中介变量员工工作投入的组间方差具有显著性，样本数据呈现多层次特征，可以继续进行跨层调节检验。

表 5-25　团队结构对领导者社会资本与员工工作投入的跨层调节效应回归分析

变量	员工工作投入					
	模型 1		模型 2		模型 3	
	系数	标准误	系数	标准误	系数	标准误
截距项（r_{00}）	3.957***	0.034	4.019***	0.119	3.984***	0.112
Level-1 控制变量						
员工性别（r_{10}）			-0.004	0.027	-0.001	0.026
员工年龄（r_{20}）			-0.000	0.003	-0.000	0.003
员工学历（r_{30}）			-0.029	0.028	-0.022	0.026
员工所在单位性质（r_{40}）			0.008	0.031	0.011	0.029
员工所在行业（r_{50}）			0.004	0.014	0.007	0.013
员工在本单位工作年限（r_{60}）			-0.001	0.003	-0.001	0.003
员工与现任领导工作时间（r_{70}）			0.005	0.007	-0.006	0.006
Level-2 控制变量及预测因子						
团队规模（r_{01}）			-0.001	0.026	0.013	0.026
领导者社会资本（r_{02}）			0.044	0.062	0.453***	0.067
团队结构（r_{03}）					0.378***	0.053
领导者社会资本（r_{04}）					0.022***	0.061
领导者社会资本×团队结构（r_{05}）					0.268**	0.100
卡方（自由度）	2051.637（185）		1411.947（182）		1044.975（180）	
NC 值	3.907129		7.758		5.805	
协方差成分模型	919.0249		909.822		857.910	

注：N（团队成员）= 749，N（团队领导）= 168；显著性水平，** 表示 $p < 0.01$、*** 表示 $p < 0.001$。

第二步：将员工的性别、年龄、学历、所在单位性质、所在行业、在本单位工作年限、与现任领导共事时间这七个个体层面的控制变量加入模型 Level-1，将团队规模和领导者社会资本两个团队层次的控制变量加入模型 Level-2，继续估计模型如下：

Level-1 Model

$EP_{ij} = \beta_{0j} + \beta_{1j} (Egender) + \beta_{2j} (Eage) + \beta_{3j} (Eedu) + \beta_{4j} (Eunit) +$
$\quad \beta_{5j} (Eindus) + \beta_{6j} (Ewtime) + \beta_{7j} (Ecotime) + r_{ij}$

Level-2 Model $\quad \beta_{0j} = r_{00} + r_{01} (Tsize) + \beta_{8j} (HC) + u_{0j}$

$$\beta_{1j} = r_{10} + u_{1j}$$
$$\beta_{2j} = r_{20} + u_{2j}$$
$$\beta_{3j} = r_{30} + u_{3j}$$
$$\beta_{4j} = r_{40} + u_{4j}$$
$$\beta_{5j} = r_{50} + u_{5j}$$
$$\beta_{6j} = r_{60} + u_{6j}$$
$$\beta_{7j} = r_{70} + u_{7j}$$
$$\beta_{8j} = r_{80} + u_{8j}$$

在上述模型中，r_{10}、r_{20}、r_{30}、r_{40}、r_{50}、r_{60}、r_{70} 分别代表 Level-1 模型系数的跨团队平均数。其中，r_{10} 表示员工性别（Egender）对员工工作投入（E）的影响效果；r_{20} 表示员工年龄（Eage）对员工工作投入的影响效果；r_{30} 表示员工学历（Eedu）对员工工作投入的影响效果；r_{40} 表示员工所在单位性质（Eunit）对员工工作投入的影响效果；r_{50} 表示员工所在行业（Eindus）对员工工作投入的影响效果；r_{60} 表示员工在本单位工作年限（Ewtime）对员工工作投入的影响效果；r_{70} 表示员工与现任领导共事时间（Ecotime）对员工工作投入的影响效果；r_{80} 表示领导者人力资本（HC）对员工工作投入的影响效果。r_{01} 表示在控制了 Level-1 模型的员工性别、员工年龄、员工学历、员工所在单位性质、员工所在行业、员工在本单位工作年限、员工与现任领导共事时间，以及 Level-2 模型的领导者人力资本这八个变量后，团队规模（Tsize）对员工工作投入的影响效果。

第三步：将领导者社会资本及团队结构加入 Level-2，检验跨层调节效应。以员工绩效（EP）为因变量，将领导者社会资本（SC）、领导者社会资本（SC）与团队结构（TS）的交互作用纳入模型，并估计以下模型：

Level-1 Model

$EP_{ij} = \beta_{0j} + \beta_{1j} (Egender) + \beta_{2j} (Eage) + \beta_{3j} (Eedu) + \beta_{4j} (Eunit) +$
$\quad \beta_{5j} (Eindus) + \beta_{6j} (Ewtime) + \beta_{7j} (Ecotime) + r_{ij}$

Level-2 Model $\quad \beta_{0j} = r_{00} + \beta_{8j} (SC) + r_{01} (Tsize) + r_{03} (TS) + r_{04} (SC) + r_{05}$
$\quad (Hint) + u_{0j}$

$$\beta_{1j} = r_{10} + u_{1j}$$
$$\beta_{2j} = r_{20} + u_{2j}$$
$$\beta_{3j} = r_{30} + u_{3j}$$

$$\beta_{4j} = r_{40} + u_{4j}$$
$$\beta_{5j} = r_{50} + u_{5j}$$
$$\beta_{6j} = r_{60} + u_{6j}$$
$$\beta_{7j} = r_{70} + u_{7j}$$
$$\beta_{8j} = r_{80} + u_{8j}$$

其中，Hint 为 SC×TS，是交互项；SC 是领导者社会资本；TS 是团队结构。

在第一步的回归分析中，领导者社会资本对员工工作投入的总效应为 0.022（p<0.001）；在第二步回归分析中，团队结构对员工工作投入的标准化回归系数为 0.378（p<0.001）；在第三步回归分析中，以员工工作投入为因变量，将领导者社会资本、领导者社会资本与团队结构的交互作用纳入模型，自变量与调节变量交互作用的标准化回归系数为 0.268（p<0.01），说明对员工工作投入的预测作用显著，也说明团队结构对领导者社会资本与员工工作投入关系的跨层调节作用显著，具体回归分析结果见表 5-25。

因此，H10b "团队结构在领导者社会资本对员工工作投入的作用中起调节作用：相较于机械式结构，在有机式结构中，领导者社会资本对员工工作投入的正向作用更强" 得到证实。调节效应见图 5-14。

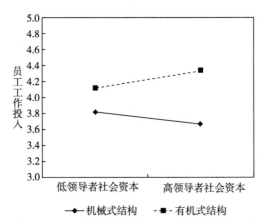

图 5-14　团队结构在领导者社会资本与员工工作投入之间的跨层调节作用模型

5.3.7　有调节的中介效应检验

在前文已经验证了团队层面的主效应、中介效应和调节效应的基础上，本书进一步推断，领导者人力资本和社会资本与团队绩效之间的关系可能也存在调节作用，因此可能存在被调节的中介效应。为了检验被调节的中介模型的整体效应，本书继续对 H11a、H11b 进行检验，即在有机式团队中，领导者人力资本和社会资本对团队绩效的影响较强，通过团队知识整合能力传导的领导者人力资本和社会资本对团队绩效的间接效应也相对较强；相反，在机械式团队中，领导者人力资本和社会资本对团队绩效的影响较弱，通过团队知识整合能力传导的领导者人力资本和社会资本对团队绩效的间接效应也就相对较弱。其理论模型如图5-15所示，依次检验结果如下：

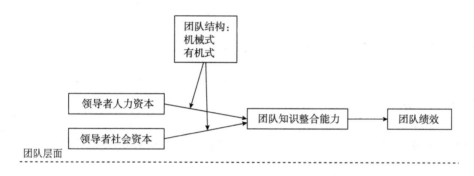

图 5-15   有调节作用的中介效应模型

（1）团队结构调节团队知识整合能力对领导者人力资本与团队绩效之间的中介作用

结合前文的分析，本书的 H1 得到验证，即领导者人力资本显著正向影响团队绩效；H5 得到验证，即团队知识整合能力在领导者人力资本影响团队绩效的机制中起到中介作用；H9a 也得到验证，即团队结构在领导者人力资本对团队知识整合能力的作用中起到调节作用，相比于机械式结构，在有机式团队结构中，领导者人力资本对团队知识整合能力的正向作用更强。结合 H1、H5、H9a 所涉及的关系，本书对有调节作用的中介模型进行整体检验，即检验团队结构对领导者人力资本通过团队知识整合能力对团队绩效作用的调节作用，检验结果如表 5-26 所示。

表 5-26   团队结构调节团队知识整合能力的中介作用回归分析（1）

结果变量	调节变量	阶段		效应	
	团队结构	第一阶段（P_{mx}）	第二阶段（P_{ym}）	间接效应（$P_{mx} \times P_{ym}$）	95%区间
团队绩效	低（-1 SD）	0.027（0.08）	0.480**（0.068）	0.013（0.06）	[-0.059, 0.085]
	高（+1SD）	0.256*（0.10）	0.480**（0.068）	0.123*（0.04）	[0.015, 0.231]
	差异	0.228*（0.06）	—	0.110*（0.06）	[0.002, 0.222]

注：显著性水平，＊表示 p<0.05、＊＊表示 p<0.01。

检验结果表明，相比于机械式团队结构，在有机式团队中，领导者人力资本对团队绩效的间接效应较强，不同团队结构中间接效应的差异为 0.110（$p < 0.05$）。因此，在有机式团队结构中，通过团队知识整合能力传导的领导者人力资本对团队绩效的间接效应也相对较强，H11a 得到验证。

（2）团队结构调节团队知识整合能力对领导者社会资本与团队绩效之间的中介作用

结合前文的分析，本书的 H2 得到验证，即领导者社会资本显著正向影响团队绩效；H6 得到验证，即团队知识整合能力在领导者社会资本影响团队绩效的机制中起到中介作用；H9b 也得到验证，即团队结构在领导者社会资本对团队知识整合能力的作用中起到调节作用，相比于机械式结构，在有机式团队结构中，领导者社会资本对团队知识整合能力的正向作用更强。结合 H2、H6、H9b 所涉及的关系，本书对有调节作用的中介模型进行整体检验，即检验团队结构对领导者社会资本通过团队知识整合能力对团队绩效作用的调节作用，检验结果如表 5-27 所示。

表 5-27　团队结构调节团队知识整合能力的中介作用回归分析（2）

结果变量	调节变量	阶段		效应	
	团队结构	第一阶段（P_{mx}）	第二阶段（P_{ym}）	间接效应（$P_{mx} \times P_{ym}$）	95%区间
团队绩效	低（-1 SD）	0.164*（0.08）	0.480**（0.068）	0.079*（0.06）	[0.001, 0.156]
	高（+1 SD）	0.583***（0.14）	0.480**（0.068）	0.280***（0.04）	[0.127, 0.433]
	差异	0.419**（0.15）	—	0.201**（0.06）	[0.053, 0.349]

注：显著性水平，*表示 $p < 0.05$、**表示 $p < 0.01$、***表示 $p < 0.001$。

检验结果表明，相比于机械式团队结构，在有机式团队中，领导者社会资本对团队绩效的间接效应较强，不同团队结构中间接效应的差异为 0.201**（$p < 0.01$）。因此，在有机式团队结构中，通过团队知识整合能力传导的领导者社会资本对团队绩效的间接效应也相对较强，H11b 得到验证。

5.3.8　有调节的跨层中介效应检验

同样，在前面已验证了跨层主效应、跨层中介效应和跨层调节效应的基础上，本书进一步推断，领导者人力资本和社会资本与员工绩效之间的关系可能也存在调节作用，因此可能存在被调节的跨层中介效应。为了检验被调节的跨层中介模型的整体效应，本书继续对 H12a、H12b 进行检验，即在有机式团队中，领导者人力资本和社会资本对员工绩效的影响较强，通过员工工作投入传导的领导者人力资本和社会资本对员工绩效的间接效应相对也较强；相反，在机械式团队中，领导者人力资本和社会资本对员工绩效的影响较弱，通过员工工作投入传导的领导者人力资本和社会资本对员工绩效的间接效应也就相对较弱。其理论模型如图 5-16 所示，检验结果分别如下：

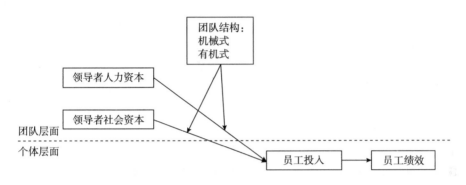

图 5-16　有调节作用的跨层中介效应模型

（1）团队结构调节员工工作投入对领导者人力资本与员工绩效之间的中介作用

结合前文的分析，本书的 H3 得到验证，即领导者人力资本显著正向影响员工绩效；H7 已得到验证，即员工工作投入在领导者人力资本影响员工绩效的机制中起到中介作用；H10a 也得到验证，即团队结构在领导者人力资本对员工工作投入的作用中起到调节作用，相比于机械式结构，在有机式团队结构中，领导者人力资本对员工工作投入的正向作用更强。结合 H3、H7、H10a 所涉及的关系，本书对有调节作用的跨层中介模型进行整体检验，即检验团队结构对领导者人力资本通过员工工作投入对员工绩效作用的调节作用，检验结果如表 5-28 所示。

表 5-28　团队结构调节员工工作投入的跨层中介作用回归分析（1）

结果变量	调节变量	阶段		效应	
	团队结构	第一阶段 (P_{mx})	第二阶段 (P_{ym})	间接效应 ($P_{mx} \times P_{ym}$)	95%区间
员工绩效	低（-1 SD）	0.267** （0.08）	0.274** （0.043）	0.073** （0.03）	[0.025, 0.140]
	高（+1 SD）	0.699*** （0.08）	0.274*** （0.043）	0.192*** （0.04）	[0.131, 0.303]
	差异	0.432** （0.11）	—	0.119** （0.06）	[0.060, 0.208]

注：显著性水平，** 表示 p<0.01、*** 表示 p<0.001。

检验结果表明，相比于机械式团队结构，在有机式团队中，领导者人力资本对员工绩效的间接效应较强，不同团队结构中间接效应的差异为 0.119（p＜0.01）。因此，在有机式团队结构中，通过员工工作投入传导的领导者人力资本对员工绩效的间接效应也相对较强，H12a 得到验证。

（2）团队结构调节员工工作投入对领导者社会资本与员工绩效之间的中介作用

结合前文的分析，本书的 H4 得到验证，即领导者社会资本显著正向影响员工绩效；H8 不成立，即员工工作投入在领导者社会资本影响员工绩效的机制没有中介作用；H10b 得到验证，即团队结构在领导者社会资本对员工工作投入的中介作用中起到调节作用，相比于机械式结构，在有机式团队结构中领导者社会资本对员工工作投入的正向作用更强。结合 H4、H8、H10b 所涉及的关系，因为员工工作投入在领导者社会资本对员工绩效的影响中不存在中介作用，因此也就不存在有调节作用的中介作用。所以，H12b 未得到实证支持，此假设不成立。检验结果如表 5-29 所示。

表 5-29　团队结构调节员工工作投入的跨层中介作用回归分析（2）

结果变量	调节变量	阶段		效应	
	团队结构	第一阶段（P_{mx}）	第二阶段（P_{ym}）	间接效应（$P_{mx} \times P_{ym}$）	95%区间
员工绩效	低（-1 SD）	-0.090（0.10）	0.274** （0.043）	0.025（0.03）	[-0.088, 0.032]
	高（+1 SD）	0.172* （0.10）	0.274** （0.043）	0.047（0.03）	[-0.005, 0.112]
	差异	0.262* （0.13）	—	0.072（0.04）	[-0.001, 0.163]

注：显著性水平，* 表示 p<0.05，** 表示 p<0.01，*** 表示 p<0.001；N（团队成员）= 749，N（团队领导）= 186。

5.4　研究假设检验结果汇总

本书的目的在于深入探讨组织中的资源如何有效转化为绩效的复杂作用机理，本书将组织中的资源聚焦于团队领导者身上，检验领导者人力资本和领导者社会资本如何作用于团队层面和个体层面的绩效。通过数据来验证模型中领导者人力资本、领导者社会资本、团队知识整合能力、员工工作投入、团队结构、团队绩效、员工绩效这七个变量之间的逻辑关系。通过小样本测试及大样本配对数据收集，共收集团队领导者问卷 186 份、员工问卷 749 份，通过管理学中应用的统计方法检验，对本书的概念模型和研究假设进行检验，检验结果汇总如表 5-30 所示。

表 5-30 研究假设检验结果汇总

序号	研究假设	检验结果	关系
H1	领导者人力资本对团队绩效具有显著正向影响	成立	正向
H2	领导者社会资本对团队绩效具有显著正向影响	成立	正向
H3	领导者人力资本对员工绩效具有显著正向影响	成立	正向
H4	领导者社会资本对员工绩效具有显著正向影响	成立	正向
H5	团队知识整合能力在领导者人力资本影响团队绩效的机制中起着中介作用	成立	正向
H6	团队知识整合能力在领导者社会资本影响团队绩效的机制中起着中介作用	成立	正向
H7	员工工作投入在领导者人力资本影响员工绩效的机制中起着中介作用	成立	正向
H8	员工工作投入在领导者社会资本影响员工绩效的机制中起着中介作用	不成立	
H9a	团队结构在领导者人力资本对团队知识整合能力的作用中起调节作用：相较于机械式结构，在有机式结构中，领导者人力资本对团队知识整合能力的正向作用更强	成立	正向
H9b	团队结构在领导者社会资本对团队知识整合能力的作用中起调节作用：相较于机械式结构，在有机式结构中，领导者社会资本对团队知识整合能力的正向作用更强	成立	正向
H10a	团队结构在领导者人力资本对员工工作投入的作用中起调节作用：相较于机械式结构，在有机式结构中，领导者人力资本对员工工作投入的正向作用更强	成立	正向
H10b	团队结构在领导者社会资本对员工工作投入的作用中起调节作用：相较于机械式结构，在有机式结构中，领导者社会资本对员工工作投入的正向作用更强	成立	正向
H11a	团队结构调节团队知识整合能力对领导者人力资本与团队绩效的中介作用：相较于机械式结构，在有机式结构中，领导者人力资本对团队绩效的间接作用更强	成立	正向
H11b	团队结构调节团队知识整合能力对领导者社会资本与团队绩效的中介作用：相较于机械式结构，在有机式结构中，领导者社会资本对团队绩效的间接作用更强	成立	正向

续表

序号	研究假设	检验结果	关系
H12a	团队结构调节员工工作投入对领导者人力资本与员工绩效的跨层中介作用：相较于机械式结构，在有机式结构中，领导者人力资本对员工绩效的间接作用更强	成立	正向
H12b	团队结构调节员工工作投入对领导者社会资本与员工绩效的跨层中介作用：相较于机械式结构，在有机式结构中，领导者社会资本对员工绩效的间接作用更强	不成立	

6　研究结论与展望

　　前文的检验结果表明，本书理论模型推导提出的 16 个假设中，只有两个假设未得到数据支持，其余成立。为了深入理解模型中变量之间的关系、阐明本书模型的理论贡献，本章进一步深入探讨数据检验得出的结论，揭示研究结论对组织管理实践的启示、实现管理研究的现实价值及意义，同时反思本书的局限性，引发作者本人以及研究者更深入的思考。

6.1　研究结论与讨论

　　本书从资源视角出发，构建了领导者人力资本和领导者社会资本对团队绩效和员工绩效的多层次理论模型，该模型旨在深入探讨团队层面的领导者人力资本和社会资本是如何对团队层面的绩效和个体层面的绩效产生影响的。本书运用资源保存理论以及 Bakker 和 Leiter（2009）的工作要求-资源模型（JD-R Model），提出两条中介路径机制，分别是团队层面团队知识整合能力的中介作用，以及个体层面员工工作投入的中介作用。此外，在组织变革情境下，本书考察了不同的团队结构是否会对领导者人力资本和领导者社会资本与团队绩效和员工绩效之间的关系产生权变作用。此外，本书理论模型还探讨了团队结构的跨层调节作用。具体研究结论如下：

6.1.1　领导者人力资本对团队绩效的正向影响

　　本书 H1 提出"领导者人力资本对团队绩效具有显著正向影响"，得到本书实证检验的支持，表明在团队层面上，领导者人力资本对团队绩效存在正向促进作用（Y=0.252，p<0.001）。本书与柯江林、孙健敏、石金涛和顾琴轩（2010）从个体层面研究的人力资本对任务绩效有显著正向影响的结论相一致，以及与谢

雅萍（2008）从组织层面研究的企业家人力资本和企业绩效积极正相关结论相一致。本书从团队层面开展人力资本的研究，同样得制团队层面的领导者人力资本和团队绩效积极正相关的结论，那么，本书结论进一步丰富了不同层面人力资本的实施效果。结合文献分析，人力资本变量在个体、团队、组织三个层面均与绩效正相关。可见，本书丰富完善了不同层面的人力资本与绩效关系的研究。

本书发现，团队中的领导者，相对于普通员工，其本身具备更为丰富的工作经验或者较高的学历，且受到的培训和教育的机会更多，因此代表了更高的人力资本水平，能够带来更高的团队绩效。正如 Hackman 和 Katz（2010）所指出的，超额绩效可能来源于利用团队所拥有的资源的程度。当领导者人力资本越丰富时，团队所拥有的未来收益潜能的智力资源与经济资源越多，越能有效促进团队绩效提升。

6.1.2 领导者社会资本对团队绩效的正向影响

工作团队中，领导者需要通过协调和整合团队成员完成工作，代表领导者社会资本的社交网络及对其信任就显得至关重要，团队成员通过这种资源可以获得物质的、信息的和情感的帮助，从而提升个人绩效和团队绩效，实现组织目标。本书 H2 提出了"领导者社会资本对团队绩效具有显著正向影响，实证检验支持这一假设，表明团队层面的领导者社会资本能够促进团队绩效（$Y = 0.447$，$p < 0.001$）。本书的结论和 Acquaah（2007）关于企业家社会关系为代表的社会资本能够对企业绩效产生正向影响的观点一致。本书从团队层面开展社会资本的研究，同样得到团队层面的领导者社会资本与团队绩效积极正向影响的结论。结合文献分析，社会资本变量在团队层面、组织层面均与绩效正相关。可见，本书丰富完善了不同层面的社会资本与绩效关系的研究。

在知识经济背景下，以团队为工作单元的知识型企业，工作团队需要社会网络来交流、共享与整合分散在不同成员之间的、与工作任务相关的信息和知识，以完成共同的任务或目标。代表社会资本的网络是基于信任和规范而形成的，它能为人们带来更好的团队交流、更高效的合作行为，创造更加有利的资源接触条件（Adler & Kwon，2002；Leana Ⅲ & Buren，1999；Nahapiet & Ghoshal，1998；Hansen，1999）。团队领导者因为承担着团队工作的引导、指挥、组织协调、支持等功能，所以通常在组织内外具有较多的社会网络连接点，在团队中更能得到成员们的信任。因此其代表的社会资本拉近了团队成员的距离，团队成员基于对团队中领导者的信任，提高了团队成员间沟通的效率、协作性和有效性，增强了团队间信息和知识的沟通和分享，更能促进团队任务的完成，提升团队绩效。可见，团队领导者社会资本能够有效地促进团队绩效。

6.1.3　领导者人力资本对员工绩效的正向影响

本书实证分析表明，领导者人力资本对员工绩效存在显著正相关关系（Y = 0.251，p<0.001）。这与 Cardy 和 Dobbins（1994）构建的员工绩效影响模型一致，该模型将员工绩效的影响因素划分为三类：个体因素、环境因素、个体和环境交互因素。张京（2013）从员工层面、领导层面和管理情境层面解释了变革型领导对员工绩效的跨层影响机制。

首先，团队层面领导者人力资本的核心内涵与上述个体和环境交互因素相契合。领导者人力资本水平代表着组织情境因素中员工可获得的工作资源，对员工个体的绩效产出有重要影响。工作资源反映了心理的、社会的、身体的，以及提供给个体工作成长或发展的组织特征，有助于目标完成（Bakker & Demerouti，2007；De Jonge & Dormann，2006；Hobfoll，2001a，2001b）。因此，团队中较为丰富的人力资本拥有者，即团队领导者，能够提供给团队成员有利于工作任务完成的工作资源，因此促进了团队中的员工绩效。

其次，根据资源保存理论，从组织获得的资源，例如员工从领导者丰富的人力资本中所获得的工作资源，通常会再投到企业（Hobfoll，2001a，2001b）。与此相一致的是，高水平的领导者人力资本会诱导员工绩效增长循环，持续激励员工为组织做出贡献。参与工作的员工期望通过对组织的承诺将所获得的资源重新投入到组织中（Hobfoll，2001a，2001b；Salanova et al.，2005）。团队领导者人力资本，是团队成员工作中可获得的最直接的组织资源，为团队成员提供了与工作任务相关的智力支持和工作指导，通过增加员工工作投入来提高员工绩效（Hakanen，Schaufel & Ahola，2008；Schaufeli & Bakker，2004）。本书的实证分析结果与此一致，因此，团队层面的领导者人力资本对个体层面的员工绩效有重要的预测作用。

6.1.4　领导者社会资本对员工绩效的正向影响

本书 H4 提出"领导者社会资本对员工绩效具有显著正向影响"，实证检验支持这一假设（Y = 0.147，p<0.001）。有研究发现，员工绩效与其对领导者的信任相关（Judge et al.，2003）。而且，这一研究结果还与周小虎和陈传明（2004）的研究一致，团队内员工的互相信任能增进彼此的有效合作，因信任而产生的共同语言和符号会增进员工对自己工作与行为结果预期的一致性，因此愿意长期合作，进而改进工作绩效和效果。本书发现，团队领导者社会资本通过信任，创造了更加有利的资源接触条件，有效地为员工提供工作资源支持，因此成为提高员工绩效的有效助推器。

社会资本是个体通过与他人的关系来得到的一些重要资源，如信息、观点、创意、支持等，对于任何一个管理者来说，为其工作的员工的个人能力的使用程度取决于领导者和员工之间的关系，如理解、喜欢和信任的程度（Dienesch & Liden，1986）。被感知到的对优势的组织支持可以被概念化为一种新的工作资源，它可帮助个人实现与工作相关的目标并参与刺激个人成长和发展的活动（Bakker & Demerouti，2007；Dollard & Bakker，2010），当员工被支持从事可发挥自己优势的工作时，他们更有可能实现目标。此外，这些目标或实现这些目标的方式将更加"自我和谐"，也就是说，与个人的发展兴趣和核心价值观相一致（Sheldon & Elliot，1999），使人们更有可能在他们身上持续投入努力，从而实现目标（Koestner，Lekes，Powers & Chicoine，2002）。由此可推导，团队中的个体可以通过领导者的社会资本来得到一些重要资源，如信息、观点、创意、支持等，以达到更高的绩效。因此，团队领导者社会资本对员工绩效有重要预测作用。

6.1.5　团队知识整合能力的中介作用

本书 H5 提出"团队知识整合能力在领导者人力资本影响团队绩效的机制中起着中介作用"，H6 提出"团队知识整合能力在领导者社会资本影响团队绩效的机制中起着中介作用"，两个假设均得到实证分析结果的支持。其中，团队知识整合能力在领导者人力资本与团队绩效之间发挥部分中介作用，其中介作用大小为 0.093，在 95% 的置信水平下显著；团队知识整合能力在领导者社会资本与团队绩效之间发挥完全中介作用，其中介作用大小为 0.100，在 95% 的置信水平下显著。

本书结论回应了 Gardner 和 Gino（2012）提出的"团队将知识整合能力转化为解决复杂问题的新颖解决方案的能力"。团队研究中对于识别和转移成员知识的文献资料很丰富，但是对于如何系统化地整合成员的知识资源并动态响应变化的环境因素的文献却是几乎没有。进一步地，关于什么样的因素有助于形成这种能力且与绩效相关，团队成员更倾向于相信那些已知的团队成员所共享的知识，而不是未知的团队所提供的知识（Gruenfeld，Martorana & Fan，2000；Kane，Argote & Levine，2005）；此外，一旦信任，团队成员就更愿意承担风险（Edmondson，1999），随着思想更加自由和更加公开地分享，知识的整合也会得到改善（Dirks，1999；Zand，1972）。在一个团队中，团队领导者代表已知的团队成员，且信任程度更高，因此，更能促进团队知识整合能力。该研究结论也符合，绩效的成功依赖于随环境改变而持续整合知识的能力（Eisenhardt & Matin，2000；Teece et al.，1997；Zollo & Winter，2002）；而团队中持续的知识整合能力有助于绩效的形成。因此，本书实证研究结果从团队层面揭示了领导者人力资本和社会资本如何影响团队绩效和团队知识整合能力的中介桥梁作用。

6.1.6 员工工作投入的中介作用

本书 H7 提出"员工工作投入在领导者人力资本影响员工绩效的机制中起着中介作用"；H8 提出"员工工作投入在领导者社会资本影响员工绩效的机制中起着中介作用"。实证分析结果验证了 H7，即员工工作投入在领导者人力资本影响员工绩效的机制中起着中介作用，且员工工作投入在领导者人力资本与员工绩效之间发挥完全中介作用，其大小为 0.103，在 99% 的置信水平下显著。本书结论与 Bakker 和 Leiter（2009）的工作要求—资源模型一致。根据资源保存（COR）理论（Hobfoll，1989），多样化的资源，如组织的、工作的、个体的资源都增强了工作投入（Salanova，Agut & Peiró，2005）。Xanthopoulou 等（2009）深入研究发现，工作要求—资源模型中的资源只是基本分类，员工在工作需求中可获得的资源不限于此，需要根据具体研究问题来分析。

本书认为领导者人力资本作为员工可获取的组织资源（Kalshoven & Boon，2012），可增强其工作投入（Demerouti，Bakker，Nachreiner & Schaufeli，2001；Mauno，Kinnunen & Ruokolainen，2007；Salanova et al.，2005）。社会支持在工作环境中尤其重要，领导者人力资本所代表的组织中社会支持功能可以补充资源池，从而产生"积极的收益螺旋"（Hobfoll，1989）。结合本书结论，团队层面的领导者人力资本通过个体层面的员工工作投入对员工绩效产生影响。因此，本书结论揭示了团队层面的领导者人力资本对个体层面员工绩效跨层影响的内在机制——员工工作投入的中介桥梁作用。

而 H8 未得到实证支持，表明员工工作投入在领导者社会资本与员工绩效之间无中介作用，这一中介机制有待后续进一步深入研究。同时，本书的实证研究结果也表明，领导者社会资本对员工绩效的作用路径不同于领导者人力资本。一方面，领导者社会资本代表的是一种非正式的社会网络，在提供团队员工之间互相支持方面应该发挥重要作用，但是，社会支持不是单向支持或者帮助，更多时候是一种社会交换（Uehara & Dual，1990），对于员工关系绩效的影响更为明显，而本书所界定的员工绩效是任务绩效，因而实证检验不支持此假设。另一方面，员工工作投入在社会资本对员工绩效的关系中无中介作用，可能也表明，领导者社会资本更多的是以非市场化的方式影响团队沟通交流，而对代表员工正式化的工作投入效果不明显。因此，对于团队领导者社会资本如何影响员工绩效这一问题，有待后续从其他路径深入探索研究。

6.1.7　团队结构的调节作用

企业中的工作团队作为一种普遍存在的微观组织形式，是企业进行知识整合的主要载体（张光磊、刘善仕和彭娟，2012）。领导者人力资本和领导者社会资本是在西方组织背景下提出的，因而需要考察在中国企业组织情境中的作用机制。本书 H9a、H9b 分别描述了团队结构在领导者人力资本和领导者社会资本与团队知识整合能力之间的调节作用。从实证分析结果来看，领导者人力资本与团队结构的交互作用呈现显著的正相关关系（Y = 0.179，p<0.05）；团队结构与领导者社会资本交互项存在显著的正相关关系（Y = 0.328，p<0.001），结合团队结构的调节效应图（见图 5-10、图 5-11），相比于机械式结构，在有机式结构中领导者人力资本、社会资本对团队知识整合的正向作用更强。该研究结论回应了曾奇（2004）及张光磊、刘善仕和申红艳（2011）的研究结论，我国绝大多数企业知识整合能力较低，这与组织结构落后密切相关。此外，杨俊辉等（2009）发现不同创业团队的结构对企业绩效有不同程度的影响；Gardner 和 Gino（2012）检验了任务不确定性在团队资源和团队知识整合能力之间的调节作用，并指出未来的工作应该探索这些关系是否在不同的环境中有所不同。结合本书结论不难发现，有机式团队结构代表了一种促进性环境（杨付和张丽华，2012），在此种团队情境下，有利于领导者人力资本和领导者社会资本更好地发挥作用，并对知识信息的转化产生截然不同的作用（张晗，2008；Patrashkova-Volzdoska et al.，2003），进而促进团队绩效的提升。因此，本书发现，相比于机械式团队结构，有机式团队结构更有利于促进资源在团队层面通过团队知识整合能力向团队绩效转化。

6.1.8　团队结构的跨层调节作用

本书 H10a、H10b 分别描述了团队结构在领导者人力资本和领导者社会资本与员工工作投入之间的调节作用。从实证分析结果来看，团队结构与领导者人力资本交互项存在显著的正相关关系（Y = 0.361，p<0.001），团队结构与领导者社会资本交互项也存在显著的正相关关系（Y = 0.268，p<0.05），结合团队结构的调节效应图（见图 5-13、图 5-14），相比于机械式结构，在有机式结构中领导者人力资本和领导者社会资本对员工工作投入的正向作用均更强。员工工作投入都是发生在团队背景下的，这就意味着团队或个体必须选择恰当的团队结构环境来实现组织目标。该研究与个体-情景互动理论的观点一致，个体行为是个体内在特质和其所处情境共同作用的结果。与此相一致，杨俊辉等（2009）在前人研究的基础上，发现不同创业团队的结构对企业绩效有不同程度的影响。结合本

书结论，员工工作投入水平的高低是团队领导者人力资本和领导者社会资本与其相匹配的团队结构共同作用的结果，并对其绩效产出起到积极的预测作用。因此，本书结论揭示了团队层面的领导者人力资本和社会资本对个体层面员工绩效跨层影响的边界条件——团队结构的调节作用。相比于机械式团队结构，有机式团队结构更有利于促进资源在个体层面通过员工工作投入向员工绩效转化。

6.2　研究的理论贡献

本书通过系统回顾人力资本、社会资本、团队知识整合能力、员工工作投入、团队绩效、员工绩效及团队结构相关文献与研究成果，以资源保存理论为基础，构建了领导者人力资本和社会资本对团队绩效和员工绩效作用机制的多层理论模型，探讨了团队层面的领导者人力资本、领导者社会资本、团队知识整合能力、团队绩效、团队结构以及个体层面的员工工作投入与员工绩效变量之间的内在逻辑关系。通过严谨的理论推演与实证检验，本书的理论贡献表现为三个方面：

首先，从资源保存理论视角，丰富了人力资本和社会资本的研究层面与实施效果。从人力资本和社会资本的相关文献来看，以往研究主要是个体层面人力资本和社会资本的实施效果，以及组织层面企业家人力资本和社会资本的实施效果，还未有涉及从团队层面来研究领导者人力资本和社会资本的跨层实施效果问题；同时现有研究更多聚焦于人力资本和社会资本的影响因素，对于人力资本和社会资本的研究层面分析尚有欠缺。在所有管理工作中，对人的领导是最重要的中心工作，组织中生产率高低的差异原因往往就在于领导。同样在团队层面，领导的职能在于帮助团队及其员工获得绩效，促进组织成功。因此，本书从团队层面探讨了领导者人力资本和社会资本对组织不同层面绩效的跨层影响，其中重点探讨了领导者人力资本和社会资本对团队绩效和员工绩效的不同影响路径，将人力资本的所属群体聚焦于团队领导者身上，探讨身处组织特殊地位的领导者如何将自身资源转化为团队及下属成员的绩效产出。通过收集工作团队领导与团队成员多来源数据，证实领导者人力资本和社会资本在组织不同层面的绩效均存在不同影响。换言之，团队层面的领导者人力资本和社会资本对团队层面的团队绩效和个体层面的员工绩效均有显著的预测作用。随着工作情境中知识密集型活动的不断增多，越来越多的研究者相信，人力资本将在未来发挥更大的作用（Bosma et al., 2004; Honig, 2001; Pennings et al., 1998; Sonnentag & Frese, 2002）；

与此同时，在缺失社会资本的条件下，人力资本所发挥的作用就会大打折扣。本书对此做出回应，通过研究团队层面的领导者人力资本和社会资本对团队绩效和员工绩效的不同影响，发现领导者人力资本和社会资本对团队绩效和员工绩效均具有预测作用。可见，本书丰富人力资本和社会资本的研究层次与实施效果。

其次，从个体和团队两个层面揭示了不同层次绩效形成的不同路径机制。以往的人力资本和社会资本主要集中在个体和组织层面，以团队为研究对象的人力资本和社会资本理论与实证研究较为匮乏。在团队工作背景下，团队领导者位于管理金字塔的基层，因此在团队绩效和员工绩效的表现上负有和占据更为直接的重要责任和特殊地位，团队领导者人力资本和社会资本会对团队绩效和员工绩效产生重要影响。在团队层面的研究中，对于识别和转移成员知识的文献资料很丰富，但是对如何系统化整合成员的知识资源并动态响应变化的环境因素的研究却几乎没有（Gardner & Gino，2012）。然而时至今日，组织越来越多地依靠发展团队来实现创新产出。Kozlowski 等（1999）认为，团队要想完成复杂的快速变化的工作，必须在工作的过程中持续相互调整、整合知识才能成功（Thompson，1967；Van de Ven et al.，1976）。因此，利用资源保存理论，本书认为团队领导者作为资源更为丰富的个体，其自身拥有的人力资本和社会资本更容易促成团队知识整合能力，从而实现团队绩效。而在个体层面，利用 Bakker 和 Leiter（2009）的工作要求-资源模型，领导者人力资本和社会资本所代表的对员工工作中的社会支持、上级指导等，是影响员工工作投入的重要因素，有助于形成员工绩效。研究结论表明，领导者人力资本和社会资本通过团队知识整合能力正向影响团队绩效；同时，领导者人力资本和社会资本通过员工工作投入正向影响员工绩效。本书研究了个体和团队两个层面绩效形成的不同路径，拓展了绩效的研究层面及路径机制。

最后，揭示了团队结构是领导者人力资本和社会资本发挥作用的边界条件。以往的研究大多肯定了人力资本和社会资本对绩效的积极影响，但对于领导者资本以什么样的方式在什么样的条件下有效提升绩效这一重要理论问题，探讨尚有不足。为什么一些群体比另一些更有效率（Hackman & Katz，2010；Ilgen et al.，2005）？为什么有些团队将成员的知识和技能转化为绩效方面比另一些团队做得好，尤其是对于那些复杂的、长期的任务？何种类型的资源促进了知识整合？在哪种情境下团队整合知识方面的效率更好或者更坏？以往的研究已经从任务不确定性这一情景因素，对资源类型及结构如何发展团队知识整合能力这一机制做了探索。知识经济时代以团队为基本单元的工作方式下，员工工作投入也都是发生在团队背景下，这就意味着团队或个体必须选择恰当的团队结构来实现组织目标。鉴于此，本书从团队结构视角考察了领导者人力资本和社会资本对团队绩效和员工绩效的跨层影响效果研究。根据假设检验分析结果，有机式团队结构为促进团队层面的团队知识整合能力和个体层面的员工工作投入的有效性发挥提供了组织情境。因此，本书进一步阐释了领导者人力资本和社会资本在组织情境中不同团队结构下的有效性问题。

6.3 管理建议

6.3.1 提升团队知识整合能力，促进团队绩效

基于知识资源的现代企业，其生存和发展更依赖于团队，正如 Drucker (1998) 所言，知识型企业依靠团队作为工作任务完成的基本单元。一方面，团队是在复杂竞争环境中最能提供差异化解决方案的，因此团队工作形式被组织广泛用于完成复杂任务、保持灵活性以应对复杂环境变化（Goodman et al.，1988；Beekun，1989）。许多组织通过将更多的责任授予团队并对其进行有效设计和管理来提升组织绩效（Katzenbach & Smith，1993；王辉，2008），高绩效团队已成为提高生产率与组织成功的关键。另一方面，在企业实践中，出现资源聚集的团队并非必然产生高绩效，团队合作并没能发挥个体的乘数效应，甚至团队冲突也是团队管理者所面临的困境。因此，思考团队管理新方法，如何促进团队协调整合，如何提升团队绩效，成为现实中企业管理者关注的重要问题。在这一背景下，团队绩效影响因素及其影响机制的研究成为国内外学者所关注的问题（刘冰、谢凤涛和孟庆春，2011）。

当团队作为企业绩效来源的基本单位时，团队运作的成功与否就大大影响企业的生存和发展，那么，关注如何提高团队绩效，探讨促进团队持续发展，研究团队管理新思维、新路径已经成为现代企业家和管理者必须面对的常规课题。现实中企业绩效管理的实践路径，通常采用的方法是将绩效逐层分解，企业的目标绩效分解到工作团队绩效，最终落脚到员工绩效。然而在现有学术研究中，少见团队绩效研究，更多的是基于单一层面的员工绩效研究或组织绩效研究。因此，本书基于资源保存理论，探索团队层面绩效来源的有效资源，提出并实证检验了团队知识整合能力是团队层面资源转化为绩效的重要中介机制，为实践中的团队绩效管理提供了路径支持及理论依据。

已有研究证实团队知识整合能力是团队绩效的关键转化路径（Gardner, Gino & Staats，2012），只有当团队成员的分散知识能够得到系统整合以匹配团队任

务时，团队才会产生高绩效水平。与此相一致，本书实证检验也表明，团队知识整合能力在领导者人力资本和社会资本与团队绩效的关系中起到中介作用。此研究的发现为实践中企业人力资源管理提供了一种新的视角，即重视建立开放分享的组织氛围，在团队管理和建设中，应重视团队成员之间的交流、分享，让团队成员的知识和信息流动和更新，以促进知识的融合和渗透，产生与工作任务相关的新知识，以此来提升团队知识整合能力，实现组织中与团队工作任务相关的资源积累，形成资源的"增值螺旋"效应，提升团队绩效，赢得组织竞争优势。

在当今快速变化的环境下，组织原有的优势资源和能力会失效，既有的竞争优势随着环境的变化也可能成为未来组织进步的障碍。因此，组织需要持续变化、更新现有资源组合，并开发新的资源，才能使企业长期保持竞争优势。知识型企业中的员工大多有比较高的人力资本存量，在团队工作模式下，分散于个体的知识资源并非必然获得团队竞争优势，重要的是整合个体丰富的异质性知识资源用于完成团队任务。而知识整合能力不会自发形成，它更依赖于个人与团队对知识的学习、整理、分析和综合运用，更注重团队成员之间知识的交流与共享，由此才能更好地促进团队的知识整合。所以说知识整合是不断变化的，既要注重成员对新知识、新技能的培训学习，也要注重成员间互动并与团队中原有知识有效、系统地结合起来，更好地加工整合，让这些资源发挥更大的效用。这些始终是企业管理的重中之重。本书对于团队管理和建设，保持成员间对于工作任务的信息沟通、分享机制，促进团队成员间知识和信息的更新重组，提升团队绩效，有非常重要的实践价值。

6.3.2　注重团队领导者人力资本和社会资本的培育

关于人力资本和社会资本对绩效作用的研究，已经得到了学者们的共识。已有研究大部分是探讨员工或者企业家如何通过自身所拥有的人力资本和社会资本来提升员工绩效和组织绩效，研究主要集中在个体或组织的单一层面上，缺乏团队层面以及跨层影响研究。对于任何组织而言，领导者都是组织成功的关键之一，本书将人力资本和社会资本聚焦在小型团队领导者身上，实证研究结果表明，团队层面的领导者人力资本和社会资本对团队绩效有显著影响；团队层面的领导者人力资本和社会资本对员工绩效存在跨层影响。跨层研究能更加系统和全面地理解领导者人力资本和社会资本的作用机制。除此之外，本书界定了团队领导者人力资本和社会资本，研究了领导者人力资本和社会资本影响团队绩效和员工绩效的不同路径，对于企业管理实践中不同层面的绩效管理提供了有针对性的指导，为企业重视培育提升团队领导者的人力资本和社会资本提供了理论支持。

在团队工作中，诸多影响团队绩效及员工绩效的因素中，团队领导者无疑是重要因素之一，而团队领导是一个十分复杂的过程（Bennis & Nanus，1985）。目前，对于团队层面的领导者的研究主要集中在变革型领导在团队层面的运用（Schaubroeck et al.，2007；Kearney et al.，2009）。本书为获得更好的组织绩效和竞争优势提供了新的切入点，通过理论和实证研究，有助于正确认识人力资本和社会资本对绩效的促进作用，使管理实践在重视物质资本的基础上更加重视人力资本和社会资本，以此获得新的竞争优势；指导企业管理实践中对团队领导者人力资本和社会资本的培育，实现更高的管理效率和更好的管理效果，促进企业内生竞争优势的产生。

当今知识经济时代，组织处于更加不稳定的竞争环境，挑选合适的人担任团队领导职位对有效管理企业人力资源来说很有必要。一方面，通过对团队领导者人力资本投资、开发和管理，提高自身能力，来满足工作的动态要求并对团队进行智力支持和工作资源支持，进而对其领导的团队及成员绩效产生积极影响。另一方面，团队领导者可以通过提升自身社会资本来打造优秀的团队并获得更多的外部支持。领导者需要关注与被领导者之间以及企业内部各个成员之间的关系，通过建立优秀的团队来激发成员间有效的协作关系，创造和谐、信任的工作氛围来促进团队知识整合和员工工作投入，获得团队绩效和员工绩效。本书为组织的人力资源管理实践提供了一种新思路，组织在选拔和考量团队领导者的时候，应该以其人力资本水平和社会资本水平为基准，引导"高资本"（人力资本和社会资本）、高水平人员作为团队领导者，以期提升团队知识整合能力和员工工作投入，获得个体层面和团队层面的高绩效。同时，不仅在选拔和招聘团队领导者时注重测试其人力资本和社会资本水平，在工作中也需要注重培育、提升团队领导者的人力资本和社会资本水平，以有效地促进团队知识整合和员工工作投入，提高团队绩效和员工绩效，赢得组织竞争力。

6.3.3 增加员工工作投入，促进员工绩效

知识经济时代，人力资源是第一资源，员工是组织成功的关键因素之一。如何通过提高员工绩效来提升企业整体绩效始终是企业关心的重大理论和实践问题。尽管前人在如何提高员工绩效方面已经有很多很好的实践和理论研究，但是由于影响员工绩效的因素非常多，既有外部环境因素，也有内部主客观因素，特别是考察到个体，影响因素大大小小不胜枚举。在目前的文献中，从组织层面探讨人力资源管理实践影响的较多，而人力资源管理的关键主体——员工的作用却没有受到很大的重视。唤起员工的工作投入，本就是"管理"自带的责任。

本书结论验证了领导者人力资本通过员工工作投入对员工绩效间接产生影响，员工工作投入在领导者人力资本和员工绩效之间起到完全中介作用。本书结

论与 Bakker 和 Leiter（2009）的工作要求-资源模型一致，员工工作投入促进了员工绩效。把员工放在合适的岗位，给他足够的资源，充分授权，并陪同成长，他一定会取得高绩效。研究表明，团队领导者的人力资本支持决定了员工绩效，因此管理的关键是让承担绩效的人得到资源，让一线员工得到并使用资源，进而提升他的工作投入，在员工个体层面形成资源"增值螺旋"。

在当前我国经济增长方式已经开始由资源驱动转向技术和知识创新驱动的背景下，知识型员工在企业价值创造过程中的作用将更加明显。然而，根据盖洛普公司最近的调查发现，世界各地所有类型组织中的大部分员工并没有完全投入他们的工作（Sweetman & Luthans，2010；Bakker et al.，2014）。而且，随着我国对外开放的程度越来越高，知识型员工工作压力日渐增大，其工作投入也面临着严重挑战。因此，团队领导者关注知识型员工，并通过领导者丰富的人力资本去赋能知识型员工，为其提供工作资源支持，提高其工作投入，促使知识型员工这一核心工作群体在组织中贡献其知识、经验、技术和能力，帮助其获得员工绩效，从而使其能够为组织创造出更多的价值，这也应成为组织人力资源管理的重心。

6.3.4 变革组织团队结构，促进资源增值效率，赢得竞争优势

与大部分组织结构研究的结论类似，本书发现，在团队层面，团队结构在领导者人力资本和社会资本对团队知识整合能力的影响有较强的调节效应；同时，在个体层面，团队结构在领导者人力资本和社会资本对员工工作投入的影响有较强的跨层调节效应。具体来说，在有机式团队结构下，领导者的人力资本和社会资本特别有价值，因为它们可能使团队增强他们的知识整合能力和提高员工工作投入，因此，组织还应为团队选择合适的团队结构。一个高度集权、不利于沟通的团队，会降低成员沟通交流的主动性和意愿，从而降低团队知识整合和员工工作投入；而开放的有机式结构可以为团队成员提供良好的沟通和促进知识共享的环境，促进员工积极参与信息的交流，从而促进知识共享和信息的有效整合，同时还能提高员工的工作投入。因此，当组织在动态竞争的环境下通过组建团队来完成任务时，管理者应该调整组织结构，转向更加动态、开放、灵活的有机式团队过渡，以促进团队知识共享和员工工作投入，提升团队绩效和员工绩效水平。

知识型员工普遍受过高等教育，独立自主的意识更强，只有组织的团队结构设计得更加柔性扁平，才能有效激发知识型员工的工作投入。同样，机械式团队结构会严重降低团队成员的交流与沟通的主动性，阻碍知识共享。因此，在实践中，组织应通过调整组织结构、搭建沟通平台、营造开放灵活的组织氛围等，促进员工工作投入和成员间知识共享，以此提升员工及其团队绩效。本书为实践中

企业探索变革组织结构、提高知识整合能力、提升员工工作投入，提供了理论依据。

近年来，为了应对更加复杂、不确定性的环境，团队扮演了重要角色（Guzzo & Salas，1995；Mohrman et al.，1995）。中国企业面临着知识经济时代全球化竞争的挑战。中国企业联合会的调查显示，我国企业组织存在结构层次过多、机制僵化、信息传递不畅等问题，绝大多数企业知识整合能力较低，这与组织结构落后密切相关（曾奇，2004；张光磊、刘善仕和申红艳，2011）。机械式组织结构模式曾经在工业时代的静态环境中发挥了重要作用，却与当今复杂动态的环境越来越不匹配。同样，本书结论也表明，在有机式团队结构下，领导者的人力资本和社会资本有利于增强团队知识整合能力和提高员工工作投入，提升团队绩效和员工绩效。因此，我国企业应加快变革传统意义上的机械式组织结构模式，探求更为灵活的、对动态环境更为适应的有机式组织结构模式，以此来适应高度动态化的竞争环境，促进组织总资源向不同层面的绩效转化。

6.4 研究的局限性和未来展望

本书基于中国组织情境探讨了团队层面的领导者人力资本和社会资本影响团队绩效和员工绩效的不同路径机制，研究结论有一定的理论贡献，对我国企业人力资源管理实践也有重要的启示作用。同时，本书也有一定的局限性，仍然有值得进一步深入研究的地方。

第一，在研究设计上的局限性。基于资源保存理论，本书构建了领导者人力资本和社会资本对团队绩效和员工绩效影响的跨层效应模型，采用问卷的方式收集数据，此外，本书中的假设基本通过检验，只有两个假设不成立，且经统计方法检验，同源方法偏差处于可接受程度。但是，和所有社会调查研究一样，问卷调查法很难避免问卷填答者的自我赞许行为（谢家琳，2012），本书问卷中领导者人力资本、领导者社会资本这两个变量由团队领导者自我报告，员工工作投入问卷由团队员工自我报告，这都是被调查者的自我感知填答，可能存在"自我赞许"的填答选项，因此可能导致数据报告有一定偏差。未来研究可通过多种调查法进行比对分析验证，如纵向研究法、实验研究法、案例研究法、深度访谈法等定量与定性研究方法，进一步验证变量之间的因果关系。

此外，人的心理状态会受其所处环境的干扰，仅仅一次问卷调查可能并不能真实地表达个体的心理状态（Xie，Roy & Chen，2006），尤其是对于本书问卷中由调查者本人自我报告的三个变量，即领导者人力资本、领导者社会资本、员工工作投入。基于此，本书认为未来研究需要从研究设计上进一步对 H7（领导者人力资本→员工工作投入→员工绩效）、H8（领导者社会资本→员工工作投入→员工绩效）进行验证，采用纵向多时点收集数据方法弥补横截面研究设计的不足，或者开展单个案例研究。

第二，在作用机制上，本书分别为领导者人力资本和社会资本与团队绩效和员工绩效之间的"黑箱"找到一把"钥匙"，但由于层面不同，绩效所包含的内容、影响因素及其测量方法也不同（陈维政、余凯成和程文文，2014）。本书通过整合不同层面的绩效生成路径，将团队知识整合能力作为团队层面研究的中介变量，将员工工作投入作为个体层面研究的中介变量进行研究。实证分析结果表明，团队知识整合能力在团队层面的领导者人力资本和领导者社会资本与团队绩效之间发挥中介作用；员工工作投入在团队层面的领导者人力资本和领导者社会资本与个体层面的员工绩效之间发挥跨层中介作用。目前，本书只是分别从团队和个体两个层面不同路径揭示了团队绩效和员工绩效形成的不同机制，并没有探讨它们之间的相互作用。

未来研究还可以从以下几个方面深入探讨：一是 Chen 和 Kanfer（2006）认为，团队与个体存在相互激励。员工不仅仅是组织的个体，其所在的团队也是员工绩效产生的"池塘"，因此未来的研究可以考虑团队层面和个体层面的相互作用关系。二是团队领导者通过变革组织结构，构建开放创新氛围，促进团队成员知识共享，提高团队知识整合能力，有助于团队输出更高的绩效成果；个体层面，领导者通过赋予团队员工工作资源的自主权、社会支持等，有效地激励下属，进而影响员工的工作投入状态，并对他们的绩效产出产生不同程度的影响。那么，在工作团队中，团队层面的团队知识整合能力是否也会影响个体层面的员工绩效？而个体层面的工作投入状态是否也会影响工作团队的团队知识整合能力，进而影响团队绩效？它们之间会不会相互影响？又是如何作用的？这些问题都有待进一步研究。三是检验作用机制的差异，寻找最有效的资源增值路径。本书发现，领导者自身资源有助于团队知识整合能力的形成和提高以及促进员工工作投入，进而提升团队和个体层面绩效，但本书对于绩效形成路径机制的研究是远远不够的。后续研究可以同时将团队知识整合能力、员工工作投入、知识分享以及其他可能的中介变量纳入研究，并分析检验它们作用的差异，找出对领导者自身资源与绩效之间关系更有解释效力的中介路径，尤其是在中国组织情境下，这对企业管理实践有精准的指导作用。

第三，关于团队可利用的资源，本书的研究专注于团队内部领导者。然而，首先，团队成员定期获取信息并从外部获取知识。未来研究可以分析、探讨个体和团队层面的预测和结果的作用，包括"跨边界"行为（Ancona & Caldwell，1990）。这有助于在团队之外补充内部资源形成绩效。其次，本书的调查限制于工作团队领导者的人力资本和社会资本，这些资源已被证明对动态能力领域很重要。未来的研究还可以通过增加调查其他额外的资源来拓展这一研究的范围，如心理资本。最后，本书分别探讨了领导者人力资本和社会资本两种团队成员可获得的资源支持，未来的研究可以探讨领导者人力资本和社会资本的交互作用。总之，这样的调查将加深对团队如何有效地整合知识资源并达到高水平绩效的理解。未来的研究可以通过识别团队所拥有的资源如何发展成知识整合能力的微观中介来研究模型中更详细的关系（Marks et al.，2001）。

第四，在边界条件上，本书基于团队工作模式，探讨了一个团队结构在领导者人力资本和社会资本与团队知识整合能力和员工工作投入之间的调节作用，实证数据分析也证实了团队结构是领导者人力资本和社会资本有效性得以发挥的边界条件。然而，在中国组织情境下，针对权力距离、集体主义氛围、不确定性规避等问题，领导者人力资本和社会资本作用机理能否相适应呢？未来研究可以考察这些与本书有关的调节变量，或者可能影响此研究的环境因素，例如，中国仍是权力等级制度严格的国家，相对强调决策权力的中心化，组织中有很多正式化的规章制度，在很多决策的制定上并不鼓励员工参与，甚至认为与普通员工无关；而且，很多组织管理仍以管控为目标，因此要求管理者在执行工作任务汇总时须严格遵守相应的规章制度（Hirst，Knippenberg，Chen & Sacramento，2011），这在很大程度上削弱了团队领导者对团队成员的有效激励，造成领导者社会资本与员工工作投入正相关关系的降低，进而可能会降低激励的有效性。此外，Hofstede（2001）研究指出，人们有不确定性规避倾向。因此会努力寻找规则或者指导来应对不确定的现状（Dorfman & Howell，1988），以此保护自我。而领导者需要调动团队成员的工作积极性，持续激励员工，使其努力投入工作，获得良好的绩效表现（王宝荣、陈学旺和樊丹，2014）。由此，在高不确定性规避组织文化下，领导者本身就是员工工作中规避不确定性风险的第一道"护城河"，是员工可依赖其来指导自我成长和发展的重要因素。所以，领导者丰富的人力资本和社会资本更能促使员工产生积极行为。未来研究可探析不确定性规避倾向在领导者人力资本和社会资本与团队知识整合能力和员工工作投入之间的调节作用。

参考文献

［1］Acquaah, M. Managerial Social Capital, Strategic Orientation, and Organizational Performance in an Emerging Economy ［J］. Strategic Management Journal, 2007, 28 (12): 1235-1255.

［2］Adler, P. S. , and Kwon, S. W. Social Capital: Prospects for a New Concept ［J］. Academy of Management Review, 2002, 27 (1): 17-40.

［3］Adner, R. , and Helfat, C. E. Corporate Effects and Dynamic Managerial Capabilitie's ［J］. Strategic Management Journal, 2003, 24 (10): 1011-1025.

［4］Agranoff R. , Clift, S. Burt, R. S. Structural Holes: The Social Structure of Competition ［M］. Harvard University Press, 1992.

［5］Agrawal, A. , and Knoeber, C. R. Do Some outside Directors Play a Political Role? ［J］. The Journal of Law and Economics, 2001, 44 (1): 179-198.

［6］Alchian, A. A. , and Demsetz, H. Production, Information Costs, and Economic Organization ［J］. The American Economic Review, 1972, 62 (5): 777-795.

［7］Ambrose, M. L. , and Schminke, M. Organization Structure as a Moderator of the Relationship between Procedural Justice, Interactional Justice, Perceived Organizational Support, and Supervisory Trust ［J］. Journal of Applied Psychology, 2003, 88 (2): 295.

［8］Ambrose, M. L. , Schminke, M. , and Mayer, D. M. Trickle - Down Effects of Supervisor Perceptions of Interactional Justice: A Moderated Mediation Approach ［J］. Journal of Applied Psychology, 2013, 98 (4): 678.

［9］Ancona, D. G. , and Caldwell, D. Beyond Boundary Spanning: Managing External Dependence in Product Development Teams ［J］. The Journal of High Technology Management Research, 1990, 1 (2): 119-135.

［10］Anderson, N. R. , and West, M. A. Measuring Climate for Work Group Innovation: Development and Validation of the Team Climate Inventory ［J］. Journal of

Organizational Behavior: The International Journal of Industrial, Occupational and Organizational Psychology and Behavior, 1998, 19 (3): 235-258.

[11] Argote, L., and Ingram, P. Knowledge Transfer: A Basis for Competitive Advantage in Firms [J]. Organizational Behavior and Human Decision Processes, 2000, 82 (1): 150-169.

[12] Argote, L., Turner, M. E., and Fichman, M. To Centralize or not to Centralize: The Effects of Uncertainty and Threat on Group Structure and Performance [J]. Organizational Behavior and Human Decision Processes, 1989, 43 (1): 58-74.

[13] Argote, L. Organizational Learning: Creating, Retaining, and Transferring Knowledge [M]. Kluwer Academic Publishers, 1999.

[14] Aryee, S., Sun, L. Y., Chen, Z. X. G., et al. Abusive Supervision and Contextual Performance: The Mediating Role of Emotional Exhaustion and the Moderating Role of Work Unit Structure [J]. Management and Organization Review, 2008, 4 (3): 393-411.

[15] Badii, A., and Sharif, A. Information Management and Knowledge Integration for Enterprise Innovation [J]. Logistics Information Management, 2003, 16 (2): 145-155.

[16] Baker, W. E. Market Networks and Corporate Behavior [J]. American Journal of Sociology, 1990, 96 (3): 589-625.

[17] Bakker, A. B., and Demerouti, E. Job Demands - resources Theory [M] //Wellbeing: A Complete Reference Guide. Wiley-Blackwell, 2014: 1-28.

[18] Bakker, A. B., and Demerouti, E. The Job Demands-Resources Model: State of the Art [J]. Journal of Managerial Psychology, 2007, 22 (3): 309-328.

[19] Bakker, A. B., and Leiter, M. P. Where to Go from Here: Integration and Future Research on Work Engagement [M] //Work Engagement: A Handbook of Essential Theory and Research. Psychology Press, 2010: 181-196.

[20] Barnett, R. Improving Higher Education: Total Quality Care [M]. Buckingham, SRHE, Open University Press, 1992.

[21] Barney, J. Firm Rresources and Sustained Competitive Advantage [J]. Journal of Management, 1991, 17 (1): 99-120.

[22] Bartko, J. J. On Various Intraclass Correlation Reliability Coefficients [J]. Psychological Bulletin, 1976, 83 (5): 762.

[23] Bass, B. M. Leadership and Performance beyond Expectations [M]. Collier Macmillan, 1985.

［24］ Bass, B. M. Team Productivity and Individual Member Competence ［J］. Small Group Behavior, 1980, 11 (4): 431-504.

［25］ Batjargal, B., Hitt, M. A., Tsui, A. S., Arregle, J. L., Webb, J. W., and Miller, T. L. Institutional Polycentrism, Entrepreneurs' Social Networks, and New Venture Growth ［J］. Academy of Management Journal, 2013, 56 (4): 1024-1049.

［26］ Baum, S., and Stimson, R. Patterns of Disadvantage and Advantage across Australia's Communities: A Focus on Education and Human Capital ［J］. New Horizons in Education, 2001 (105): 9-34.

［27］ Becker, G. Human Capital: A Theoretical Analysis with Special Reference to Education ［J］. NBER, 1964, 18 (1): 556.

［28］ Becker, G. S. Human Capital Revisited ［M］//Human Capital: A Theoretical and Empirical Analysis with Special Reference to Education (3rd ed.). The University of Chicago Press, 1993: 15-28.

［29］ Becker, G. S. Human Capital: A Theoretical and Empirical Analysis, with Special Reference to Education (3rd ed.) ［M］. University of Chicago Press, 1993.

［30］ Becker, G. S. Investment in Human Capital: Effects on Earnings ［M］// Human Capital: A Theoretical and Empirical Analysis with Special Reference to Education, Second Edition. NBER, 1975: 13-44.

［31］ Becker, M. C., and Zirpoli, F. Knowledge Integration in New Product Development: The Fiat Autocase ［J］. International Journal of Automotive Technology and Management, 2003, 3 (1-2): 30-46.

［32］ Beekun, R. I. Assessing the Effectiveness of Sociotechnical Interventions: Antidote or Fad? ［J］. Human Relations, 1989, 42 (10): 877-897.

［33］ Beersma, B., Hollenbeck, J. R., Humphrey, S. E., et al. Cooperation, Competition, and Team Performance: Toward a Contingency Approach ［J］. Academy of Management Journal, 2003, 46 (5): 572-590.

［34］ Bennis, W., and Nanus, B. Leaders: The Strategies for Taking Charge ［M］. Harper and Row, 1985.

［35］ Bernadin, H. K., Kane, J. S., Ross, S., et al. Performance Appraisal Design, Development and Implementation ［J］. Handbook of Human Resource Management, 1995, 462: 493.

［36］ Bledow, R., Schmitt, A., Frese, M., et al. The Affective Shift Model of Work Engagement ［J］. Journal of Applied Psychology, 2011, 96 (6): 1246.

[37] Borman, W. C. , and Motowidlo, S. M. Expanding the Criterion Domain to Include Elements of Contextual Performance [M] //Personnel Selection in Organizations. Jossey Bass, 1993: 71-98.

[38] Bosma, N. , Van Praag, M. , Thurik, R. , et al. The Value of Human and Social Capital Investments for the Business Performance of Startups [J] . Small Business Economics, 2004, 23: 227-236.

[39] Bourdieu, P. The Force of Law: Toward a Sociology of the Juridical Field [J] . Hastings Law Journal, 1986, 38 (5): 814.

[40] Boyett, J. H. , Kearney, A. T. , and Conn, H. P. What's Wrong with Total Quality Management? [J] . Tapping the Network Journal, 1992, 3 (1): 10-14.

[41] Bruns, T. , and Stalker, G. M. The Management of Innovation [M] . Oxford Vniversity Press, 1961.

[42] Brush, C. G. , Greene, P. G. , and Hart, M. M. From Initial Idea to Unique Advantage: The Entrepreneurial Challenge of Constructing a Resource Base [J] . Academy of Management Perspectives, 2001, 15 (1): 64-78.

[43] Bunderson, J. S. , and Sutcliffe, K. M. Comparing Alternative Conceptualizations of Functional Diversity in Management Teams: Process and Performance Effects [J] . Academy of Management Journal, 2002, 45 (5): 875-893.

[44] Burns, T. , Stalker, G. M. Mechanistic and Organic Systems [J] . Classics of Organizational Theory, 1961: 209-214.

[45] Burt, R. Licensed by Authority: Ben Jonson and the Discourses of Censorship [M] . Cornell University Press, 1993.

[46] Burt, R. S. Structural Holes: The Social Structure of Competition [M] . Harvard University Press, 1992.

[47] Burt, R. S. The Network Structure of Social Capital [J] . Research in Organizational Behavior, 2000, 22: 345-423.

[48] Campbell, J. P. Modeling the Performance Prediction Problem in Industrial and Organizational Psychology [M] //Dunnetle, M. D. , Hough, L. M. Handbook of Industrial and organizational Psychology. Consulting Psy-chologists Press, 1990: 687-732.

[49] Campion, M. A. , Medsker, G. J. , and Higgs, A. C. Relations between Work Group Characteristics and Effectiveness: Implications for Designing Effective Work Groups [J] . Personnel Psychology, 1993, 46 (4): 823-847.

[50] Cannon - Bowers, J. A. , Tannenbaum, S. I. , Salas, E. , and Volpe,

C. E. Defining Competencies and Establishing Team Training Requirements［M］// Team Effectiveness and Decision Making in Organizations. John Wilcy and Sons, 1995: 333-380.

［51］Cardinal, L. B. Technological Innovation in the Pharmaceutical Industry: The Use of Organizational Control in Managing Research and Development［J］. Organization Science, 2001, 12（1）: 19-36.

［52］Cardy, R. L. , and Dobbins, G. H. Performance Appraisal: The Influence of Liking on Cognition［J］. Managerial Cognition and Organizational Information Processing, 1994, 5: 115-140.

［53］Cassar, G. Entrepreneur Opportunity Costs and Intended Venture Growth［J］. Journal of Business Venturing, 2006, 21（5）: 610-632.

［54］Castanias, R. P. , and Helfat, C. E. Managerial Resources and Rents［J］. Journal of Management, 1991, 17（1）: 155-171.

［55］Chandler, G, N. , and Hanks, S. H. Founder Competence, the Environment, and Venture Performance［J］. Entrepreneurship Theory and Practice, 1994, 18（3）: 77-89.

［56］Chandler, G. N. , and Hanks, S. H. An Examination of the Substitutability of Founders Human and Financial Capital in Emerging Business Ventures［J］. Journal of Business Venturing, 1998, 13（5）: 353-369.

［57］Chandler, G. N. , and Hanks, S. H. An Investigation of New Venture Teams in Emerging Businesses［J］. Frontiers of Entrepreneurship Research, 1998, 10: 318-330.

［58］Chen, G. , and Kanfer, R. Toward a Systems Theory of Motivated Behavior in Work Teams［J］. Research in Organizational Behavior, 2006, 27: 223-267.

［59］Chen, Z. X. , Tsui, A. S. , and Farh, J. L. Loyalty to Supervisor vs. Organizational Commitment: Relationships to Employee Performance in China［J］. Journal of Occupational and Organizational Psychology, 2002, 75（3）: 339-356.

［60］Clark, H. , and Marshall, C. Definite Reference and Mutual Knowledge［J］. Elements of Discourse Understanding, 1981: 10-63.

［61］Clegg, S. R. , and Hardy, C. Organizations, Organization and Organizing［M］//The Sage Handbook of Organization Studies, 1996: 1-28.

［62］Cohen, S. G. , and Bailey, D. E. What Makes Teams Work: Group Effectiveness Research from the Shop Floor to the Executive Suite［J］. Journal of Management, 1997, 23（3）: 239-290.

[63] Cohen, W. M., and Levinthal, D. A. Absorptive Capacity: A New Perspective on Learning and Innovation [J]. Administrative Science Quarterly, 1990, 35 (1): 128-152.

[64] Coleman, J. S. Social Capital in the Creation of Human Capital [J]. American Journal of Sociology, 1988, 94: 95-120.

[65] Coleman, J. S. Social Capital [J]. Foundations of Social Theory, 1990, 2: 300-321.

[66] Collins, C. J., and Clark, K. D. Strategic Human Resource Practices, Top Management Team Social Networks, and Firm Performance: The Role of Human Resource Practices in Creating Organizational Competitive Advantage [J]. Academy of Management Journal, 2003, 46 (6): 740-751.

[67] Conway, J. M. Additional Construct Validity Evidence for the Task/Contextual Performance Distinction [J]. Human Performance, 1996, 9 (4): 309-329.

[68] Cotter, E. W., and Fouad, N. A. Examining Burnout and Engagement in Layoff Survivors: The Role of Personal Strengths [J]. Journal of Career Development, 2013, 40 (5): 424-444.

[69] Covin, J. G., and Slevin, D. P. Strategic Management of Small Firms in Hostile and Benign Environments [J]. Strategic Management Journal, 1989, 10 (1): 75-87.

[70] Cramton, C. D. The Mutual Knowledge Problem and its Consequences for Dispersed Collaboration [J]. Organization Science, 2001, 12 (3): 346-371.

[71] Crook, T. R., Todd, S. Y., Combs, J. G., Woehr, D. J., and Ketchen Jr, D. J. Does Human Capital Matter? A Meta-Analysis of the Relationship between Human Capital and Firm Performance [J]. Journal of Applied Psychology, 2011, 96 (3): 443.

[72] Cropanzano, R., and Mitchell, M. S. Social Exchange Theory: An Interdisciplinary Review [J]. Journal of Management, 2005, 31: 874-900.

[73] Damanpour, F., and Evan, W. M. The Adoption of Innovations over Time: Structural Characteristics and Performance of Organizations [C] //Annual Meeting of the Decision Science Institute, San Diego, 1990.

[74] Daniel, R., and David, M. The Effective Teaching of Mathematics: A Review of Research [J]. School Leadership & Management, 1999, 19 (3): 273-288.

[75] Davidsson, P., and Honig, B. The Role of Social and Human Capital

among Nascent Entrepreneurs ［J］.Journal of Business Venturing, 2003, 18 (3): 301-331.

［76］De Boer, M., Van Den Bosch, F. A. J., and Volberda, H. W. Managing Organizational Knowledge Integration in the Emerging Multimedia Complex ［J］.Journal of Management Studies, 1999, 36 (3): 379-398.

［77］De Jonge, J., and Dormann, C. Stressors, Resources, and Strain at Work: A Longitudinal Test of the Triple-Match Principle ［J］.Journal of Applied Psychology, 2006, 91 (6): 1359.

［78］Del Rosario, T. C. Social Responsibility and the Multinational Corporation: The Case of Levi Strauss' Code of Conduct in the Philippines ［Z］.2003.

［79］Demerouti, E., Bakker, A., and Leiter, M. Burnout and Work Engagement: The JD-R Approach ［J］.Journal of Occupational Health Psychology, 2014, 19 (1): 96-107.

［80］Demerouti, E., Bakker, A. B., De Jonge, J., et al. Burnout and Engagement at Work as a Function of Demands and Control ［J］.Scandinavian Journal of Work, Environment & Health, 2001, 27 (4): 279-286.

［81］Demerouti, E., Bakker, A. B., Nachreiner, F., and Schaufeli, W. B. The Job Demands-Resources Model of Burnout ［J］.Journal of Applied Psychology, 2001, 86 (3): 499.

［82］Denison, D. R., and Mishra, A. K. Toward a Theory of Organizational Culture and Effectiveness ［J］.Organization Science, 1995, 6 (2): 204-223.

［83］Devine, D. J., and Philips, J. L. Do Smarter Teams Do Better: A Meta-analysis of Cognitive Ability and Team Performance ［J］.Small Group Research, 2001, 32 (5): 507-532.

［84］Dienesch, R. M., and Liden, R. C. Leader-Member Exchange Model of Leadership: A Critique and Further Development ［J］.Academy of Management Review, 1986, 11 (3): 618-634.

［85］Dirks, K. T. The Effects of Interpersonal Trust on Work Group Performance ［J］.Journal of Applied Psychology, 1999, 84 (3): 445.

［86］Dohrenwend, B. S. Social Stress and Community Psychology ［J］.American Journal of Community Psychology, 1978, 6 (1): 1-14.

［87］Dokko, G. What You Know or Who You Know? Human Capital and Social Capital as Determinants of Individual Performance ［M］.University of Pennsylvania Press, 2004.

[88] Dollard, M. F. , and Bakker, A. B. Psychosocial Safety Climate as a Precursor to Conducive Work Environments, Psychological Health Problems, and Employee Engagement [J] . Journal of Occupational and Organizational Psychology, 2010, 83 (3): 579-599.

[89] Donaldson, L. Two Reviews of "American Anti-Management Theories of Organization: A Critique of Paradigm Proliferation" —A Reply to Clegg and Stern [J] . Australian Journal of Management, 1996, 21 (2): 209-215.

[90] Dorfman, W. , and Howell, P. Dimensions of National Culture and Effective Leadership Patterns: Hofstede Revised [J] . Advances in International Comparative Management, 1988, 3 (10): 127-150.

[91] Drach-Zahavy, A. , and Somech, A. Understanding Team Innovation: The Role of Team Processes and Structures [J] . Group Dynamics: Theory, Research, and Practice, 2001, 5 (2): 111.

[92] Dragoni, L. , and Kuenzi, M. Better Understanding Work Unit Goal Orientation: Its Emergence and Impact under Different Types of Work Unit Structure [J] . Journal of Applied Psychology, 2012, 97 (5): 1032.

[93] Drucker, P. F. The Discipline of Innovation [J] . Harvard Business Review, 1998, 80 (8): 13-15.

[94] Duchesneau, D. A. , and Gartner, W. B. A Profile of New Venture Success and Failure in an Emerging Industry [J] . Journal of Business Venturing, 1990, 5 (5): 297-312.

[95] Dunahoo, C. L. , Hobfoll, S. E. , Monnier, J. , Hulsizer, M. R. , and Johnson, R. There's More than Rugged Individualism in Coping. Part 1: Even the Lone Ranger had Tonto [J] . Anxiety, Stress and Coping, 1998, 11 (2): 137-165.

[96] Eden, D. Pygmalion in Management: Productivity as a Self-Fulfilling Prophecy [M] . Lexington Books (D. C. Heath and Com Pany), 1990: 209.

[97] Edmondson, A. Psychological Safety and Learning Behavior in Work Teams [J] . Administrative Science Quarterly, 1999, 44 (2): 350-383.

[98] Edvina, U. Dual Exchange Theory, Social Networks, and Informal Social Support [J] . American Journal of Sociology, 1990, 96 (3): 521-557.

[99] Eisenhardt, K. M. , and Martin, J. A. Dynamic Capabilities: What are They? [J] . Strategic Management Journal, 2000, 21 (10-11): 1105-1121.

[100] Elkins, T. , and Keller, R. T. Leadership in Research and Development Organizations: A Literature Review and Conceptual Framework [J] . The Leadership

Quarterly, 2003, 14 (4-5): 587-606.

[101] Espinosa, J. A., Slaughter, S. A., Kraut, R. E., and Herbsleb, J. D. Team Knowledge and Coordination in Geographically Distributed Software Development [J] . Journal of Management Information Systems, 2007, 24 (1): 135-169.

[102] Farh, J. L., and Cheng, B. S. Modesty Bias in Self - Rating in Taiwan: Impact of Item Wording, Modesty Value, and Self-Esteem [J] . Chinese Journal of Psychology, 1997, 39 (2): 103-118.

[103] Finkelstein, S., and Hambrick, D. C. Strategic Leadership: Top Executives and their Effects on Organizations [M] . West Publishing Company, 1996.

[104] Florin, J., Lubatkin, M., and Schulze, W. A Social Capital Model of High - Growth Ventures [J] . Academy of Management Journal, 2003, 46 (3): 374-384.

[105] Forbes, J. B., and Piercy, J. Corporate Mobility and Paths to the Top: Studies for Human Resource and Management Development Specialists [M] . Greenwood Publishing Group, 1991.

[106] Frese, M., Krauss, S. I., Keith, N., et al. Business Owners' Action Planning and its Relationship to Business Success in Three African Countries [J] . Journal of Applied Psychology, 2007, 92 (6): 1481.

[107] Gardner, H. K., Gino, F., and Staats, B. R. Dynamically Integrating Knowledge in Teams: Transforming Resources into Performance [J] . Academy of Management Journal, 2012, 55 (4): 998-1022.

[108] Gibson, C. B., Waller, M. J., Carpenter, M. A., and Conte, J. M. Antecedents, Consequences, and Moderators of Time Perspective Heterogeneity for Knowledge Management in MNO Teams [J] . Journal of Organizational Behavior: The International Journal of Industrial, Occupational and Organizational Psychology and Behavior, 2007, 28 (8): 1005-1034.

[109] Gimeno, J., Folta, T. B., Cooper, A. C., et al. Survival of the Fittest? Entrepreneurial Human Capital and the Persistence of under Performing Firms [J] . Administrative Science Quarterly, 1997, 42 (4): 750-783.

[110] Gino, F., Argote, L., Miron-Spektor, E., and Todorova, G. First, Get your Feet Wet: The Effects of Learning from Direct and Indirect Experience on Team Creativity [J] . Organizational Behavior and Human Decision Processes, 2010, 111 (2): 102-115.

[111] Girdauskiene, L., and Savaneviciene, A. Influence of Formalization on

Effective Knowledge Management in a Creative Organization ［J］. International Journal of Knowledge, Culture & Change Management, 2012, 11 (6): 11-28.

［112］ Gladstein, D. L. Groups in Context: A Model of Task Group Effectiveness ［J］. Administrative Science Quarterly, 1984, 29: 499-517.

［113］ Goodman, P. S. , and Leyden, D. P. Familiarity and Group Productivity ［J］. Journal of Applied Psychology, 1991, 76 (4): 578.

［114］ Goodman, P. S. , Devadas, R. , and Hughson, T. L. Groups and Productivity: Analyzing the Effectiveness of Self-Managing Teams ［J］. Productivity in Organizations, 1988 (1): 295-327.

［115］ Graen, G. B. , and Scandura, T. A. Toward a Psychology of Dyadic Organizing ［J］. Research in Organizational Behavior, 1987, 9: 175-208.

［116］ Graen, G. B. , and Uhl-Bien, M. Relationship-based Approach to Leadership: Development of Leader-Member Exchange (LMX) Theory of Leadership over 25 Years: Applying a Multi-Level Multi-Domain Perspective ［J］. The Leadership Quarterly, 1995, 6 (2): 219-247.

［117］ Grant, R. M. Prospering in Dynamically-Competitive Environments: Organizational Capability as Knowledge Integration ［J］. Organization Science, 1996, 7 (4): 375-387.

［118］ Grant, R. M. Toward a Knowledge-Based Theory of the Firm ［J］. Strategic Management Journal, 1996, 17 (S2): 109-122.

［119］ Greg, K. Symmetry Classes of Alternating-sign Matrices under One Roof ［J］. arxiv: Math/0008184v3. 2000, 156: 835-866.

［120］ Griffin, M. A. , Neal, A. , and Parker, S. K. A New Model of Work Role Performance: Positive Behavior in Uncertain and Interdependent Contexts ［J］. Academy of Management Journal, 2007, 50 (2): 327-347.

［121］ Gruenfeld, D. H. , Mannix, E. A. , Williams, K. Y. , and Neale, M. A. Group Composition and Decision Making: How Member Familiarity and Information Distribution Affect Process and Performance ［J］. Organizational Behavior and Human Decision Processes, 1996, 67 (1): 1-15.

［122］ Gruenfeld, D. H. , Martorana, P. V. , and Fan, E. T. What Do Groups Learn from their Worldliest Members? Direct and Indirect Influence in Dynamic Teams ［J］. Organizational Behavior and Human Decision Processes, 2000, 82 (1): 45-59.

［123］ Guzzo, R. A. , and Dickson, M. W. Teams in Organizations: Recent Research on Performance and Effectiveness [J] . Annual Review of Psychology, 1996, 47 (1): 307-338.

[124] Guzzo, R. A. , and Salas, E. Team Effectiveness and Decision Making in Organizations (Vol. 22) [M] . Pfeiffer, 1995.

[125] Haas, M. R. , and Hansen, M. T. Different Knowledge, Different Benefits: Toward a Productivity Perspective on Knowledge Sharing in Organizations [J] . Strategic Management Journal, 2007, 28 (11): 1133-1153.

[126] Hackman, J. R. , and Hackman, R. J. Leading Teams: Setting the Stage for Great Performances [M] . Harvard Business Press, 2002.

[127] Hackman, J. R. , and Katz, N. Group Behavior and Performance [J] . Handbook of Social Psychology, 2010, 2: 1208-1251.

[128] Hackman, J. R. Group-level Issues in the Design and Training of Cockpit crews [C] //NASA. Ames Research Center Cockpit Resource Management Training, 1987.

[129] Hage, J. Communication and Organizational Control: Cybernetics in Health and Welfare Settings [M] . New York: Wiley-Interscience, 1974: 273.

[130] Hakanen, J. J. , Schaufeli, W. B. , and Ahola, K. The Job Demands-Resources Model: A Three-Year Cross-Lagged Study of Burnout, Depression, Commitment, and Work Engagement [J] . Work & Stress, 2008, 22 (3): 224-241.

[131] Halbesleben, J. R. , and Wheeler, A. R. The Relative Roles of Engagement and Embeddedness in Predicting Job Performance and Intention to Leave [J] . Work & Stress, 2008, 22 (3): 242-256.

[132] Halbesleben, J. R. B. , and Bowler, W. M. Emotional Exhaustion and Job Performance: The Mediating Role of Motivation [J] . Journal of Applied Psychology, 2007, 92 (1): 93.

[133] Hall, D. J. , and Paradice, D. Philosophical Foundations for a Learning-Oriented Knowledge Management System for Decision Support [J] . Decision Support Systems, 2005, 39 (3): 445-461.

[134] Hansen, M. T. The Search-Transfer Problem: The Role of Weak Ties in Sharing Knowledge across Organization Subunits [J] . Administrative Science Quarterly, 1999, 44 (1): 82-111.

[135] Harris, C. M. , and McMahan, G. C. The Influence of Compensation on Leader Human Capital and Unit Performance [J] . SAM Advanced Management Journal, 2015, 80 (1): 33.

领导者人力资本和社会资本对团队绩效和员工绩效的影响机制研究

[136] Harter, J. K. , Schmidt, F. L. , and Hayes, T. L. Business-Unit-Level Relationship between Employee Satisfaction, Employee Engagement, and Business Outcomes: A Meta - Analysis [J] . Journal of Applied Psychology, 2002, 87 (2): 268.

[137] Harvey, P. , Stoner, J. , Hochwarter, W. , and Kacmar, C. Coping with Abusive Supervision: The Neutralizing Effects of Ingratiation and Positive Affect on Negative Employee Outcomes [J] . The Leadership Quarterly, 2007, 18 (3): 264-280.

[138] Helfat, C. E. , and Peteraf, M. A. The Dynamic Resource-Based View: Capability Lifecycles [J] . Strategic Management Journal, 2003, 24 (10): 997-1010.

[139] Henderson, R. M. , and Clark, K. B. Architectural Innovation: The Reconfiguration of Existing Product Technologies and the Failure of Established Firms [J] . Administrative Science Quarterly, 1990 (3): 9-30.

[140] Hesketh, B. , and Neal, A. Technology and Performance [M] //Changing Nature of Performance: Implications for Staffing, Motivation, and Development, 1999: 21-55.

[141] Hirst , G. , Van Knippenberg, D. , Chen, C. H. , et al. How does Bureaucracy Impact Individual Creativity? A Cross-Level Investigation of Team Contextual Influences on Goal Orientation-Creativity Relationships [J] . Academy of Management Journal, 2011, 54 (3): 624-641.

[142] Hislop, D. Linking Human Resource Management and Knowledge Management Via Commitment: A Review and Research Agenda [J] . Employee Relations, 2003, 25 (2): 182-202.

[143] Hitt, M. A. , Bierman, L. , Uhlenbruck, K. , and Shimizu, K. The Importance of Resources in the Internationalization of Professional Service Firms: The Good, the Bad, and the Ugly [J] . Academy of Management Journal, 2006, 49 (6): 1137-1157.

[144] Hobfoll, S. E. , and Wells, J. D. Conservation of Resources, Stress, and Aging [M] //Handbook of Aging and Mental Health. Springer, 1998: 121-134.

[145] Hobfoll, S. E. , Tirone, V. , Holmgreen, L. , and Gerhart, J. Conservation of Resources Theory Applied to Major Stress [M] //Stress: Concepts, Cognition, Emotion, and Behavior. Academic Press, 2016: 65-71.

[146] Hobfoll, S. E. Conservation of Resource Caravans and Engaged Settings [J] . Journal of Occupational and Organizational Psychology, 2011, 84 (1):

116-122.

[147] Hobfoll, S. E. Conservation of Resources: A New Attempt at Conceptualizing Stress [J]. American Psychologist, 1989, 44 (3): 513.

[148] Hobfoll, S. E. Conservation of Resources: A Rejoinder to the Commentaries [J]. Applied Psychology, 2001, 50 (3): 419-421.

[149] Hobfoll, S. E. Social and Psychological Resources and Adaptation [J]. Review of General Psychology, 2002, 6 (4): 307-324.

[150] Hobfoll, S. E. The Influence of Culture, Community, and the Nested - Self in the Stress Process: Advancing Conservation of Resources Theory [J]. Applied Psychology, 2001, 50 (3): 337-421.

[151] Hoegl, M., and Gemuenden, H. G. Teamwork Quality and the Success of Innovative Projects: A Theoretical Concept and Empirical Evidence [J]. Organization Science, 2001, 12 (4): 435-449.

[152] Hoffer, J. A., George, J. F., and Valacich, J. S. Modern Systems Analysis & Design [M]. Peavrson, 1999.

[153] Hofstede, G. J. Adoption of Communicationtechnologies and National Culture [J]. Systèmes d'Information et Management, 2001, 6 (3): 3.

[154] Hogan, R., and Shelton, D. A Socioanalytic Perspective on Job Performance [J]. Human Performance, 1998, 11 (2-3): 129-144.

[155] Houingshead, A. B. Retrieval Processes in Transactive Memory Systems [J]. Journal of Personality and Social Psychology, 1998, 74 (3): 659-671.

[156] Howell, J. M., and Hall-Merenda, K. E. The Ties That Bind: The Impact of Leader - Member Exchange, Transformational and Transactional Leadership, and Distance on Predicting Follower Performance [J]. Journal of Applied Psychology, 1999, 84 (5): 680.

[157] Howell, J. M., Neufeld, D. J., and Avolio, B. J. Examining the Relationship of Leadership and Physical Distance with Business Unit Performance [J]. The Leadership Quarterly, 2005, 16 (2): 273-285.

[158] Huang, J. N., Park, I., Ellingson, E., et al. Activity of the Apccdh1 Form of the Anaphase-Promoting Complex Persists until S Phase and Prevents the Premature Expression of Cdc20p [J]. The Journal of Cell Biology, 2001, 154 (1): 85-94.

[159] Huckman, R. S., and Staats, B. R. Fluid Tasks and Fluid Teams: The Impact of Diversity in Experience and Team Familiarity on Team Performance [J].

Manufacturing & Service Operations Management, 2011, 13 (3): 310-328.

[160] Humphrey, S. E., Morgeson, F. P., and Mannor, M. J. Developing a Theory of the Strategic Core of Teams: A Role Composition Model of Team Performance [J]. Journal of Applied Psychology, 2009, 94 (1): 48.

[161] Hunter, J. E. Cognitive Ability, Cognitive Aptitudes, Job Knowledge, and Job Performance [J]. Journal of Vocational Behavior, 1986, 29 (3): 340-362.

[162] Huppi, R. Social Capital: Securing Competitive Advangage in the New Economy [J]. Financial Times Management, 2001.

[163] Iansiti, M., and Clark, K. B. Integration and Dynamic Capability: Evidence from Product Development in Automobiles and Mainframe Computers [J]. Industrial and Corporate Change, 1994, 3 (3): 557-605.

[164] Ilgen, D. R., Hollenbeck, J. R., Johnson, M., and Jundt, D. Teams in Organizations: From Input-Process-Output Models to IMOI Models [J]. Annual Review of Psychology, 2005, 56: 517-543.

[165] Inkpen, A. C., and Tsang, E. W. K. Social Capital, Networks, and Knowledge Transfer [J]. Academy of Management Review, 2005, 30: 146-165.

[166] James, L. R., Wolf, G., and Demaree, R. G. Estimating Interrater Reliability in Incomplete Designs (No. IBR-81-14) [M]. Texas Christian Univ Fort Worth Inst of Behavioral Research: Fort Worth, TX, USA, 1981.

[167] James, L. R. Aggregation Bias in Estimates of Perceptual Agreement [J]. Journal of Applied Psychology, 1982, 67 (2): 219.

[168] Jansen, J. J. P., Simsek, Z., and Cao, Q. Ambidexterity and Performance in Multiunit Contexts: Cross-level Moderating Effects of Structural and Resource Attributes [J]. Strategic Management Journal, 2012, 33 (11): 1286-1303.

[169] Jansen, J. J. P., Van Den Bosch, F. A. J., and Volberda, H. W. Exploratory Innovation, Exploitative Innovation, and Performance: Effects of Organizational Antecedents and Environmental Moderators [J]. Management Science, 2006, 52 (11): 1661-1674.

[170] Jennings, D. F., and Seaman, S. L. Aggressiveness of Response to New Business Opportunities Following Deregulation: An Empirical Study of Established Financial Firms [J]. Journal of Business Venturing, 1990, 5 (3): 177-189.

[171] Jewell, L. N., and Reitz, H. J. Group Effectiveness in Organizations [M]. Foresman and Company, 1981.

[172] Johnson, R. E., Rosen, C. C., and Djurdjevic, E. Assessing the Im-

pact of Common Method Variance on Higher Order Multidimensional Constructs [J] . Journal of Applied Psychology, 2011, 96 (4): 744.

[173] Judge, T. A. , Erez, A. , Bono, J. E. , and Thoresen, C. J. The Core Self-Evaluations Scale: Development of a Measure [J] . Personnel Psychology, 2003, 56 (2): 303-331.

[174] Kahn, W. A. Psychological Conditions of Personal Engagement and Disengagement at Work [J] . Academy of Management Journal, 1990, 33 (4): 692-724.

[175] Kahn, W. A. To be Fully There: Psychological Presence at Work [J] . Human Relations, 1992, 45 (4): 321-349.

[176] Kalshoven, K. , and Boon, C. T. Ethical Leadership, Employee Well-being, and Helping [J] . Journal of Personnel Psychology, 2012, 11 (1): 60-68.

[177] Kane, A. A. , Argote, L. , and Levine, J. M. Knowledge Transfer between Groups via Personnel Rotation: Effects of Social Identity and Knowledge Quality [J] . Organizational Behavior and Human Decision Processes, 2005, 96 (1): 56-71.

[178] Katzenbach, J. R. , and Smith, D. K. The Discipline of Teams: A Mindbook-Workbook for Delivering Small Group Performance [M] . John Wiley & Sons, 2002.

[179] Katzenbach, J. R. , and Smith, D. K. The Discipline of Teams [J] . Harvard Business Review, 2005, 83 (7): 162.

[180] Katzenbach, J. R. , and Smith, D. K. The Rules for Managing Cross-Functional Reengineering Teams [J] . Planning Review, 1993, 21 (2): 12-13.

[181] Katzenbach, J. R. , and Smith, D. K. The Wisdom of Teams: Creating the High-Performance Organization [M] . Harvard Business Review Press, 2015.

[182] Kearney, E. , Gebert, D. , and Voelpel, S. C. When and How Diversity Benefits Teams: The Importance of Team Members' Need for Cognition [J] . Academy of Management Journal, 2009, 52 (3): 581-598.

[183] Keller, R. T. Transformational Leadership and the Performance of Research and Development Project Groups [J] . Journal of Management, 1992, 18 (3): 489-501.

[184] Khandwalla, P. N. The Design of Organizations [M] . Harcourt Brace Jovanovich Publish, 1977.

[185] Kim, Y. , and Cannella Jr, A. A. Toward a Social Capital Theory of Director Selection [J] . Corporate Governance: An International Review, 2008, 16

(4): 282-293.

[186] Koestner, R., Lekes, N., Powers, T. A., et al. Attaining Personal Goals: Self-Concordance Plus Implementation Intentions Equals Success [J]. Journal of Personality and Social Psychology, 2002, 83 (1): 231.

[187] Kogut, B., and Zander, U. Knowledge of the Firm, Combinative Capabilities, and the Replication of Technology [J]. Organization Science, 1992, 3 (3): 383-397.

[188] Konczak, L. J. Creating High Performance Organizations: Practices and Results of Employee Involvement and Total Quality Management in Fortune 1000 Companies [J]. Personnel Psychology, 1996, 49 (2): 495.

[189] Kozlowski, S. W., and Hattrup, K. A Disagreement about within-group Agreement: Disentangling Issues of Consistency versus Consensus [J]. Journal of Applied Psychology, 1992, 77 (2): 161-167.

[190] Kozlowski, S. W., Gully, S. M., Nason, E. R., and Smith, E. M. Developing Adaptive Teams: A Theory of Compilation and Performance across Levels and Time [M] //Pulakos. The Changing Nature of Work Performance: Implications for Staffing, Personnel Actions, and Development. Jossey-Bass, 1999: 240-292.

[191] Kratzer, J., Leenders, R. T. A., and Van Engelen, J. M. The Social Network among Engineering Design Teams and Their Creativity: A Case Study among Teams in Two Product Development Programs [J]. International Journal of Project Management, 2010, 28 (5): 428-436.

[192] Krauss, R. M., and Fussell, S. R. Mutual Knowledge and Communicative Effectiveness [M]. Lawrence Erlbaum Associates, 1990: 111-144.

[193] Larson, M., and Luthans, F. Potential Added Value of Psychological Capital in Predicting Work Attitudes [J]. Journal of Leadership & Organizational Studies, 2006, 13 (2): 75-92.

[194] Latour, B., Harman, G., and Erdélyi, P. The Prince and the Wolf: Latour and Harman at the LSE: The Latour and Harman at the LSE [M]. John Hunt Publishing, 2011.

[195] Laughlin, P. R., Bonner, B. L., and Miner, A. G. Groups Perform Better than the Best Individuals on Letters-to-numbers Problems [J]. Organizational Behavior and Human Decision Processes, 2002, 88 (2): 605-620.

[196] Lawler, E. E., Mohrman, S., and Ledford, G. Creating High Performance Organisations, Practices and Results of Employee Involvement and TQM in Fortune

领导者人力资本和社会资本对团队绩效和员工绩效的影响机制研究

1000 Companies [M] . Jossey-Bass, 1995.

[197] Lawrence, P. R. , and Lorsch, J. W. Differentiation and Integration in Complex Organizations [J] . Administrative Science Quarterly, 1967, 12 (1): 1-47.

[198] Leana Ⅲ, C. R. , and Van Buren, H. J. Organizational Social Capital and Employment Practices [J] . Academy of Management Review, 1999, 24 (3): 538-555.

[199] Leathers, P. E. The Feasibility of a Five-Year Educational Requirement for New York Cpas [J] . Journal of Accountancy, 1972, 134 (2): 92.

[200] LeBreton, J. M. , and Senter, J. L. Answers to 20 Questions about Interrater Reliability and Interrater Agreement [J] . Organizational Research Methods, 2008, 11 (4): 815-852.

[201] Lechler, T. Social Interaction: A Determinant of Entrepreneurial Team Venture Success [J] . Small Business Economics, 2001, 16: 263-278.

[202] Lee, C. , and Yang, J. Knowledge Value Chain [J] . Journal of Management Development, 2000, 19 (9): 783-794.

[203] Leiter, M. P. , and Bakker, A. B. Work Engagement: A Handbook of Essential Theory and Research [M] . Psychology Press, 2010.

[204] Leiter, M. P. The Truth about Burnout: How Organizations Cause Personal Stress and What to do about it [M] . Wiley, 1997.

[205] Lester, S. W. , Meglino, B. M. , and Korsgaard, M. A. The Antecedents and Consequences of Group Potency: A Longitudinal Investigation of Newly Formed Work Groups [J] . Academy of Management Journal, 2002, 45 (2): 352-368.

[206] Levi, D. , and Slem, C. Team Work in Research and Development Organizations: The Characteristics of Successful Teams [J] . International Journal of Industrial Ergonomics, 1995, 16 (1): 29-42.

[207] Lewis, K. Knowledge and Performance in Knowledge-Worker Teams: A Longitudinal Study of Transactive Memory Systems [J] . Management Science, 2004, 50 (11): 1519-1533.

[208] Li, H. , and Zhang, Y. The Role of Managers' Political Networking and Functional Experience in New Venture Performance: Evidence from China's Transition Economy [J] . Strategic Management Journal, 2007, 28 (8): 791-804.

[209] Lin, N. Social Capital: A Theory of Social Structure and Action (Vol. 19) [M] . Cambridge University Press, 2002.

[210] Lodahl, T., and Kejner, M. Relationship among Job Involvement, Job Satisfaction and Organisational Commitment for Nurses [J]. Journal of Psychology, 1965, 49: 24-33.

[211] Macdonald, K. M. The Sociology of the Professions [M]. SAGE, 1995.

[212] Macey, W. H., and Schneider, B. The Meaning of Employee Engagement [J]. Industrial and Organizational Psychology, 2008, 1 (1): 3-30.

[213] Magjuka, R. J., and Baldwin, T. T. Team-based Employee Involvement Programs: Effects of Design and Administration [J]. Personnel Psychology, 1991, 44 (4): 793-812.

[214] Malos, S. B., and Campion, M. A. An Options-based Model of Career Mobility in Professional Service Firms [J]. Academy of Management Review, 1995, 20 (3): 611-644.

[215] Marks, M. A., Mathieu, J. E., and Zaccaro, S. J. A Temporally Based Framework and Taxonomy of Team Processes [J]. Academy of Management Review, 2001, 26 (3): 356-376.

[216] Maslach, C., and Leiter, M. P. Burnout. In Stress: Concepts, Cognition, Emotion, and Behavior [M]. Academic Press, 2016: 351-357.

[217] Maslach, C., and Leiter, M. P. The Truth about Burnout: How Organizations Cause Personal Stress and What to do about it [J]. Psychiatric Rehabilitation Journal, 1997, 23 (2): 194.

[218] Maslach, C., Schaufeli, W. B., and Leiter, M. P. Job Burnout [J]. Annual Review of Psychology, 2001, 52 (1): 397-422.

[219] Mathieu, J. E., and Taylor, S. R. A Framework for Testing Meso-mediational Relationships in Organizational Behavior [J]. Journal of Organizational Behavior: The International Journal of Industrial, Occupational and Organizational Psychology and Behavior, 2007, 28 (2): 141-172.

[220] Mayer, A. K., Sanchez, J., Fisk, A. D., et al. Don't Let Me Down: The Role of Operator Expectations in Human-automation Interaction [C] // Proceedings of the Human Factors and Ergonomics Society Annual Meeting. SAGE, 2006, 50 (21): 2345-2349.

[221] McGrath, J. E. Toward a "Theory of Method" for Research on Organizations [J]. New Perspectives in Organization Research, 1964, 533: 533-547.

[222] Metaxiotis, K., and Psarras, J. Applying Knowledge Management in Higher Education: The Creation of a Learning Organisation [J]. Journal of Informa-

tion & Knowledge Management, 2003, 2 (4): 353-359.

[223] Milliken, F. J., and Martins, L. L. Searching for Common Threads: Understanding the Multiple Effects of Diversity in Organizational Groups [J] . Academy of Management Review, 1996, 21 (2): 402-433.

[224] Mitchell, V. L. Knowledge Integration and Information Technology Project Performance [J] . MIS Quarterly, 2006: 919-939.

[225] Mohrman, S. A., Cohen, S. G., and Morhman Jr, A. M. Designing Team-based Organizations: New Forms for Knowledge Work [M] . Jossey-Bass, 1995.

[226] Molm, L. D. Theories of Social Exchange and Exchange Networks [M] . SAGE, 2001.

[227] Monteverde, K. Technical Dialog as an Incentive for Vertical Integration in the Semiconductor Industry [J] . Management Science, 1995, 41 (10): 1624-1638.

[228] Moran, P. Structural vs. Relational Embeddedness: Social Capital and Managerial Performance [J] . Strategic Management Journal, 2005, 26 (12): 1129-1151.

[229] Morgeson, F. P., Delaney-Klinger, K., and Hemingway, M. A. The Importance of Job Autonomy, Cognitive Ability, and Job-related Skill for Predicting Role Breadth and Job Performance [J] . Journal of Applied Psychology, 2005, 90 (2): 399-406.

[230] Moser, K., Schuler, H., and Funke, U. The Moderating Effect of Raters' Opportunities to Observe Ratees' Job Performance on the Validity of an Assessment Centre [J] . International Journal of Selection and Assessment, 1999, 7 (3): 133-141.

[231] Motowildo, S. J., Borman, W. C., and Schmit, M. J. A Theory of Individual Differences in Task and Contextual Performance [J] . Human Performance, 1997, 10 (2): 71-83.

[232] Murphy, L. R. Psychological Distress in Relation to Employee Age and Job Tenure [C] // Proceedings of the Human Factors Society Annual Meeting. SAGE, 1991: 185-187.

[233] Nadler, D. A., and Tushman, M. L. Beyond the Charismatic Leader: Leadership and Organizational Change [J] . California Management Review, 1990, 32 (2): 77-97.

[234] Nahapiet, J., and Ghoshal, S. Social Capital, Intellectual Capital, and the

Organizational Advantage [J] . Academy of Management Review, 1998, 23 (2): 242-266.

[235] Nahapiet, J., Spender, J. C., and Burton - Jones, A. The Oxford Handbook of Human Capital [M] . OUP Oxford, 2011.

[236] Najmi, M., and F. Kehoe, D. The Role of Performance Measurement Systems in Promoting Quality Development beyond ISO9000 [J] . International Journal of Operations & Production Management, 2001, 21 (1/2): 159-172.

[237] Nelson, R. R., and Winter, S. G. The Schumpeterian Tradeoff Revisited [J] . The American Economic Review, 1982, 72 (1): 114-132.

[238] Ng, A. W. The Value Relevance of Human Capital, Corporate Governance and Intangible Assets in Growth Enterprises: Evidence from Hong Kong [J] . International Journal of Learning and Intellectual Capital, 2008, 5 (3-4): 431-454.

[239] Ng, T. W., and Sorensen, K. L. Toward a Further Understanding of the Relationships between Perceptions of Support and Work Attitudes: A Meta - analysis [J] . Group & Organization Management, 2008, 33 (3): 243-268.

[240] Nicolas, R. Knowledge Management Impacts on Decision Making Process [J] . Journal of Knowledge Management, 2004, 8 (1): 20-31.

[241] Nonaka, I., and Konno, N. The Concept of "Ba": Building a Foundation for Knowledge Creation [J] . California Management Review, 1998, 40 (3): 40-54.

[242] Ouweneel, E., Le Blanc, P. M., and Schaufeli, W. B. Do It Yourself: An Online Positive Psychology Intervention to Promote Positive Emotions, Self-efficacy, and Engagement at Work [J] . Career Development International, 2013, 18 (2): 173-195.

[243] Parthasarthy, R., and Sethi, S. P. Relating Strategy and Structure to Flexible Automation: A Test of Fit and Performance Implications [J] . Strategic Management Journal, 1993, 14 (7): 529-549.

[244] Patrashkova - Volzdoska, R. R., McComb, S. A., Green, S. G., and Compton, W. D. Examining a Curvilinear Relationship between Communication Frequency and Team Performance in Cross-functional Project Teams [J] . IEEE Transactions on Engineering Management, 2003, 50 (3): 262-269.

[245] Pearce, C. L., and Ensley, M. D. A Reciprocal and Longitudinal Investigation of the Innovation Process: The Central Role of Shared Vision in Product and Process Innovation Teams (PPITs) [J] . Journal of Organizational Behavior, 2004,

25（2）：259-278.

［246］Pelled, L. H., Eisenhardt, K. M., and Xin, K. R. Exploring the Black Box: An Analysis of Work Group Diversity, Conflict and Performance ［J］. Administrative Science Quarterly, 1999, 44（1）：1-28.

［247］Peng, M. W., and Luo, Y. Managerial Ties and Firm Performance in a Transition Economy: The Nature of a Micro-macro Link ［J］. Academy of Management Journal, 2000, 43（3）：486-501.

［248］Pennings, J. M., Lee, K., and Witteloostuijn, A. Human Capital, Social Capital, and Firm Dissolution ［J］. Academy of Management Journal, 1998, 41（4）：425-440.

［249］Pfeffer, J., and Villeneuve, F. Competitive Advantage through People: Unleashing the Power of the Work Force（Vol. 61）［M］. Harvard Business School Press, 1994.

［250］Pierce, J. L., Dunham, R. B., and Blackburn, R. S. Social Systems Structure, Job Design, and Growth Need Strength: A Test of a Congruency Model ［J］. Academy of Management Journal, 1979, 22（2）：223-240.

［251］Pierce, J. L. Employee Affective Responses to Work Unit Structure and Job Design: A Test of an Intervening Variable ［J］. Journal of Management, 1979, 5（2）：193-211.

［252］Podsakoff, P. M., and Organ, D. W. Self-reports in Organizational Research: Problems and Prospects ［J］. Journal of Management, 1986, 12（4）：531-544.

［253］Podsakoff, P. M., MacKenzie, S. B., Lee, J. Y., and Podsakoff, N. P. Common Method Biases in Behavioral Research: A Critical Review of the Literature and Recommended Remedies ［J］. Journal of Applied Psychology, 2003, 88（5）：879-903.

［254］Portes, A. Social Capital: Its Origins and Applications in Modern Sociology ［J］. Annual Review of Sociology, 1998, 24（1）：1-24.

［255］Preacher, K. J., Zyphur, M. J., and Zhang, Z. A General Multilevel SEM Framework for Assessing Multilevel Mediation ［J］. Psychological Methods, 2010, 15（3）：209.

［256］Putnam, R. D. Tuning in, Tuning out: The Strange Disappearance of Social Capital in America ［J］. PS: Political Science & Politics, 1995, 28（4）：664-683.

[257] Radim, J. A Survey of Methods Used in Probabilistic Expert Systems for Knowledge Integration [J]. Knowledge-based Systems, 1990, 3 (1): 7-12.

[258] Rauch, A., Frese, M., and Utsch, A. Effects of Human Capital and Long-term Human Resources Development and Utilization on Employment Growth of Small-scale Businesses: A Causal Analysis [J]. Entrepreneurship Theory and Practice, 2005, 29 (6): 681-698.

[259] Ray, E. B., and Miller, K. I. Social Support, Home/Work Stress, and Burnout: Who Can Help? [J]. The Journal of Applied Behavioral Science, 1994, 30 (3): 357-373.

[260] Reagans, R., Argote, L., and Brooks, D. Individual Experience and Experience Working Together: Predicting Learning Rates from Knowing Who Knows What and Knowing How to Work Together [J]. Management Science, 2005, 51 (6): 869-881.

[261] Reed, K. K., Lubatkin, M., and Srinivasan, N. Proposing and Testing an Intellectual Capital-based View of the Firm [J]. Journal of Management Studies, 2006, 43 (4): 867-893.

[262] Ren, S., Yang, F., and Wood, R. How Work-related Capabilities Influence Job Performance: A Relational Perspective [J]. The International Journal of Human Resource Management, 2017, 30 (7): 1-24.

[263] Reuber, A. R., and Fischer, E. M. Entrepreneurs' Experience, Expertise, and the Performance of Technology-based Firms [J]. IEEE Transactions on Engineering Management, 1994, 41 (4): 365-374.

[264] Richardsen, A. M., Burke, R. J., and Martinussen, M. Work and Health Outcomes among Police Officers: The Mediating Role of Police Cynicism and Engagement [J]. International Journal of Stress Management, 2006, 13 (4): 555.

[265] Ritzer, G., and Smart, B. Handbook of Social Theory [M]. SAGE, 2001.

[266] Rothbard, N. P. Enriching or Depleting? The Dynamics of Engagement in Work and Family Roles [J]. Administrative Science Quarterly, 2001, 46 (4): 655-684.

[267] Rousseau, D. M., Sitkin, S. B., Burt, R. S., and Camerer, C. Not so Different after All: A Cross-discipline View of Trust [J]. Academy of Management Review, 1998, 23 (3): 393-404.

[268] Rulke, D. L., and Galaskiewicz, J. Distribution of Knowledge, Group

Network Structure, and Group Performance [J] . Management Science, 2000, 46 (5): 612-625.

[269] Salanova, M. , Agut, S. , and Peiró, J. M. Linking Organizational Resources and Work Engagement to Employee Performance and Customer Loyalty: The Mediation of Service Climate [J] . Journal of Applied Psychology, 2005, 90 (6): 1217-1227.

[270] Salgado, J. F. The Five Factor Model of Personality and Job Performance in the European Community [J] . Journal of Applied Psychology, 1997, 82 (1): 30.

[271] Schaubroeck, J. , Lam, S. S. , and Cha, S. E. Embracing Transformational Leadership: Team Values and the Impact of Leader Behavior on Team Performance [J] . Journal of Applied Psychology, 2007, 92 (4): 1020-1030.

[272] Schaufeli, W. B. , and Bakker, A. B. Job Demands, Job Resources, and their Relationship with Burnout and Engagement: A Multi-Sample Study [J] . Journal of Organizational Behavior: The International Journal of Industrial, Occupational and Organizational Psychology and Behavior, 2004, 25 (3): 293-315.

[273] Schaufeli, W. B. , and Bakker, A. B. Work and Well-being: Towards a Positive Occupational Health Psychology [J] . Gedrag en Organizatie, 2001, 14 (5): 229-253.

[274] Schaufeli, W. B. , Bakker, A. B. , and Salanova, M. The Measurement of Work Engagement with a Short Questionnaire: A Cross-national Study [J] . Educational and Psychological Measurement, 2006, 66 (4): 701-716.

[275] Schaufeli, W. B. , Salanova, M. , González-Romá, V. , and Bakker, A. B. The Measurement of Engagement and Burnout: A Two Sample Confirmatory Factor Analytic Approach [J] . Journal of Happiness Studies, 2002, 3 (1): 71-92.

[276] Schaufeli, W. B. The Balance of Give and Take: Toward a Social Exchange Model of Burnout [J] . Revue Internationale de Psychologie Sociale, 2006, 19 (1): 75-119.

[277] Schneider, B. , White, S. S. , and Paul, M. C. Linking Service Climate and Customer Perceptions of Service Quality: Tests of a Causal Model [J] . Journal of Applied Psychology, 1998, 83 (2): 150.

[278] Schoonhoven, C. B. Problems with Contingency Theory: Testing Assumptions Hidden within the Language of Contingency "Theory" [J] . Administrative Science Quarterly, 1981, 26 (3): 349-377.

[279] Schultz, R. J. , Schwepker, C. H. , and Good, D. J. An Exploratory Study of Social Media in Business-to-Business Selling: Salesperson Characteristics, Activities and Performance [J]. Marketing Management Journal, 2012, 22 (2): 76-89.

[280] Schultz, T. W. Investment in Human Capital [J]. The American Economic Review, 1961, 51 (1): 1-17.

[281] Seemann, P. , and Hüppi, R. Social Capital: Securing Competitive Advantage in the New Economy [N]. Financial Times, London, 2001.

[282] Senge, P. Sharing Knowledge: You Can't Own Knowledge, So Why not Share It? [J]. Executive Excellence, 1998, 15 (1): 11-12.

[283] Sexton, D. L. , and Bowman, N. The Entrepreneur: A Capable Executive and More [J]. Journal of Business Venturing, 1985, 1 (1): 129-140.

[284] Shane, S. , and Venkataraman, S. The Promise of Entrepreneurship as a Field of Research [J]. Academy of Management Review, 2000, 25 (1): 217-226.

[285] Shaw, M. E. Group Dynamics: The Psychology of Small Group Behavior [M]. McGraw-Hill, 1981.

[286] Sheldon, K. M. , and Elliot, A. J. Goal Striving, Need Satisfaction, and Longitudinal Well-being: The Self-concordance Model [J]. Journal of Personality and Social Psychology, 1999, 76 (3): 482.

[287] Sherony, K. M. , and Green, S. G. Coworker Exchange: Relationships between Coworkers, Leader-member Exchange, and Work Attitudes [J]. Journal of Applied Psychology, 2002, 87 (3): 542-548.

[288] Sirmon, D. G. , and Hitt, M. A. Contingencies within Dynamic Managerial Capabilities: Interdependent Effects of Resource Investment and Deployment on Firm Performance [J]. Strategic Management Journal, 2009, 30 (13): 1375-1394.

[289] Sirmon, D. G. , Gove, S. , and Hitt, M. A. Resource Management in Dyadic Competitive Rivalry: The Effects of Resource Bundling and Deployment [J]. Academy of Management Journal, 2008, 51 (5): 919-935.

[290] Sirmon, D. G. , Hitt, M. A. , and Ireland, R. D. Managing Firm Resources in Dynamic Environments to Create Value: Looking inside the Black Box [J]. Academy of Management Review, 2007, 32 (1): 273-292.

[291] Slevin, D. P. , and Covin, J. G. Strategy Formation Patterns, Performance, and the Significance of Context [J]. Journal of Management, 1997, 23 (2): 189-209.

[292] Smith, A. An Inquiry into the Nature and Causes of the Wealth of Nations [M]. 1776.

［293］Smith, K. G. , Collins, C. J. , and Clark, K. D. Existing Knowledge, Knowledge Creation Capability, and the Rate of New Product Introduction in High-technology Firms ［J］. Academy of Management Journal, 2005, 48 (2): 346-357.

［294］Sohn, H. Y. , Savic, M. , Padilla, R. , and Han, G. A Novel Reaction System Involving BaS and BaSO$_4$ for Converting SO$_2$ to Elemental Sulfur without Generating Pollutants: Part I. Feasibility and Kinetics of SO$_2$ Reduction with BaS ［J］. Chemical Engineering Science, 2006, 61 (15): 5082-5087.

［295］Sonnentag, S. , and Frese, M. Performance Concepts and Performance Theory ［J］. Psychological Management of Individual Performance, 2002, 23 (1): 3-25.

［296］Srivastava, A. , Bartol, K. M. , and Locke, E. A. Empowering Leadership in Management Teams: Effects on Knowledge Sharing, Efficacy, and Performance ［J］. Academy of Management Journal, 2006, 49 (6): 1239-1251.

［297］Staats, B. R. , Valentine, M. , and Edmondson, A. C. Performance Tradeoffs in Team Knowledge Sourcing ［R］. Harvard Business School Technology & Operations Mgt, Unit Working Paper, 2011: 11-31.

［298］Stasser, G. , and Titus, W. Effects of Information Load and Percentage of Shared Information on the Dissemination of Unshared Information during Group Discussion ［J］. Journal of Personality and Social Psychology, 1987, 53 (1): 81.

［299］Stasser, G. , and Titus, W. Pooling of Unshared Information in Group Decision Making: Biased Information Sampling during Discussion ［J］. Journal of Personality and Social Psychology, 1985, 48 (6): 1467.

［300］Stasser, G. , Taylor, L. A. , and Hanna, C. Information Sampling in Structured and Unstructured Discussions of Three-and Six-person Groups ［J］. Journal of Personality and Social Psychology, 1989, 57 (1): 67.

［301］Stopford, J. M. , and Baden-Fuller, C. W. F. Creating Corporate Entrepreneurship ［J］. Strategic Management Journal, 1994, 15 (7): 521-536.

［302］Subramaniam, M. , and Youndt, M. A. The Influence of Intellectual Capital on the Types of Innovative Capabilities ［J］. Academy of Management Journal, 2005, 48 (3): 450-463.

［303］Sundstrom, E. , De Meuse, K. P. , and Futrell, D. Work Teams: Applications and Effectiveness ［J］. American Psychologist, 1990, 45 (2): 120.

［304］Sweetman, D. , and Luthans, F. The Power of Positive Psychology: Psychological Capital and Work Engagement ［J］. Work Engagement: A Handbook of Essential Theory and Research, 2010, 54: 68.

[305] Teece, D. J., Pisano, G., and Shuen, A. Dynamic Capabilities and Strategic Management [J]. Strategic Management Journal, 1997, 18 (7): 509-533.

[306] Tepper, B. J., Moss, S. E., Lockhart, D. E., and Carr, J. C. Abusive Supervision, Upward Maintenance Communication, and Subordinates' Psychological Distress [J]. Academy of Management Journal, 2007, 50 (5): 1169-1180.

[307] Tharenou, P. Determinants of Participation in Training and Development [J]. Journal of Organizational Behavior (1986-1998), 1997: 15.

[308] Thompson, A. E. Identification and Evaluation of Concepts for Competences of Home Economist in Extension as a Program Organizer [D]. Oklahoma State University, 1967.

[309] Tierney, P., Farmer, S. M., and Graen, G. B. An Examination of Leadership and Employee Creativity: The Relevance of Traits and Relationships [J]. Personnel Psychology, 1999, 52 (3): 591-620.

[310] Tiwana, A. B. The Influence of Knowledge Integration on Project Success: An Empirical Examination of E-business Teams [D]. Georgia State University, 2001.

[311] Van de Ven, A. H., and Delbecq, A. L. A Task Contingent Model of Work-unit Structure [J]. Administrative Science Quarterly, 1974, 19 (2): 183-197.

[312] Van de Ven, A. H., Delbecq, A. L., and Koenig, Jr. R. Determinants of Coordination Modes within Organizations [J]. American Sociological Review, 1976, 41 (2): 322-338.

[313] Van de Ven, A. H. Central Problems in the Management of Innovation [J]. Management Science, 1986, 32 (5): 590-607.

[314] Van Scotter, J. R., and Motowidlo, S. J. Interpersonal Facilitation and Job Dedication as Separate Facets of Contextual Performance [J]. Journal of Applied Psychology, 1996, 81 (5): 525.

[315] Von Nordenflycht, A. What is a Professional Service Firm? Toward a Theory and Taxonomy of Knowledge-intensive Firms [J]. Academy of Management Review, 2010, 35 (1): 155-174.

[316] Wageman, R., and Baker, G. Incentives and Cooperation: The Joint Effects of Task and Reward Interdependence on Group Performance [J]. Journal of Organizational Behavior: The International Journal of Industrial, Occupational and Organizational Psychology and Behavior, 1997, 18 (2): 139-158.

[317] Waldman, D. A., and Spangler, W. D. Putting together the Pieces: A

领导者人力资本和社会资本对团队绩效和员工绩效的影响机制研究

Closer Look at the Determinants of Job Performance [J] . Human Performance, 1989, 2 (1): 29–59.

[318] Wanberg, C. R. , Watt, J. D. , and Rumsey, D. J. Individuals without Jobs: An Empirical Study of Job–seeking Behavior and Reemployment [J] . Journal of Applied Psychology, 1996, 81 (1): 76.

[319] Watkins, C. E. , Tipton, R. M. , Manus, M. , and Hunton–Shoup, J. Role Relevance and Role Engagement in Contemporary School Psychology [J] . Professional Psychology: Research and Practice, 1991, 22 (4): 328–332.

[320] Wei, L. Q. , Chiang, F. F. T. , and Wu, L. Z. Developing and Utilizing Network Resources: Roles of Political Skill [J] . Journal of Management Studies, 2012, 49 (2): 381–402.

[321] Wernerfelt, B. A Resource–based View of the Firm [J] . Strategic Management Journal, 1984, 5 (2): 171–180.

[322] Werr, A. , and Stjernberg, T. Exploring Management Consulting Firms as Knowledge Systems [J] . Organization Studies, 2003, 24 (6): 881–908.

[323] Westhead, P. , Ucbasaran, D. , and Wrigh, T. M. Decisions, Actions, and Performance: Do Novice, Serial, and Portfolio Entrepreneurs Differ? [J] . Journal of Small Business Management, 2005, 43 (4): 393–417.

[324] Westlund, H. , and Bolton, R. Local Social Capital and Entrepreneurship [J] . Small Business Economics, 2003, 21 (2): 77–113.

[325] Wheeler, A. R. , Halbesleben, J. R. , and Shanine, K. Exploring the Middle Range of Person–environment Fit Theories through a Conservation of Resources Perspective [R] . Organizational Fit: Key Issues and New Directions, 2013.

[326] Wheeler, S. M. Planning for Sustainability: Creating Livable, Equitable and Ecological Communities [M] . Routledge, 2013.

[327] Wickens, C. D. , Hollands, J. G. , Banbury, S. , and Parasuraman, R. Engineering Psychology & Human Performance [M] . Psychology Press, 2015.

[328] Wong, M. , and Law, K. K. F. A Dynamic Model for Emerging Debt Markets: The Case of Hong Kong Corporate Credit Risk [Z] . Available at SSRN (395782), 2002.

[329] Wright, P. M. , and McMahan, G. C. Exploring Human Capital: Putting "Human" back into Strategic Human Resource Management [J] . Human Resource Management Journal, 2011, 21 (2): 93–104.

[330] Wu, H. Y. , Chen, J. K. , and Chen, I. S. Performance Evaluation of

Aircraft Maintenance Staff Using a Fuzzy MCDM Approach ［J］. International Journal of Innovative Computing, Information and Control, 2012, 8 (6): 3919-3937.

［331］ Xanthopoulou, D., Bakker, A. B., and Ilies, R. Everyday Working Life: Explaining within-person Fluctuations in Employee Well-being ［J］. Human Relations, 2012, 65 (9): 1051-1069.

［332］ Xanthopoulou, D., Bakker, A. B., Demerouti, E., and Schaufeli, W. B. Work Engagement and Financial Returns: A Diary Study on the Role of Job and Personal Resources ［J］. Journal of Occupational and Organizational Psychology, 2009, 82 (1): 183-200.

［333］ Xie, J. L., Roy, J. P., and Chen, Z. Cultural and Individual Differences in Self-Rating Behavior: An Extension and Refinement of the Cultural Relativity Hypothesis ［J］. Journal of Organizational Behavior: The International Journal of Industrial, Occupational and Organizational Psychology and Behavior, 2006, 27 (3): 341-364.

［334］ Yang, H. L., and Tang, J. H. Team Structure and Team Performance in IS Development: A Social Network Perspective ［J］. Information & Management, 2004, 41 (3): 335-349.

［335］ Yang, J. Knowledge Integration and Innovation: Securing New Product Advantage in High Technology Industry ［J］. The Journal of High Technology Management Research, 2005, 16 (1): 121-135.

［336］ Zahra, S. A., Ireland, R. D., and Hitt, M. A. International Expansion by New Venture Firms: International Diversity, Mode of Market Entry, Technological Learning, and Performance ［J］. Academy of Management Journal, 2000, 43 (5): 925-950.

［337］ Zand, D. E. Trust and Managerial Problem Solving ［J］. Administrative Science Quarterly, 1972, 17 (2): 229-239.

［338］ Zellmer-Bruhn, M., and Gibson, C. B. Team Strategic Context: Implications for Process and Performance ［J］. Academy of Management Journal, 2006, 49 (3): 501-518.

［339］ Zellmer-Bruhn, M., and Gibson, C. Multinational Organization Context: Implications for Team Learning and Performance ［J］. Academy of Management Journal, 2006, 49 (3): 501-518.

［340］ Zhou, Y., and Chen, Y. The Methodology for Business Process Optimized Design ［C］ // IECON'03. 29th Annual Conference of the IEEE Industrial Electronics Society (IEEE Cat. No. 03CH37468). IEEE, 2003.

［341］Zollo，M.，and Winter，S. G. Deliberate Learning and the Evolution of Dynamic Capabilities［J］. Organization Science，2002，13（3）：339-351.

［342］白明垠. 变革型领导、团队学习与团队绩效：模型与机理［D］. 中国地质大学，2013.

［343］卜长莉. 社会资本是社会支持的重要渠道［J］. 长春理工大学学报（社会科学版），2008，21（2）：4.

［344］曹仰锋，吴春波，宋继文. 高绩效团队领导者的行为结构与测量：中国本土文化背景下的研究［J］. 中国软科学，2011（7）：131-144.

［345］曹仰锋. 高层管理团队领导行为对团队绩效的影响机制：案例研究［J］. 管理学报，2011，8（4）：504-516.

［346］陈春花，苏涛，王杏珊. 中国情境下变革型领导与绩效关系的 Meta 分析［J］. 管理学报，2016，13（8）：63-74，1174-1183.

［347］陈静. 社会资本理论视角下的知识整合能力研究［D］. 天津大学，210.

［348］陈璐，柏帅皎，王月梅. CEO 变革型领导与高管团队创造力：一个被调节的中介模型［J］. 南开管理评论，2016，19（2）：63-74.

［349］陈思月. 员工敬业度研究述评与展望［J］. 科技视界，2018（36）：112-113.

［350］陈晓萍，刘东，丽贝卡·波特诺. 情绪文化智力、组织多元化氛围及文化销售的多层级研究：美国房地产企业的实证分析（英文）［J］. 跨文化管理，2012（1）：20-55.

［351］陈晓萍，沈伟. 组织与管理研究的实证方法（第三版）［M］. 北京大学出版社，2018.

［352］陈晓萍，徐淑英，樊景立. 组织与管理研究的实证方法［M］. 北京大学出版社，2008.

［353］程承坪. 对人力资本概念的新认识［J］. 江西财经大学学报，2001（5）：19-21.

［354］方阳春. 包容型领导风格对团队绩效的影响——基于员工自我效能感的中介作用［J］. 科研管理，2014，35（5）：9.

［355］付维宁. 企业家人力资本与企业绩效：一个理论分析模型［J］. 财经科学，2003（6）：6.

［356］耿新，张休勤. 企业家社会资本对组织动态能力的影响——以组织宽裕为调节变量［J］. 管理世界，2010（6）：14.

［357］顾建中，黄攸立. 论企业人力资本的概念和类型［J］. 华东经济管

理，2001（Z1）：3.

[358] 郭钟泽，谢宝国，程延园．昨天的积极体验影响今天的工作投入吗？——一项经验取样的日记研究［J］．管理评论，2019，31（1）：171-182.

[359] 韩维贺，季绍波．知识创造过程效果的实证研究——个人和团队层面［J］．清华大学学报（自然科学版），2006（S1）：942-948.

[360] 韩翼，廖建桥，龙立荣．雇员工作绩效结构模型构建与实证研究［J］．管理科学学报，2007（5）：62-77.

[361] 侯风云．对我国居民人力资本投资收益率变化情况的考察［C］．全国高校社会主义经济理论与实践研讨会会议，2000.

[362] 黄群慧．话说经营者股权激励［J］．中外管理，2000（5）：62-64.

[363] 黄群慧．控制权作为企业家的激励约束因素：理论分析及现实解释意义［J］．经济研究，2000（1）：41-47.

[364] 蒋晓艳．工作要求—资源理论视角下大学英语教师工作倦怠的测量与归因模型的建构［D］．上海外国语大学，2018.

[365] 柯江林，孙健敏，石金涛，顾琴轩．人力资本、社会资本与心理资本对工作绩效的影响——总效应、效应差异及调节因素［J］．管理工程学报，2010，24（4）：29-35+47.

[366] 兰玉杰，陈晓剑．人力资本的概念界定及其性质研究［J］．科学学与科学技术管理，2003，24（4）：3.

[367] 李超平．变革型领导与团队效能：团队内合作的跨层中介作用［J］．管理评论，2014，26（4）：73-81.

[368] 李路路．社会资本与私营企业家——中国社会结构转型的特殊动力［J］．社会学研究，1995（6）：13.

[369] 李伟，李顺才，潘祖立．科研机构有机式组织结构模式探析——以AIST为例［J］．科学管理研究，2008（3）：28-31.

[370] 李伟，梅继霞．内在动机、工作投入与员工绩效：基于核心自我评价的调节效应［J］．经济管理，2012，34（9）：77-90.

[371] 廖卉，庄瑷嘉．多层次理论模型的建立及研究方法［M］//陈晓萍，徐淑英，樊景立．组织与管理研究的实证方法（第二版）．北京大学出版社，2012：442-476.

[372] 林琳，时勘，萧爱玲．工作投入的影响因素及其作用机制［C］//中国社会心理学会．中国社会心理学会2008年全国学术大会论文摘要集．中国社会心理学会2008年全国学术大会组委会，2008.

[373] 林泽民（Che-Ming Lin）．教练领导行为、团队气氛与团队凝聚力之

研究——以足球选手为例 ［J］．运动教练科学，2012，25：25-38.

［374］刘冰，蔺璇．团队异质性对团队效能的影响研究——以领导行为作为调节变量 ［J］．经济管理，2010，32（11）：74-80.

［375］刘冰，谢凤涛，孟庆春．团队氛围对团队绩效影响机制的实证分析 ［J］．中国软科学，2011（11）：133-140.

［376］刘凤霞．基于 SPA 的高新技术企业 R&D 人员绩效评价与激励研究 ［D］．天津大学，2005.

［377］刘英，赵晶晶．企业家人力资本与企业绩效关系的分析模型 ［J］．现代管理科学，2009（6）：115-117.

［378］刘泽双，杜若璇．创业团队知识异质性、知识整合能力与团队创造力关系研究 ［J］．科技管理研究，2018，38（8）：159-167.

［379］鲁喜凤．资源视角下机会创新性对新企业绩效的影响机理 ［D］．吉林大学，2017.

［380］吕淑丽．企业家社会资本对技术创新绩效的影响 ［D］．东华大学，2008.

［381］罗胜强，姜嬿．管理学问卷调查研究方法 ［M］．重庆大学出版社，2014.

［382］潘文安．关系强度、知识整合能力与供应链知识效率转移研究 ［J］．科研管理，2012，33（1）：147-153+160.

［383］彭剑锋．战略性人力资源管理 ［J］．企业管理，2003，10：93-96.

［384］钱海燕，张骁，杨忠．企业家精神与中小企业国际化——基于企业家社会资本的分析 ［J］．南京大学学报（哲学·人文科学·社会科学版），2009，46（6）：63-70+140.

［385］孙彦玲，杨付，张丽华．创造力自我效能感与员工创新行为的关系：一个跨层分析 ［J］．经济管理，2012，34（11）：84-92.

［386］万青，陈万明，胡恩华．基于多层次分析的知识型员工创新绩效研究——考虑个人与组织双层面因素的影响 ［J］．科研管理，2012，33（6）：8-15.

［387］王宝荣，陈学旺，樊丹．团队类型在小型团队领导者工作绩效因果关系中的调节作用 ［J］．广西大学学报（哲学社会科学版），2014，36（2）：74-80.

［388］王迪，王迎军，秦剑，何一清．高层领导者心理资本和社会资本对企业绩效的影响研究 ［J］．管理学报，2015，12（5）：687-694.

［389］王辉．汽车企业研发人员激励与保持研究 ［J］．安徽科技学院学报，

2008（5）：75-77.

［390］王娟茹，杨瑾．知识集成能力及其构成因素实证分析［J］．科学学与科学技术管理，2005（11）：98-102.

［391］王磊，李翠霞．团队特征对高校科研团队个体创造力影响的跨层次研究——以团队知识整合能力为中介变量［J］．软科学，2016，30（9）：75-78+89.

［392］王磊．高校科研团队创造力形成的影响机制研究——以团队知识整合能力为中介［J］．科技管理研究，2014，34（19）：88-95+108.

［393］王莉红．人力资本与社会资本对创新的影响：个体与团队跨层次模型研究［D］．上海交通大学，2013.

［394］王重鸣．心理学研究方法［M］．人民教育出版社，2000.

［395］温忠麟，侯杰泰，马什赫伯特．结构方程模型检验：拟合指数与卡方准则［J］．心理学报，2004（2）：186-194.

［396］温忠麟．张雷，侯杰泰，刘红云．中介效应检验程序及其应用［J］．心理学报，2004（5）：614-620.

［397］吴邦正．团队内沟通对创新行为的影响：知识共享与工作单位结构的作用［J］．首都经济贸易大学学报，2012，13（6）：60-68.

［398］吴俊杰，戴勇．企业家社会资本、知识整合能力与技术创新绩效关系研究［J］．科技进步与对策，2013，30（11）：84-88.

［399］吴明隆．结构方程模型：AMOS 的操作与应用［M］．重庆大学出版社，2010.

［400］吴万益，钟振辉，江正信．企业文化、组织运作、制造策略与经营绩效之关系研究［J］．中华管理评论（台湾），1999，2（1）：13-34.

［401］谢家琳．实地研究中的问卷研究法［M］．北京大学出版社，2012.

［402］谢雅萍．企业家人力资本与企业绩效关系的实证研究［J］．广西大学学报（哲学社会科学版），2008（1）：26-31.

［403］徐芳．团队绩效的有效测评［J］．中国人力资源开发，2002，11（5）：49-50.

［404］徐芳．研发团队胜任力模型的构建及其对团队绩效的影响［J］．管理现代化，2003（2）：43-46.

［405］杨付，张丽华．团队沟通、工作不安全氛围对创新行为的影响：创造力自我效能感的调节作用［J］．心理学报，2012，44（10）：1383-1401.

［406］杨建君，刘刃，马婷．变革型领导风格影响技术创新绩效的实证研究［J］．科研管理，2009，30（2）：94-101.

［407］杨俊辉，宋合义，李亮．知识工作团队中个人绩效的模糊综合评价方法研究［J］．科技管理研究，2009，29（5）：367-368+362.

［408］袁炳耀．企业团队角色组合与团队绩效的关系研究［D］．浙江工商大学，2008.

［409］袁凌，李建，贾玲玲．基于资源保存理论的企业员工工作投入研究［J］．东北师大学报（哲学社会科学版），2014（4）：95-101.

［410］张方华．知识型企业的社会资本与技术创新绩效研究［D］．浙江大学，2005.

［411］张光磊，刘善仕，彭娟．组织结构、知识吸收能力与研发团队创新绩效：一个跨层次的检验［J］．研究与发展管理，2012，24（2）：19-27.

［412］张光磊，刘善仕，申红艳．组织结构、知识转移渠道与研发团队创新绩效——基于高新技术企业的实证研究［J］．科学学研究，2011，29（8）：1198-1206.

［413］张晗，徐二明．组织结构对组织学习与知识转化关系影响研究［J］．中国管理科学，2008，16（S1）：571-575.

［414］张京．变革型领导与员工绩效的跨层次研究［D］．中国地质大学，2013.

［415］张军伟，龙立荣．高绩效工作系统一定能提高绩效吗？——一个跨层次多特征的调节模型［J］．经济管理，2016，38（10）：87-99.

［416］张可军，廖建桥，张鹏程．团队环境、组合能力与团队知识整合关系研究［J］．图书情报工作，2009，53（14）：32-35.

［417］张兰霞，闫琳琳，吴小康，等．基于心理契约的知识型员工忠诚度的影响因素［J］．管理评论，2008（4）：39-44+57+64.

［418］张其仔．社会资本的投资策略与企业绩效［J］．经济管理，2004（16）：6.

［419］张崴，王续琨．研究型大学科研团队结构对团队创造力影响的实证研究［J］．软科学，2014，28（3）：93-96.

［420］张崴．研究型大学科研团队结构对团队创造力的影响［D］．大连理工大学，2013.

［421］张文军．关于21世纪人力资本发展战略的思考［J］．科技与企业，2011（10）：5.

［422］张小娣，赵嵩正，王娟茹．企业知识集成能力的测量研究［J］．科研管理，2011，32（6）：49-58.

［423］张正堂，刘颖，王亚蓓．团队薪酬、任务互依性对团队绩效的影响研

究［J］．南开管理评论，2014，17（3）：112-121.

［424］章璐璐，杨付．人-组织匹配如何抑制工作疏离感：角色冲突与传统性的作用［J］．经济科学，2015，37（4）：107-115.

［425］仲理峰，时勘．绩效管理的几个基本问题［J］．南开管理评论，2002（3）：15-19.

［426］周浩，龙立荣．共同方法偏差的统计检验与控制方法［J］．心理科学进展，2004（6）：942-950.

［427］周文霞，谢宝国，辛迅，白光林，苗仁涛．人力资本、社会资本和心理资本影响中国员工职业成功的元分析［J］．心理学报，2015，47（2）：251-263.

［428］朱飞．研发人员薪酬制度模式、公平感与个人绩效的实证研究［J］．科学学与科学技术管理，2009，30（6）：192-196.

［429］庄玉梅．企业内部社会资本对员工绩效影响研究［D］．山东大学，2011.

附　录

附录1　团队领导问卷

尊敬的先生/女士：

您好！非常感谢您在百忙中填写这套问卷。本问卷仅用于学术研究，请您放心如实作答，我们会对有关信息严格保密。请您认真阅读每一道题目，并根据自己的实际感受回答，您的回答对我们的研究至关重要。

非常感谢您的支持。祝您工作顺利，家庭幸福！

西南财经大学人力资源管理研究所

6716166@ qq. com

2018 年 4 月

第一部分：您的基本信息（请在选项处打"√"或者填上数字）

1. 您的编号：＿＿＿＿＿＿

2. 性别：①男　　②女

3. 年龄：＿＿＿＿＿＿周岁

4. 学历：①专科及以下　　②本科　　③硕士　　④博士及以上

5. 您在本单位工作的年限：＿＿＿＿＿＿年

第二部分：以下是您对自己工作表现的描述，每个描述后有 5 个选项，它们代表的程度是依次递增的，请在最符合自己真实情形的数字上画"√"

序号	题项	非常不同意	比较不同意	不确定	比较同意	非常同意
1	我掌握了高技能	①	②	③	④	⑤
2	我被业界广泛认可为顶级人才	①	②	③	④	⑤
3	我的创造力和智力水平较高	①	②	③	④	⑤
4	我在自己工作和职能方面的专业水平较高	①	②	③	④	⑤
5	我开发新想法和学习新知识的能力较强	①	②	③	④	⑤
6	我对业界外部变革带给行业及客户影响方面的预测能力较强	①	②	③	④	⑤
7	我在承担适当风险以达成目标方面的能力较强	①	②	③	④	⑤
8	我能记住各行业部门的职能信息	①	②	③	④	⑤
9	我对其他同事能够产生影响	①	②	③	④	⑤
10	在我的业务领域和合作项目中，我能展现出领导力	①	②	③	④	⑤
11	我在专注服务质量方面的能力较强	①	②	③	④	⑤
12	在相关业务问题方面，我能够影响我的上级领导的决策	①	②	③	④	⑤

第三部分：以下是您对自己工作表现的描述，每个描述后有5个选项，它们代表的程度是依次递增的，请在最符合自己真实情形的数字上画"√"

序号	题项	非常不同意	比较不同意	不确定	比较同意	非常同意
1	在和他人分享信息和相互学习方面，我表现优秀	①	②	③	④	⑤
2	在和来自不同部门的人互动及交换想法方面，我表现优秀	①	②	③	④	⑤
3	在把某个特定领域的知识运用到另一个领域以解决问题和抓住机遇方面，我表现优秀	①	②	③	④	⑤
4	在与客户、供应商、合作伙伴等合作解决问题过程中，我能力较强	①	②	③	④	⑤
5	在与其他部门分享竞争对手信息方面，我表现优秀	①	②	③	④	⑤
6	在与其他部门分享客户信息方面，我表现优秀	①	②	③	④	⑤

第四部分：下列题项是您所在团队完成任务、实现目标情况的描述，每个描述后有5个选项，他们代表的程度是依次递增的，请在最符合真实情况的数字上画"√"

序号	题项	非常不准确	比较不准确	不确定	比较准确	非常准确
1	我领导的团队能够完成工作目标	①	②	③	④	⑤
2	我领导的团队能够实现团队目标	①	②	③	④	⑤
3	我领导的团队能够达成规定的要求	①	②	③	④	⑤
4	我领导的团队能够完成使命	①	②	③	④	⑤
5	我领导的团队能够完成既定目标	①	②	③	④	⑤

第五部分：下列题项是您的下属员工在团队中的表现的描述，每个描述后有5个选项，它们代表的程度是依次递增的，请在最符合真实情况的数字上画"√"

下属员工1，编号：_____ -1

序号	题项	完全不符合	比较不符合	不确定	比较符合	完全符合
1	他/她为本工作团队的绩效做出了显著贡献	①	②	③	④	⑤
2	他/她总是准时地完成工作任务	①	②	③	④	⑤
3	他/她是本工作团队中出色的员工之一	①	②	③	④	⑤
4	他/她的工作表现总是能够合乎我的要求	①	②	③	④	⑤

下属员工2，编号：_____ -2

序号	题项	完全不符合	比较不符合	不确定	比较符合	完全符合
1	他/她为本工作团队的绩效做出了显著贡献	①	②	③	④	⑤
2	他/她总是准时地完成工作任务	①	②	③	④	⑤
3	他/她是本工作团队中最出色的员工之一	①	②	③	④	⑤
4	他/她的工作表现总是能够合乎我的要求	①	②	③	④	⑤

下属员工3，编号：_____ -3

序号	题项	完全不符合	比较不符合	不确定	比较符合	完全符合
1	他/她为本工作团队的绩效做出了显著贡献	①	②	③	④	⑤
2	他/她总是准时地完成工作任务	①	②	③	④	⑤
3	他/她是本工作团队中最出色的员工之一	①	②	③	④	⑤
4	他/她的工作表现总是能够合乎我的要求	①	②	③	④	⑤

下属员工 4，编号：＿＿＿＿-4

序号	题项	完全不符合	比较不符合	不确定	比较符合	完全符合
1	他/她为本工作团队的绩效做出了显著贡献	①	②	③	④	⑤
2	他/她总是准时地完成工作任务	①	②	③	④	⑤
3	他/她是本工作团队中出色的员工之一	①	②	③	④	⑤
4	他/她的工作表现总是能够合乎我的要求	①	②	③	④	⑤

下属员工 5，编号：＿＿＿＿-5

序号	题项	完全不符合	比较不符合	不确定	比较符合	完全符合
1	他/她为本工作团队的绩效做出了显著贡献	①	②	③	④	⑤
2	他/她总是准时地完成工作任务	①	②	③	④	⑤
3	他/她是本工作团队中出色的员工之一	①	②	③	④	⑤
4	他/她的工作表现总是能够合乎我的要求	①	②	③	④	⑤

下属员工 6，编号：＿＿＿＿-6

序号	题项	完全不符合	比较不符合	不确定	比较符合	完全符合
1	他/她为本工作团队的绩效做出了显著贡献	①	②	③	④	⑤
2	他/她总是准时地完成工作任务	①	②	③	④	⑤
3	他/她是本工作团队中出色的员工之一	①	②	③	④	⑤
4	他/她的工作表现总是能够合乎我的要求	①	②	③	④	⑤

下属员工 7，编号：＿＿＿＿-7

序号	题项	完全不符合	比较不符合	不确定	比较符合	完全符合
1	他/她为本工作团队的绩效做出了显著贡献	①	②	③	④	⑤
2	他/她总是准时地完成工作任务	①	②	③	④	⑤
3	他/她是本工作团队中出色的员工之一	①	②	③	④	⑤
4	他/她的工作表现总是能够合乎我的要求	①	②	③	④	⑤

附录 2　团队成员问卷

尊敬的先生/女士：

　　您好！非常感谢您在百忙中填写这套问卷。本问卷仅用于学术研究，请您放心如实作答，我们会对有关信息严格保密。请您认真阅读每一道题目，并根据自己的实际感受回答，您的回答对我们的研究至关重要。

　　非常感谢您的支持。祝您工作顺利，家庭幸福！

西南财经大学人力资源管理研究所

6716166@qq.com

2018 年 4 月

　　第一部分：您的基本信息（请在选项处画"√"或直接填上数字）

　　1. 您的编号：＿＿＿＿＿＿

　　2. 性别：①男　　②女

　　3. 年龄：＿＿＿＿＿＿周岁

　　4. 学历：①专科及以下　　②本科　　③硕士　　④博士及以上

　　5. 所在单位性质：①国有企业　②民营企业　③外资企业　④事业单位
⑤其他

　　6. 您所在行业：①金融业　②互联网　③通信服务业　④教育咨询　⑤其他

　　7. 您在本单位工作的年限：＿＿＿＿＿＿年

　　8. 您与现任领导共事的时间：＿＿＿＿＿＿年

　　第二部分：以下是您对所在团队内部沟通交流感受的描述，每个描述后有 5个选项，它们代表的程度是从最正面到最负面依次递减，请在最符合真实情形的数字上画"√"

序号	题项					
1	我们团队内的交流是	完全相关	比较相关	不确定	比较不相关	完全不相关
		①	②	③	④	⑤
2	我们团队内的交流是	非常及时	比较及时	不确定	比较拖延	非常拖延
		①	②	③	④	⑤

序号	题项					
3	我们团队内的交流是	非常客观	比较客观	不确定	比较有偏见	非常有偏见
		①	②	③	④	⑤
4	我们团队内的交流是	完全清晰明了	比较清晰明了	不确定	比较混乱不清	非常混乱不清
		①	②	③	④	⑤
5	我们团队内的交流是	非常民主	比较民主	不确定	比较不体谅人	非常不体谅人
		①	②	③	④	⑤
6	我们团队内的交流是	非常简明扼要	比较简明扼要	不确定	比较精细周密	非常精细周密
		①	②	③	④	⑤
7	我们团队内的交流是	非常真诚	比较真诚	不确定	比较虚伪	非常虚伪
		①	②	③	④	⑤
8	我们团队内的交流是	非常和谐	比较和谐	不确定	比较对抗	非常对抗
		①	②	③	④	⑤
9	我们团队内的交流是	非常适量	比较适量	不确定	比较多/少	非常多/少
		①	②	③	④	⑤
10	我们团队内的交流是	非常培育团队合作	比较培育团队合作	不确定	比较阻碍团队合作	非常阻碍团队合作
		①	②	③	④	⑤

第三部分：下列题项是您对所在团队的描述，每个描述后有 5 个选项，它们代表的程度是依次递增的，请在最符合真实情形的数字上画"√"

序号	题项	非常不同意	比较不同意	不确定	比较同意	非常同意
1	我所在的团队信息自由传递，沟通渠道畅通	①	②	③	④	⑤
2	我所在的团队，领导者的管理方式相对比较自由和随意	①	②	③	④	⑤
3	我所在的团队做决策时倾向由专家决定，即使可能会忽略一线员工的意见	①	②	③	④	⑤
4	我所在的团队特别强调适应环境，而不是固守过去的做法	①	②	③	④	⑤
5	我所在的团队强调把事情办成，即使这可能意味着无视正规程序	①	②	③	④	⑤
6	我所在团队的管理是宽松的、非正式的，强调依赖合作以求办成事	①	②	③	④	⑤
7	我所在的团队倾向于根据环境和个人特性来确定适当的岗位	①	②	③	④	⑤

第四部分：以下是您在工作中的心理感受，每个描述后有 5 个选项，它们代表的程度是依次递增的，请在最符合真实感受的数字上画"√"

序号	题项	非常 不同意	比较 不同意	不确定	比较 同意	非常 同意
1	在工作中，我感到自己迸发出能量	①	②	③	④	⑤
2	工作时，我感到自己强大且充满活力	①	②	③	④	⑤
3	我对工作富有热情	①	②	③	④	⑤
4	工作激发了我的灵感	①	②	③	④	⑤
5	早上一起床，我就想去工作	①	②	③	④	⑤
6	当工作紧张的时候，我会感到兴奋	①	②	③	④	⑤
7	我为自己所从事的工作感到自豪	①	②	③	④	⑤
8	我沉浸在自己的工作之中	①	②	③	④	⑤
9	我在工作时会达到忘我的境界	①	②	③	④	⑤

第五部分：以下是您在工作中的心理感受，每个描述后有 5 个选项，它们代表的程度是依次递增的，请在最符合真实感受的数字上画"√"

序号	题项	非常 不同意	比较 不同意	不确定	比较 同意	非常 同意
1	我宁愿和他人一起工作也不愿自己独自工作	①	②	③	④	⑤
2	我认为和团队一起工作比独自工作要好	①	②	③	④	⑤
3	如果有选择的话，我宁愿自己一个人做一份工作，也不愿意在一个小组里和其他人一起完成一项工作	①	②	③	④	⑤

第六部分：以下是您在工作中的心理感受，每个描述后有 5 个选项，它们代表的程度是依次递增的，请在最符合真实感受的数字上画"√"

序号	题项	非常 不同意	比较 不同意	不确定	比较 同意	非常 同意
1	我的上级领导在做大多数决策时不会征求我的意见	①	②	③	④	⑤
2	领导有必要运用自身的权威与权力来解决我遇到的问题	①	②	③	④	⑤
3	领导应该少询问我的意见	①	②	③	④	⑤
4	我的上级领导应该避免与我有工作之外的联系	①	②	③	④	⑤
5	我认为应该同意上级领导的管理决策	①	②	③	④	⑤
6	领导不应该把重要的工作委派给我	①	②	③	④	⑤